Ivan Illich

Genus

Zu einer historischen Kritik
der Gleichheit

Deutsch von
Ruth Kriss-Rettenbeck

Rowohlt

Die englische Originalausgabe erschien 1982 bei
Pantheon Books, New York, unter dem Titel *Gender*

Redaktion Ingke Brodersen

Umschlagentwurf Manfred Waller unter Verwendung
eines Faksimiles der Tafel für den Monat September
aus dem Breviario Grimani (Biblioteca Marciana,
Venedig / SCALA Istituto Fotografico Editoriale,
Antella/Florenz)

1. Auflage September 1983
Für die vorliegende Ausgabe wurden die
«Thematischen Anmerkungen»
in großen Teilen neu geschrieben
Copyright © 1982, 1983 by Ivan Illich
Alle deutschen Rechte vorbehalten
Satz aus der Bembo (Linotron 404)
Gesamtherstellung Clausen & Bosse, Leck
Printed in Germany
ISBN 3 498 03207 0

Inhalt

Vorwort

Jenen Bruch in und mit der Vergangenheit, den andere versucht haben als die Durchsetzung der kapitalistischen Produktionsweise zu fassen, beschreibe ich in diesem Buch aus anthropologischer Sicht als Genus-Verlust. Das Buch ist der Niederschlag eines Gespräches mit Barbara Duden, das aus einem schwierigen Streit über die Bewertung der Frauenarbeit im 19. Jahrhundert entstanden ist und das wir 1981/82 bei meinem Aufenthalt am Wissenschaftskolleg zu Berlin (daselbst) mit Ludolf Kuchenbuch, Uwe Pörksen, Lenz und Ruth Kriss-Rettenbeck und Sigmar Groeneveld weitergeführt haben. Ursprünglich als Unterlage für meine Studenten an der Universität von Kalifornien in Berkeley geschrieben, hat Ruth Kriss-Rettenbeck diesen deutschen Text mit wundersamem Verständnis für das Original verfaßt. Diese Ausgabe ist als Lesebuch für meine Zuhörer im Wintersemester 1983/84 an der Universität Marburg gedacht. Ich will dort zur «Geschichte der Knappheit» sprechen, in der die Geschichte von Genus ein wichtiges Kapitel darstellt.

Eine ganz neue These will ich hier im Detail zur Diskussion stellen und habe nicht vor, eine arbeitsfertige Theorie zu belegen oder zu verteidigen. In diesem Zusammenhang wollen die Fußnoten verstanden werden, die meinem Essay beigegeben sind. Sie sind Exkurse, Tangenten, Aufforderungen zum selbständigen Weiterstudium und in einem Kontrapunkt zum Haupttext komponiert. Die deutschen Fußnoten sind gegenüber dem englischen Original in Zusammenarbeit mit Barbara Duden überarbeitet und erweitert worden.

Mit der Niederschrift dieses Buches habe ich als Gast von Ernst Ulrich v. Weizsäcker und Heinrich Dauber in Kassel 1980/81 begonnen, sie mit dem Beistand von Valentina Borremans in Mexiko und Lee Hoinacke in Illinois fortgesetzt und sie dankbar für den Rat, die Kritik und den Rotstift meiner Lektorin Ingke Brodersen beendet. Nicht nur den Genannten, sondern vielen anderen Freunden und Kollegen wünsche ich, daß sie sich mit ebensoviel Freude wie ich an die Überraschung erinnern mögen, die wir auf unserem mühseligen Weg zu dieser These geteilt haben.

Ivan Illich
München, Mai 1983

I
Seximus und
ökonomisches Wachstum

Industrielle Gesellschaft schafft sich zwei Mythen: einen, um ihre Abstammung von «Sexus», den anderen, um ihr auf mehr Gleichheit gerichtetes Streben zu legitimieren. Beide Mythen erweisen sich aus der Sicht jener Menschen, die zum «zweiten Geschlecht» gehören, als Täuschung. In meiner Analyse gehe ich von dieser Erfahrung von Frauen aus und versuche, Kategorien zu schaffen, die mir erlauben, über das Gegenwärtige wie das Vergangene auf angemessenere Weise zu sprechen.

Ich stelle die Herrschaft der Knappheit dem Reich des Genus gegenüber. Ich behaupte, daß für die Entstehung des Kapitalismus jedweder Art und eines Lebensstiles, der von industriell hergestellten Waren abhängt, der Verlust von vernakulärem Genus eine entscheidende Bedingung ist. «Genus»? – Was ist das? Es ist das lateinische Wort, das seit alters den Anwendungsbereich von «gislahti» = Geschlecht bestimmt hat: die Gesamtheit der Personen gleicher Abstammung; der Personen gleicher Art, der Gattung; das genus masculinum, femininum und neutrum der deutschen Grammatik. Auf dieses Wort greife ich zurück, um eine Unterschiedlichkeit des Seins zu kennzeichnen, die in vernakulären Kulturen universal ist. Sie unterscheidet Orte, Zeiten, Werkzeuge, Aufgaben, Formen der Sprache und des Sprechens, des Gebarens und der Wahrnehmung, die Männern zugehörig sind, von denen, die Frauen eignen. Diese Zugehörigkeit begründet soziales Genus, das spezifisch ist für eine Zeit und einen Ort. Ich nenne es vernakuläres Genus, weil dieses Gefüge von Verbindungen den Leuten, die in demselben Traditionskreis leben (im Lat. gens), so fraglos eigentümlich ist wie ihre vernakuläre Sprache.

Genus gebrauche ich so in einer neuen Weise, um eine Dualität zu kennzeichnen, die in der Vergangenheit zu selbstverständlich war, um bewußt und benannt zu werden, und uns so weit entrückt ist, daß sie meist mit Sexus verwechselt wird. Mit «Sexus» bezeichne ich die Form der Polarisierung allgemein menschlicher Merkmale, die, beginnend mit dem späten 18. Jahrhundert, allen menschlichen Lebewesen zugeschrieben werden. Anders als vernakuläres Genus, das immer eine kulturelle Verbundenheit widerspiegelt zwischen einer dualen örtlichen, materiellen Kultur und den Männern und Frauen, die in ihr leben, ist sozialer Sexus «katholisch»: Er polarisiert menschliche Arbeitskraft, Libido, Charakter und Intelligenz. Er ist das Resultat einer Diagnose (griechisch: Diskriminierung), die geschlechtsbestimmende Unterschiede als Abweichungen von einer abstrakten, geschlechtslosen Norm – vom «Menschlichen» – festlegt. «Sexus» kann in der einsinnigen Sprache der Wissenschaft erörtert werden. Genus spricht über eine Komplementarität, die rätselhaft und asymmetrisch und nur in der Metapher greifbar ist.

Der Übergang von der Herrschaft des vernakulären Genus zu der des «Sexus» bringt eine beispiellose Veränderung der conditio humana mit sich. Auch wenn Genus unwiderbringlich verloren zu sein scheint, dürfen wir im Blick auf die Vergangenheit diesen Verlust nicht dadurch übertünchen, daß wir ihr jene Kategorien unterschieben, die der Herrschaft des Sexus angehören; noch dürfen wir uns dadurch über die völlig neuen Degradierungen hinwegtäuschen, die Sexus für die Gegenwart gebracht hat.

Ich weiß von keiner industriellen Gesellschaft, in der Frauen den Männern in ökonomischer Hinsicht gleichgestellt sind. Von allem, was ökonomisch meßbar und wägbar ist, bekommen Frauen weniger. Die Literatur, die sich mit diesem ökonomischen Sexismus befaßt, ist in der letzten Zeit sprunghaft angestiegen. Sie dokumentiert sexistische Ausbeutung, klagt an und beklagt sie als Ungerechtigkeit, beschreibt sie meist als eine neue Version eines uralten Übels und ergeht sich in theoretischen Erklärungsversuchen, die immer zugleich Abhilfe versprechen. Bei den Vereinten Nationen, dem Weltkirchenrat und den Ministerien werden scharenweise Repräsentanten von Minderheiten angestellt, um solche Benachteiligung abzuschaffen. Zuerst waren es die Proletarier, dann die Unterentwickelten, und jetzt sind es die Frauen, die die Schoßhündchen der «Engagierten» sind. Nirgendwo kann man über geschlechtsspezifische Diskriminierung reden, ohne gleich den Eindruck zu wecken, man wolle damit einen Beitrag zur politischen Ökonomie des Sexismus leisten: entweder um eine «nichtsexistische Ökonomie» zu fördern oder um die sexistische, die wir haben, reinzuwaschen. Ich will weder das eine noch das andere, obwohl meine Argumentation von der Tatsache dieser Diskriminierung ausgeht. Sich eine nichtsexistische industrielle Gesellschaft vorzustellen ist für mich ebenso absurd, wie die sexistische abscheulich ist. Ich werde hier die zuinnerst sexistische Natur aller modernen Ökonomie bloßlegen und die sexistische Natur der meisten Grundpostulate nachweisen, auf denen Ökonomie, «die Wissenschaft der Güter unter der Voraussetzung ihrer Knappheit», aufgebaut ist.

Ich will zeigen, daß jedes wirtschaftliche Wachstum die Vernichtung von vernakulärem Genus mit sich bringt (Kapitel III bis V) und von der Ausbeutung von ökonomischem Sexus lebt (Kapitel II). Ich möchte die ökonomische Apartheid und Unterordnung der Frau untersuchen, ohne in die Fangeisen des Soziobiologismus einerseits und des Strukturalismus andererseits zu geraten, die diese Diskriminierung entweder als «natur-» oder als «kulturbedingt» und deshalb als unvermeidlich ansehen. Als Historiker will ich die Ursprünge der ökonomischen Unterwerfung der Frau aufspüren; als Anthropologe möchte ich begreifen, was diese neue

Einstufung über Verwandtschafts- und Familienbeziehungen aussagt; als Philosoph möchte ich klären, was dieses zählebige Argumentationsmuster über die Prämissen von Alltagsweisheiten mitteilt, besonders über jene, auf denen heute unsere Universitäten und die Sozialwissenschaften beruhen.

Es war nicht leicht, in Worte zu fassen, was ich sagen will. Weit mehr noch, als ich zu Beginn meiner Arbeit erkannte, erwies sich die Profansprache des Industriezeitalters sowohl als geschlechtslos als auch als sexistisch. Ich wußte, daß Genus dual war, aber mein Denken wurde beständig irregeleitet durch die geschlechtslose Perspektive, die die industrialisierte Sprache notwendigerweise mit sich bringt.[1] Ich sah mich gefangen in einem verwirrenden Netz von Schlüsselwörtern.[2] Ich habe erkannt, daß Schlüsselwörter ein charakteristisches Merkmal moderner Sprachen sind, klar unterschieden von Termini technici. «Automobil» und «Jet» sind Termini technici. Ich habe gelernt, daß solche Termini den Wortschatz einer traditionellen Sprache überwuchern können. Wenn das geschieht, spreche ich von technischer Kreolisation. Ein Wort wie «Transport» jedoch ist ein Schlüsselwort. Es bezeichnet mehr als ein technisches Mittel, es unterstellt ein Grundbedürfnis.

Eine Untersuchung moderner Sprachen zeigt, daß Schlüsselwörter im alltäglichen Gebrauch kraftvoll und eingängig sind. Manche sind etymologisch alt, haben aber eine neue Bedeutung erworben, die sich von ihrer früheren unterscheidet. «Familie», «Mensch» und «Arbeit» sind Beispiele dafür. Andere, die erst jüngerer Prägung sind, waren ursprünglich nur für einen speziellen Gebrauch erdacht. Irgendwann schlüpften sie in die Alltagssprache und beziehen sich heute auf ein weites Feld von Vorstellung und Erfahrung. «Rolle», «Sex», «Energie», «Produktion», «Entwicklung» und «Verbraucher» sind wohlbekannte Beispiele. In jeder industrialisierten Sprache erwecken diese Wörter den Anschein von Common sense. Und jede moderne Sprache hat davon einen eigenen Satz, der die spezifische Perspektive ausdrückt, die diese bestimmte Gesellschaft von der sozialen und ideologischen Wirklichkeit der gegenwärtigen Welt hat. Dieser Satz von Schlüsselwörtern ist in allen modernen Industriegesellschaften deckungsgleich. Die Realität, die sie interpretieren, ist in den wesentlichen Zügen immer dieselbe. Die gleichen Hochstraßen, die zu den gleichen Schulen und Bürogebäuden führen, überschattet von den gleichen Fernsehantennen, transformieren die unterschiedlichsten Landschaften und Gesellschaften in monotone Gleichförmigkeit. Deshalb sind Texte, die von Schlüsselwörtern beherrscht werden, leicht vom Englischen ins Japanische oder Malaiische zu übersetzen.

Universale technische Wörter, die Schlüsselwörter geworden sind, solche wie «Erziehung», «Proletariat» und «Medizin», bedeuten dasselbe in allen modernen Sprachen. Andere traditionelle Wörter, mit sehr verschiedenen Wortfeldern, entsprechen einander quer durch verschiedene Sprachen, wenn sie als Schlüsselwörter benutzt werden, in hohem Maß. Beispiele sind «Humanität» und «Menschheit». Deshalb erfordert das Studium von Schlüsselwörtern den Sprachenvergleich.[3]

Um das Auftauchen und die Herrschaft von Schlüsselwörtern in einer Sprache erklären zu können, lernte ich vernakuläres Sprechen – in das wir hineinwachsen durch leibhaftigen Umgang mit anderen, die sprechen, was ihnen im Hirn gewachsen ist – von der unterrichteten Muttersprache zu unterscheiden, die uns Professionelle beibringen, die für uns und zu uns sprechen. Sie sind für die Unterdrückung vernakulären Sprechens wirksamer noch als die Standardisierung des Wortschatzes und die Einführung grammatischer Regeln, weil sie mit ihrem Anschein von Common sense einer fabrizierten Wirklichkeit einen pseudovernakulären Glanz verleihen. Schlüsselwörter sind für die Herausbildung einer industrialisierten Sprache von weitaus größerer Bedeutung als rein technische Termini, weil jedes von ihnen eine Perspektive mitbezeichnet, die allen Schlüsselwörtern gemeinsam ist. Ich entdeckte, daß es das Hauptmerkmal von Schlüsselwörtern ist, Genus radikal auszuschließen. Deshalb hängt das Verstehen von Genus und seine Unterscheidung von «Sexus» (ein Schlüsselwort) davon ab, daß man alle Wörter, die Schlüsselwörter sein können, vermeidet oder äußerst sparsam gebraucht.

Ich fand mich dergestalt in einem doppelten Getto der Sprache gefangen, als ich diesen Essay zu schreiben begann: Es war mir nicht möglich, Worte mit dem traditionellen Widerhall von Genus zu finden, aber ich war auch nicht willens, sie mit ihrem gängigen sexistischen Beiklang zu wiederholen. Ich wurde dieser Schwierigkeit erst gewahr, als ich frühere Versionen dieses Texte während meiner Vorlesung 1980–1982 verwenden wollte. Niemals zuvor hatten so viele Kollegen und Freunde versucht, mir ein Thema auszureden. Die meisten meinten, ich sollte meine Aufmerksamkeit doch weniger trivialen, zweideutigen und anstößigen Themen widmen, andere bestanden darauf, daß, in der gegenwärtige Krise des Feminismus, über Frauen zu sprechen nicht Männern zukäme. Bei genauem Hinhören schien es mir, daß die meisten meiner Gesprächspartner sich unwohl fühlten bei diesem Thema, weil meine Argumente ihre Träume störten: den feministischen Traum von einer geschlechtsneutralen Ökonomie ohne den Zwang von Geschlechtsrollen, den linken Traum einer politischen Ökonomie, die aus lauter gleichen menschlichen Subjekten[4] besteht, den futuristischen Traum einer modernen Gesellschaft von plastischen Menschen, wo es völlig egal ist, ob einer sich dafür entscheidet, ein Zahnarzt, ein Mann, ein Protestant oder ein Genmanipulator zu sein. Daß ich zu der Schlußfolgerung komme, daß die Diskriminierung der Frau jede Ökonomie kennzeichnet, ließ alle diese Träume platzen, denn alle diese Wunschträume waren aus dem gleichen Stoff gemacht: Ökonomie geschlechtlicher Neutralität (Kapitel VII).

Eine Industriegesellschaft kann nicht existieren ohne bestimmte Unisex-Postulate: Männer und Frauen sind für die

gleiche Arbeit geschaffen, sie nehmen die gleiche Wirklichkeit wahr, und sie haben, mit geringfügigen kosmetischen
Variationen, die gleichen Bedürfnisse.[5] Mit diesen Unisex-
Postulaten ist logisch die fundamentale Voraussetzung aller
Nationalökonomie, nämlich die Knappheit aller Güter, verknüpft. Es konnte keine Konkurrenz um «Arbeit» zwischen
Männern und Frauen geben, solange «Arbeit» nicht als Aktivität definiert worden war, die Menschen ohne Rücksicht auf
das Geschlecht eigen ist. Das Subjekt, auf das sich die ökonomische Theorie gründet, ist solchermaßen ein geschlechtsloses Menschenwesen. Sobald die Theorie von der Knappheit
aller Güter akzeptiert ist, breiten sich die Unisex-Postulate
aus. Jede moderne Institution, von der Schule bis zur Familie,
von der Gewerkschaft bis zur Justiz, verkörpert diese Grundannahme der Knappheit und verbreitet so die konstitutiven
Unisex-Postulate quer durch die ganze Gesellschaft. Zum
Beispiel sind Männer und Frauen immer aufgewachsen, jetzt
aber brauchen sie «Erziehung». In traditionellen Gesellschaften reiften sie heran, ohne daß die Gegebenheiten dafür als
knapp angesehen wurden. Jetzt bringen ihnen Erziehungsin-
stitutionen bei, daß das, was man lernen und können will,
knappe Güter sind, um die Männer und Frauen in Wettbewerb treten müssen. «Erziehung» wird so zum Namen dafür, daß man lernt, unter der Annahme von Knappheit zu
leben. Aber Erziehung, als Beispiel für ein typisch modernes
Bedürfnis, birgt noch mehr in sich, nämlich die Annahme
der Knappheit eines Unisex-Gutes; lehrt sie doch, daß er oder
sie in erster Linie menschliche Wesen sind, die eine geschlechtsneutrale Erziehung brauchen. Ökonomische Institutionen basieren also auf der Annahme, daß Güter knapp
sind, geschlechtslos, gleicherweise begehrenswert und notwendig für konkurrierende ökonomische Neutra von biologisch verschiedenem Geschlecht.[6] Was Karl Polanyi das «dis-
embedding» der formalen Marktwirtschaft genannt hat –
nämlich den Vorgang der Herauslösung der Marktwirtschaft
aus ihrer Einbettung in das Gesamtsystem der Gesellschaft –,

beschreibe ich hier aus anthropologischer Sicht als die Umwandlung von Genus in «Sexus».

Erbarmungslos verwandeln ökonomische Institutionen die zwei Geschlechter in etwas Neues, nämlich in ökonomische Neutra, die sich durch nichts unterscheiden als durch ihr biologisches Geschlecht, das jeder kulturellen Einbettung beraubt ist. Eine charakteristische, aber ziemlich sekundäre Ausbuchtung der Jeans ist jetzt noch alles, was die einen Arbeitnehmer von den anderen unterscheidet und privilegiert. Eine ökonomische Benachteiligung der Frauen kann ohne den Verlust von Genus und ohne die soziale Konstruktion von Sexus[7] überhaupt nicht existieren: Das ist es, was ich zeigen möchte. Wenn es wahr ist, daß ökonomisches Wachstum unheilbar und seinem innersten Wesen nach genus–destruktiv ist, das heißt sexistisch, dann kann Sexismus nur abgebaut werden um den «Preis» ökonomischer Schrumpfung. Dann ist eine notwendige, wenn auch nicht hinreichende Bedingung für die Zurückdrängung des Sexismus, daß Geldwirtschaft abgebaut und nicht marktbezogene, nichtökonomische Formen der Subsistenz ausgebaut werden.

Bisher hat es hauptsächlich zwei zwingende Beweggründe gegeben, sich für eine negative Wachstumspolitik einzusetzen: die Zerstörung der Umwelt[8] und die paradoxe Kontraproduktivität[9] der Wachstumsökonomie. Nun kommt ein dritter hinzu: Negativwachstum ist notwendig, um den Sexismus zu reduzieren.

Das ist für jene wohlmeinenden Kritiker, die mich während der vergangenen Jahre von der Richtung meiner Argumentation abbringen wollten, sicherlich schwer zu akzeptieren; sie fürchteten, ich würde mich lächerlich machen – oder aber ihre Träume vom Wachstum in Gleichheit würden sich als Phantasmagorien erweisen. Ich glaube jedoch, daß es an der Zeit ist, soziale Strategien vom Kopf auf die Füße zu stellen und zu erkennen, daß Frieden zwischen Männern und Frauen, welche Form auch immer er haben möge, abhängig ist von ökonomischer Schrumpfung und nicht von ökonomischer Expansion. Bisher haben weder guter Wille noch Kampf, weder Gesetzgebung noch Technik die sexistische Ausbeutung gemindert, die für die Industriegesellschaft typisch ist. Ich werde zeigen, daß es nicht angeht, die ökonomische Entwürdigung der Frau einfach als ein Mehr an Machismo unter Marktbedingungen zu interpretieren. Wo immer gleiche Rechte erzwungen und legalisiert wurden, wo immer Partnerschaft zwischen den Geschlechtern in Mode kam, verliehen diese Innovationen nur den Eliten, den Trägern und Nutznießern dieser Neuerungen, ein Gefühl, etwas erreicht zu haben, die Mehrheit der Frauen war davon nicht betroffen, meist sogar schlechter dran als zuvor.

Der Traum einer ökonomischen Unisex-Gesellschaft ist nun allmählich ausgeträumt, genauso wie die Vorstellung, wirtschaftliches Wachstum würde zu einer Angleichung des Bruttosozialproduktes zwischen Nord und Süd führen. Jetzt ist es möglich, genau andersherum vorzugehen: Anstatt von nichtsexistischem Wachstum zu träumen, zeugt es von mehr Sensibilität, eine Politik der ökonomischen Begrenzung zu betreiben, durch die sich, wenn schon nicht eine nichtsexistische, so doch eine weniger sexistische Gesellschaft entwickeln kann. Eine industrielle Gesellschaft ohne sexistische Hierarchie ist so unvorstellbar wie eine vorindustrielle ohne Genus, das heißt: ohne klare Unterscheidung zwischen dem, was Männer, und dem, was Frauen tun, sagen und sehen. Beides sind Luftschlösser, ganz gleich, wer daran baut. Aber der Abbau der Geldwirtschaft, das heißt sowohl der Warenproduktion wie der Warenabhängigkeit, ist kein Phantasiegebilde. Aber solch ein Rückschnitt erfordert das Abstoßen von alltäglichen Erwartungen und Gewohnheiten, die heute als zur «Natur» des Menschen gehörig betrachtet werden. Deshalb halten viele, selbst ein großer Teil jener, die wissen, daß dieser Rückschnitt die notwendige Alternative zum Alptraum ist, diesen Weg für unmöglich. Aber immer mehr Leute, die das erkannt haben, und eine wachsende Zahl von Experten (manche als Überzeugte, manche als Opportunisten) stimmen überein, daß Rückschnitt die einzig kluge Wahl ist. Subsistenz, die durch einen Abkopplungsprozeß von der Geldwirtschaft entsteht, ist heute eine Überlebensbedingung. Ohne Wachstumsrückgang, der natürlich in den reichen Ländern viel weitreichender sein müßte als in den armen Ländern, gibt es kein ökologisches Gleichgewicht, keine Gerechtigkeit zwischen den Regionen der Welt und keinen Frieden. Vielleicht ist das Äußerste, auf das man mit einiger Aussicht hoffen kann, der gleiche Zugang zu den knapper werdenden Rohstoffen für alle, und zwar auf dem Niveau, das derzeit für die ärmsten Länder typisch ist. Um einen solchen Vorschlag zu verwirklichen, ist eine vielgesichtige Allianz verschiedener Gruppen und Interessen erforderlich, die die Wiederentdeckung der «Gemeinheiten» [10] betreibt, nämlich das, was ich «radikale politische Ökologie» nenne. Um nun jene, die vom Verlust von Genus getroffen sind, in diese Allianz einzubringen, will ich zeigen, wie der Wechsel von Produktion zu Subsistenz und die Reduktion des Sexismus miteinander zusammenhängen.

Um zu zeigen, daß eine solche Beziehung zwischen Sexismus und Ökonomie tatsächlich existiert, muß ich eine Theorie konstruieren. Diese Theorie ist ein Prolegomenon für eine Geschichte der Knappheit. [11] Den ganzen Essay hindurch wird die Argumentationskette mehr mit Beispielen entwikkelt, weniger mit Daten verdichtet. Die ersteren sind eingeflochten, um die Theorie zu illustrieren, und die letzteren – soweit vorhanden – sind in die Anmerkungen verwiesen. Da diese theoretische Perspektive neu ist und es nur wenige empirische Studien aus dieser Perspektive gibt, fand ich es gelegentlich erforderlich, eine neue Sprache zu gebrauchen. Jedoch wählte ich, wann immer es möglich war, alte Wörter und kleidete sie neu ein, um genau das sagen zu können, was sowohl Theorie wie Evidenz verlangen.

Meine Theorie erlaubt mir, zwei Weisen der Existenz einander gegenüberzustellen. Ich nenne sie: das Reich des vernakulären Genus und die Herrschaft des ökonomischen Sexus. Diese Bezeichnungen selbst zeigen an, daß beide Existenzweisen dual sind und daß beide Dualitäten von sehr verschiedener Art sind.[12] Mit sozialem Genus meine ich eine je ort- und zeitgebundene Dualität, die Männer und Frauen in einer Kultur voneinander absetzt und sie daran hindert, das gleiche zu sagen, zu tun, zu begehren oder wahrzunehmen. Mit ökonomischem oder sozialem Sexus dagegen meine ich eine Dualität, die den Anspruch erhebt, das illusionäre Ziel ökonomischer, politischer, gesetzlicher und sozialer Gleichheit von Mann und Frau verwirklichen zu können. In einer so konstruierten Wirklichkeit ist Gleichheit, wie ich zeigen werde, meistens ein Phantasiegebilde.

So ist mein Essay ein Epilog auf das Industriezeitalter und seine Chimären. Beim Schreiben begann ich auf eine neue Weise zu verstehen – mehr noch als in «Selbstbegrenzung» (1975) –, wieviel dieses Zeitalter bereits unwiederbringlich zerstört hat. In dem Ausmaß der gesellschaftlichen Folgen ist nur die Verwandlung der Gemeinheiten (commons) in ökonomische Ressourcen der von Genus in «Sexus» vergleichbar. Ich beschreibe diesen Wandel aus der Perspektive der Vergangenheit. Über die Zukunft weiß und sage ich nichts.

II
Ökonomischer Sexus

Die ökonomische Benachteiligung der Frau bedarf hier keines Beweises. Sie ist evident. Anderthalb Jahrzehnte feministischer Forschung haben jeden Zweifel beseitigt. Zwei große Aufgaben sind jedoch bis heute nicht geleistet worden. Erstens: In jeder modernen Ökonomie sind drei voneinander getrennte Bereiche zu unterscheiden, in denen Frau diskriminiert werden, aber auf unterschiedlichste Weise. Diese drei Formen der Benachteiligung sind bisher immer völlig unkritisch miteinander vermengt worden. Zweitens müssen wir endlich einsehen und verstehen lernen, daß diese dreifache ökonomische Benachteiligung der Frau grundsätzlich etwas anderes ist als ihre patriarchalische Unterordnung in Gesellschaften ohne Geldökonomie. Sexistische Diskriminierung ist ein Spiegel dessen, was in fortgeschrittenen Industriegesellschaften «Ökonomie» genannt wird. In jeder Ökonomie, die auf formellem Austausch zwischen dem Produzenten und dem Verbraucher von Gütern und/oder Dienstleistungen beruht, gibt es einen legalen, von der Statistik erfaßten, und einen verschwiegenen, von ihr nicht erfaßten Sektor. Entsprechend gibt es eine statistisch erfaßte Benachteiligung der Frau und eine statistisch nicht erfaßte. Darüber hinaus existiert noch ein dritter Bereich in jeder modernen Ökonomie, nämlich der Schatten des ersten Sektors, und dieser bildet die dritte Arena, in der sich die Benachteiligung der Frau auswirkt: Das ist der Bereich der Schattenarbeit.

Die legale Ökonomie

Über Jahre hindurch hat sich das Benachteiligtsein der Frau in bezahlten, besteuerten und offiziell erfaßten Jobs zwar nicht im Härtegrad, wohl aber im Ausmaß verändert. Gegenwärtig leisten 51 Prozent der amerikanischen Frauen außerhäusliche Lohnarbeit; 1880 waren es nur 5 Prozent. Frauen stellen heute in den USA 42 Prozent aller entlohnten Arbeitskräfte, 1880 nur 15 Prozent. Derzeit hat die Hälfte aller amerikanischen Ehefrauen eigenes Einkommen, vor einem Jahrhundert noch waren es nur 5 Prozent. Heute stehen den Frauen formalrechtlich alle Laufbahnen offen; 1880 waren ihnen viele verschlossen. Heute verbringen Frauen im Schnitt 25 Jahre ihres Lebens mit Lohnarbeit; um 1880 waren es durchschnittlich fünf Jahre.[13] Das alles scheinen bedeutende Fortschritte in Richtung zu ökonomischer Gleichheit von Frauen und Männern zu sein – bis man den einzigen Maßstab anlegt, der zählt. Der mittlere Jahresverdienst einer Frau in einem Full-time-Job hält sich in einem magischen Verhältnis (3 : 5) zu dem des Mannes: 59 Prozent; mit geringen Schwankungen derselbe Prozentsatz wie vor hundert Jahren.[14] Weder verbesserte Ausbildung noch gerechtere Gesetze und auch keine revolutionäre Rhetorik haben am Einkommensunterschied von Frauen und Männern etwas geändert.[15] Was auf den ersten Blick wie Schritte zu mehr Gleichheit anmutete, war in Wirklichkeit nur eine Reihe von Ereignissen, durch die immer mehr Frauen stillschweigend in jenen Teil der Bevölkerung eingemeindet wurden, der wegen seines Geschlechts ökonomisch diskriminiert wird.[16] Eine hochqualifizierte Akademikerin verdient heute immer noch nicht mehr als ein Mann, der aus dem Studium ausgestiegen ist.

Als ich dieses Verhältnis zum erstenmal entdeckte, konnte ich es zunächst nicht glauben. Es rief die gleiche Betroffenheit hervor wie vor Jahren, als ich die Wirksamkeit der etablierten Medizin untersuchte. Damals konnte ich kaum fassen, daß seit 1880 die Lebenserwartung eines erwachsenen männlichen US-Bürgers im wesentlichen unverändert geblieben ist. Fünfundzwanzigmal höhere Ausgaben (in inflationsbereinigten Dollarsummen) für medizinische Betreuung – davon ein überdimensional großer Teil für die Behandlung und Vorbeugung von Krankheiten im letzten Lebensviertel – haben zu keiner wesentlichen Erhöhung des Durchschnittsalters geführt. Es dauerte Monate, bis ich begriff, was das bedeutete. Wahr ist, daß die Überlebensrate von Kindern enorm gestiegen ist; mehr Menschen werden 45 Jahre alt. Bei Verkehrsunfällen zerfetzte Körper werden aus Aluminium und Plastik wiederhergestellt. Viele Infektionskrankheiten wurden zum Verschwinden gebracht. – Aber die Lebenserwartung eines erwachsenen Mannes hat sich nicht wesentlich verändert. Alle medizinischen Bemühungen haben die Schwelle des Todes nicht weiter hinausschieben können. Das Wissen darüber, daß Geld, Chirurgie, Chemie und guter Wille ohnmächtig sind gegenüber dem Tod, wird in unserer Gesellschaft beständig unterdrückt. Es gehört zu jenen Tatsachen, die offensichtlich durch Rituale und Mythen geleugnet werden müssen.

Die ökonomische Diskriminierung der Frauen als Gruppe – wenngleich hiervon völlig verschieden – ist für die meisten Zeitgenossen, außer für Zyniker, eine ebenso unverdauliche Realität. So wie es heute kaum noch Kinderlähmung und Diphtherie gibt, so findet auch kaum noch ein Ausschluß der Mädchen von höheren Schulen und Hochschulen statt. So wie wir Gurte haben, die uns vor Verkehrsunfällen bewahren sollen, so sollen TV-Monitore in den U-Bahnen vor Vergewaltigung schützen. Wir haben Spezialprogramme, um Unbemittelte medizinisch zu betreuen, und Spezialstipendien, um Frauen in Spitzenpositionen zu bringen.

Es ist hart, der Tatsache ins Gesicht zu schauen, daß alle diese Maßnahmen bisher nichts an der Lebenserwartung des Erwachsenen oder an der Lohndifferenz zwischen Mann und Frau geändert haben.[17]

Die unveränderte Lohndifferenz zwischen den Geschlechtern ist nur *ein* Aspekt der ökomonischen Benachteiligung der Frau in der Arbeit, so wie die unveränderte Lebenserwartung des erwachsenen Mannes nur *ein* Aspekt vom Versagen der modernen Medizin ist, «Gesundheit» zu verbessern. Man könnte nun einwenden, daß der ungeheure Aufwand der modernen Gesundheitspolitik die Lebenserwartung des Erwachsenen tatsächlich erhöht habe; denn ohne diese Anstrengungen würde sie – in einer Welt voll Smog und Stress – noch unter die vieler armer Länder absinken. Ebenso kann man behaupten, daß der vereinte Kampf von Gesetzgebern, Gewerkschaften, Feministinnen und Idealisten die Zunahme der Lohndifferenz in einer fortschreitend warenintensiven und deshalb sexistischen Welt verhindert habe. Solch eine pessimistische Sicht auf die Industriegesellschaft – könnte man sagen – sei ihr durchaus angemessen. Es gibt gute Gründe für die Annahme, daß die sinkende Lebenserwartung aller Altersgruppen, die in den letzten zwanzig Jahren in der Sowjetunion[18] festgestellt worden ist, nur ein Vorbote ist für einen Trend, wie er ähnlich in den meisten Industrieländern zu erwarten ist; daß jetzt viele sogenannte Fortschritte in Richtung auf mehr Chancengleichheit zwischen Frauen und Männern im Zuge der gegenwärtigen Arbeitslosigkeit wieder rückgängig gemacht werden, leitet wahrscheinlich eine ebenso irreversible Entwicklung ein.[19] Ob man die optimistische oder die pessimistische Betrachtung wählt, eines bleibt empirisch unwiderlegbar: Die Lohndifferenz zwischen Mann und Frau scheint so unverrückbar zu sein wie die Lebenserwartung des erwachsenen Mannes.

Während der sechziger Jahre befaßte sich die Frauenforschung hauptsächlich mit zwei Themen: Gewalt gegen Frauen durch Vergewaltiger, Ehemänner oder Ärzte – und Frauenlohn. Die Zusammenhänge, die hier aufgedeckt wurden, sind extrem gleichförmig und deprimierend. In jedem Land vermehren sich Gewalt und Diskriminierung proportional zur ökonomischen Entwicklung: Je mehr Geld verdient wird, desto mehr Frauen verdienen weniger als Männer – und desto mehr Frauen werden vergewaltigt.[20]

Selten ist eine solche Ungerechtigkeit so lange ignoriert und dann, innerhalb von zehn Jahren, so widerstandslos anerkannt worden. Die erste Welle der Frauenforschung war primär der Lohnarbeit gewidmet: schlechte Bezahlung, geringere Aufstiegsmöglichkeit, degradierende Arbeitsbedingungen, mangelnde Vertretung in Gewerkschaftsgremien und geringe Arbeitsplatzsicherheit. Die meisten Frauen arbeiten in der Industrie ohne gewerkschaftlichen Schutz und verbleiben in wenigen, immer gleichen beruflichen Positionen. Wenn sie doch zu einer Gewerkschaft gehören, werden sie selten tarifrechtlich abgesichert. Selbst wenn die Gewerkschaft in erster Linie aus Frauen besteht, sind Männer die Schlüsselfiguren bei Tarifverhandlungen. Um zu beweisen, daß ökonomischer Fortschritt nirgendwo zu einem Abbau der Lohndiskriminierung geführt hat, bedarf es keiner weiteren Untersuchungen. Sie können höchstens zu sterilen Wiederholungen führen, zu mehr akademischen Würden von Karrieristen und zu mehr Selbstgefälligkeit bei denen, die damit ihre abgenutzten Erklärungstheorien aufmöbeln wollen.[21]

Die ersten Untersuchungen über Frauenprobleme in der Nachkriegszeit gingen aus der Frauenbewegung hervor und waren aktionsorientiert. Manche Autoren folgten der liberalen Rhetorik und riefen nach mehr Chancengleichheit plus affirmativen Reformen, andere waren damit beschäftigt, heilige Schriften, Marx, Freud und Reich, wiederzukäuen, um sich die Zustimmung des oppositionellen Establishments zu sichern. Das Schlagwort «Reproduktion» wurde entdeckt.[22] Frauenrechte wie Arbeiterrechte schienen damals vereinbar mit industrieller Entwicklung und Fortschritt. Trotz ihrer Schwächen sind diese Untersuchungen immer noch grundlegend, um zu verstehen, wie die Industriegesellschaft funktioniert. Sie enthüllten eine überraschende Gleichförmigkeit der Diskriminierung von Frauen, sei es in sozialistischen oder kapitalistischen Ländern, in reichen oder armen, latein- oder angloamerikanischen, katholischen, protestantischen oder Shinto-Gesellschaften; ob in Frankreich oder in Japan, auf jeweils gleichem Einkommensniveau handeln sich Frauen immer die gleiche Benachteiligung ein. Frauen werden allgemeiner und einheitlicher vom Griff auf die besseren Gehälter ausgeschlossen als Schwarze, Koreaner, Puertoricaner, Türken oder Juden. Hinzu kommt, daß Frauen nirgendwo die Regierung stellen. Es gibt ein Tansania für Nyerere, ein Israel für Begin, aber ein Amazonia ist nicht in Sicht. Der Nationalstaat ist immer und überall sexistisch.

Die verschwiegene Wirtschaft

Es gibt viele Arten von wirtschaftlicher Tätigkeit, über die Regierungen und ihre Nationalökonomen nichts berichten können oder jedenfalls nichts berichten. Über einige dieser Tätigkeiten sind keine Daten erhebbar, andere können sie, selbst wenn sie es wollten, nicht benennen oder messen. Für jene wachsende Zahl von Tätigkeiten, die in der üblichen Wirtschaftsstatistik nicht vorkommen, gibt es eine Fülle von Namen.[23] Die einen sprechen vom «informellen Sektor», andere vom «quartiären Sektor» – nach dem «primären» der Extraktion (Landwirtschaft, Bergbau), dem «sekundären» der Produktion (Industrie, Handwerk) und dem «tertiären» der Dienstleistungen. Oder man spricht von Haushaltsökonomie, modernem Tauschhandel, direktem Transfer von Gütern oder geldloser Ökonomie. Noch andere nennen ihn den Bereich der Eigenarbeit, der Selbsthilfe oder selbstinitiierter Aktivitäten.

Nur Marxisten haben keine Probleme mit dem Etikett für diesen Sektor: Sie nennen ihn «soziale Reproduktion» und teilen sich dann in Sekten, von denen jede beansprucht, am besten zu wissen, was damit gemeint ist. Um die Verwirrung komplett zu machen, wurde es in den siebziger Jahren feministische Mode, fast alle diese Tätigkeiten «Frauenarbeit» zu nennen und Männer, die sie ausüben, als «männliche Hausfrauen» zu bezeichnen.

Der Umfang dieses inoffiziellen Sektors der Ökonomie ist nicht leicht abzuschätzen. Er besteht aus einem Konglomerat von Tätigkeiten, die etwas einbringen, aber für die offiziell kein Entgelt bezahlt und keine Sozialversicherung abgeschlossen wird. Dazu kommen Tätigkeiten, die nicht mit Geld, sondern mit Gütern oder mit Gegenleistungen vergolten werden. Viel davon ist inoffizieller Handel, Austausch von Gefälligkeiten oder auch Zahlungen unter der Hand – aber dies alles auf eine Weise, die der Steuer wie der Statistik entgeht. In Jugoslawien muß man dem verstaatlichten Arzt ein Huhn bringen, um seine Aufmerksamkeit zu gewinnen, in Polen braucht man Eier, um vom zuständigen Beamten eine Heiratserlaubnis zu bekommen. In Rußland beziehen die privaten Haushalte Eier, Milch, Käse und frisches Gemüse zu mehr als drei Viertel vom schwarzen Markt. Bücher zirkulieren heimlich von Hand zu Hand oder sind im Eigenverlag hergestellt. In den USA produzieren und vermarkten die kalifornischen Marihuana-Farmer eine Ernte im Barwert von -zig Milliarden Dollar.

Zur «inoffiziellen» US-Ökonomie gehören ebenso die Importeure von afghanischem Heroin; die Polizisten, die von ihnen bestochen werden; die Mexikaner, die zur Traubenernte illegal über die Grenze kommen; der Rechtsanwalt, dem du den Rasen mähst und der als Gegenleistung dein Haus ohne Baugenehmigung durch die staatlichen Kontrollen schwindelt; der Automechaniker, der einen neuen Vergaser ins Auto des Buchhalters einbaut, der ihm dafür die Steuererklärung für die Tankstelle frisiert. Alle diese schlauen Geschäfte sind am Geld gemessen Handelsbeziehungen zwischen Vertragspartnern, sind Teil der verschwiegenen Ökonomie, ob mit oder ohne Geld, legal oder kriminell, und über keines davon gibt es statistische Aufzeichnungen. Durch manche wird der «Käufer» mehr geschädigt als durch professionelle Dienstleistungen, durch manche weniger. Für beide Partner sind manche dieser inoffiziellen Aktivitäten vorteilhafter als die normalen bürokratisierten Abläufe, manchmal sind sie reine Ausbeutung. Aber immer ist es ein ausgeprägter Austausch von Diensten, Produkten oder Geldwerten, die dem Marktprinzip entsprechen.

Mancherlei Versuche sind gemacht worden, um den Umfang dieser «Untergrund»-Ökonomie zu messen, wenigstens im Vergleich zum Bruttosozialprodukt. Auf 7½ Prozent des BSP (nicht nur von Löhnen!) schätzt die britische Regierung ihren Verlust an Lohn- und sonstigen Steuern in diesem Bereich;[24] vermutlich nur ein Bruchteil dieses statistisch nicht erfaßbaren Marktes. Der «International Revenue Service» in Washington bezifferte für 1976 das steuerlich nicht erfaßte Einkommen von Personen und Unternehmungen mit 135 Milliarden Dollar. Dabei handelt es sich um Steuerhinterziehung, nicht bloß um zweifelhaft erlangte Steuervorteile am Rande der Legalität durch Spesenverrechnung, frisierte Verlustrechnungen und ähnliches; daraus resultiert wahrscheinlich ein Steuerausfall in nochmals gleicher Größenordnung. Jüngste Schätzungen lassen vermuten, daß in den USA diese verschwiegene Ökonomie viel schneller wächst als die offizielle, sogar schneller als die Inflationsrate.[25] Zählt man den mit und ohne Geld betriebenen Markt dieses statistisch nicht erfaßten Sektors zusammen, so kann sein Wert mit dem des gesamten offiziellen Marktes – den militärischen ausgenommen – sicherlich konkurrieren. Es ist aber ausschließlich dieser offizielle Markt, auf den die Nationalökonomen mit ihren Indexziffern, Prognosen und Rezepten zurückgreifen. Während man in der formalen, besteuerten und statistisch erfaßten Ökonomie in weitem Ausmaß mit der künstlichen Schaffung von Pseudoarbeit, der Produktion nutzloser Güter, unerwünschten Dienstleistungen, nutzlosen sozialen Kontrollen und kostspieligen ökonomischen Zwischenstationen beschäftigt ist, arbeitet man in der «verschwiegenen» Ökonomie im Durchschnitt wesentlich effizienter. Wegen ihres blühenden Schwarzmarkts haben Länder wie Italien Jahr für Jahr überlebt, während doch die Nationalökonomen jedes Jahr den sicheren Bankrott voraussagten. Aus dem gleichen Grund überstehen sozialistische Länder ein Maß von Mißwirtschaft, das theoretisch längst zu ihrem Untergang hätte führen müssen.

Eines ist jedenfalls sicher: Selbst wenn wir von diesem nicht erfaßten Markt die Tätigkeiten der Subsistenz und die der typisch weiblichen Hausarbeit (die beide auf verschiedene Weise nicht in das Markt-Modell passen) ausklammern, so enthält auch diese formal nicht erfaßte Ökonomie – die proportional schneller wächst als das erfaßte BSP – ein Maß an Benachteiligung der Frau, das bisher kaum beachtet worden ist. Auf diesem Sektor der Marktökonomie, wo neue Jobs entstehen, gerade wenn die offizielle Arbeitslosigkeit steigt, sind Frauen noch schlechter dran als in der offiziellen Ökonomie, die das Datenschleppnetz der Nationalökonomie erfaßt und mißt. Hier gibt es kein Antidiskriminierungsgesetz. Im Gegensatz zu den männlichen Schwarzarbeitern, Drogenhändlern und Bestechungsgelder Sammelnden, deren Einkünfte lukrativ sind, wenn auch manchmal illegal, bleibt Frauen nur der schofle Trost von Prostitution, Kleinkriminalität oder Hehlerei. Frauen, die versuchen schwarzzuarbeiten, spülen Geschirr in der nächsten Kneipe, tippen zu Hause oder übernehmen, seit einiger Zeit, die Nachtschicht am Text-Composer.[26]

Die Chicagoer Schule der «New Home Economics»[27] ist sich mit den jüngsten Untersuchungen über die nicht erfaßte Ökonomie zumindest in einem Punkte einig: Beide erkennen an, daß sowohl die unbesteuerte Schwarzarbeit wie die unbezahlte Hausarbeit (für die einige staatliche Bezahlung verlangen) wesentliche Beiträge zum BSP leisten. Andererseits haben diese Untersuchungen Verwirrung gestiftet, weil sie die nicht erfaßten Markttätigkeiten und die unbezahlte weibliche Hausarbeit nicht sauber trennen. Dieser Mangel an klarer

Unterscheidung ist die theoretische Schwäche der neuen ökonomischen Schule, und deshalb fällt die «New Home Economics» den Frauen in den Rücken. Frauen wissen, daß sie von den begehrenswerten Jobs im wachsenden Bereich der illegalen Arbeit ausgeschlossen sind – mehr noch als im Bereich der besteuerten Lohnarbeit –, während ihre Hausarbeit eine Form der Knechtschaft ist.[28] Es ist unerläßlich, eine klare Unterscheidung zu machen zwischen nichterfaßten ökonomischen Tätigkeiten, von denen Frauen mehr als Männer ausgeschlossen sind, und denen der Hausarbeit, an die Frauen anders als Männer gebunden sind. Betrachtet man Hausarbeit als Modell eines «Idealtyps» ökonomischer Aktivitäten, so hat sie zwei charakteristische Merkmale, die sie von der Schwarzarbeit unterscheiden: Ihr Wert ist fiktiv, und ihre Ausführung kann der Vermittlung nicht wieder entzogen werden *(disintermediated)*[29], weil sie von vornherein nicht vermittelbar ist. Sie ist Teil der modernen Schattenökonomie, die allem Geldverkehr vorangeht und deshalb vom Geld nicht gemessen werden kann.

Schattenarbeit[30]

Mitte der siebziger Jahre schlug die Forschung über Frauenarbeit eine neue Richtung ein. Die Untersuchungen hatten mehr und mehr mit Einsichten zu kämpfen, die in den herkömmlichen Kategorien der Geschichte, Ökonomie, Ethnologie und Anthropologie nicht darstellbar waren. Der springende Punkt war nicht mehr der kleinere Anteil der Frauen vom Lohnkuchen. Eine andere Frage erlangte größere Bedeutung: In jeder Industriegesellschaft sind die Frauen nicht nur in der Lohnarbeit benachteiligt; sobald sie ihren Job verlieren, werden sie einer Kategorie ökonomisch notwendiger Arbeit unterworfen, die sie ganz ohne Lohn vollziehen. Daß Frauen benachteiligt sind bei Bewerbungen, bei Beförderungen, beim Versuch, sich ihren Arbeitsplatz zu erhalten, war offensichtlich. Aber außerhalb der Lohnarbeit, die im 19. Jahrhundert allgemein wurde, war ein neuer Bereich ökonomischer Aktivität entstanden; hier wurden und werden Frauen mehr und anders zur Arbeit eingesetzt als Männer. Man entzieht den Frauen immer noch den gleichen Anteil an der Lohnarbeit und bindet sie mit noch größerer Ungleichheit an eine neue Kategorie von Arbeit, die es vor der Lohnarbeit gar nicht gab.[31]

Den besten Nachweis für diese neue Art von Arbeit, nämlich Schattenarbeit, liefern die Historiker der Hausarbeit. Aus ihren Schriften wurde mir klar, daß es zwischen Hausarbeit einst und Hausarbeit heute einen Unterschied gibt, der sich in der traditionellen ökonomischen Sprache nicht angemessen beschreiben und in den Kategorien der Klassenanalyse oder im Jargon der Sozialwissenschaften nicht angemessen darstellen läßt. Was Hausarbeit heute ist, taten Frauen früher nicht.[32] Umgekehrt findet eine moderne Hausfrau kaum glaubhaft, daß ihre Ahne nicht auch Hausarbeit machen mußte. Unwiderlegbar beschreiben die neuen Historiker der Hausarbeit die typische Aktivität der Hausfrau in einer modernen Wohnung als etwas ganz anderes als alles, was Frauen einst außerhalb der Industriegesellschaft taten: Es handelt sich nicht einfach um eine weitere Facette der verschwiegenen Ökonomie, und sie paßt auch in keine der dogmatischen Kategorien von «sozialer Reproduktion».

Als ich mir genauer anschaute, was Anthropologen und Historiker als Hausarbeit beschreiben, dämmerte mir: der heutige Arbeitsmarkt, ob statistisch erfaßt oder nicht, ist nur die Spitze des Eisbergs. Gemäß dieser Metapher geschieht das meiste an Mühsal, um die Spitze des Eisbergs oben zu halten, unter der Wasserlinie, ist Arbeit in der «unteren» Ökonomie. Wenn die verschiedenen Formen der Lohnarbeit zunehmen, nimmt auch die Unterwasserplackerei zu. Moderne Hausarbeit ist von dieser «unteren» Realität ein typischer, aber nicht der ausschließliche Teil; sie ist nicht nur statistisch nicht erfaßt, sondern überhaupt unerfaßbar. Da es bisher keine übereinstimmende Nomenklatur gibt, um die nötigen Unterscheidungen zu treffen, stelle ich neben die Arbeit in der legalen und der verschwiegenen Ökonomie eine sie ergänzende «untere» Ökonomie oder Schattenarbeit. [33]

Hier geht es nicht um die Produktion von Gütern und Dienstleistungen. Schattenarbeit wird geleistet von dem Konsumenten, insbesondere im konsumierenden Haushalt. Schattenarbeit sind jene Tätigkeiten, durch die der Verbraucher gekaufte Waren in nutzbares Gut umwandelt. Schattenarbeit umfaßt jene Zeit, Mühe und Anstrengung, die wir anwenden müssen, um zur gekauften Waren jenen zusätzlichen Wert zu fügen, ohne den wir sie nicht benutzen können. Schattenarbeit ist in jenem Ausmaß nötig, in dem Leute ihre Bedürfnisse mittels Waren zu befriedigen suchen. Der Begriff «Schattenarbeit» erlaubt, zwischen dem Braten von Spiegeleiern in Vergangenheit und Gegenwart zu unterscheiden. Die moderne Hausfrau geht auf den Markt, kauft die Eier, fährt sie im Auto nach Hause, bringt sie mit dem Aufzug in den 7. Stock, schaltet den Herd ein, nimmt Butter aus dem Kühlfach und brät die Eier – mit jeder dieser Handlungen fügt sie Wert zu Ware. Nichts dergleichen tat ihre Großmutter: Sie suchte sich die Eier im eigenen Hühnerstall zusammen, schnitt ein Stück vom Speck herunter, der im Haus selbst hergestellt war, zündete das Holz an, das ihre Kinder im Gemeindewald gesammelt hatten, und gab Salz dazu, das sie gekauft hatte.

Das Beispiel klingt romantisch, aber es zeigt den ökonomischen Unterschied. Beide Frauen braten Eier, aber nur die eine benutzt auf den Markt gebrachte und hochkapitalisierte Produktionsgüter: Auto, Aufzug, Elektroherd und Zubehör. Die Großmutter erfüllte eine der geschlechtsspezifischen Aufgaben der Lebenshaltung – die heutige Hausfrau trägt die Bürde der Schattenarbeit. [34]

Die Veränderung der Hausarbeit reicht tief unter die Oberfläche. Wachsender Lebensstandard macht sie kapitalintensiv durch eine Unzahl von Maschinen und technischen Geräten. Eine kanadische Durchschnittsfamilie – und das gilt für jedes moderne Heim in der Industriegesellschaft – gibt für ihre Haushaltsgeräte einen Betrag aus, der höher ist als die durchschnittliche Investition pro Fabrikarbeitsplatz in zwei Drittel aller Länder. Hausarbeit wird Sitzarbeit und führt seltener zu Krampfadern. Für eine Minderheit von Frauen wird durch diese Entwicklung Zeit frei für interessante, gutbezahlte Teilzeitjobs, für Bücherschreiben oder Tennisspielen. Aber die neue Hausarbeit vollzieht sich in der Verlassenheit des 7. Stockwerks, ist öde, unpersönlich, leere Zeit: Valium-Verbrauch und Abhängigkeit von der TV-Droge liefern Maßeinheiten für den neuen, verborgenen Stress.[35]

Grundsätzlich gilt: Hausarbeit wurde zum Musterbeispiel für jene neue, unbezahlte ökonomische Tätigkeit, die in einer von Computern und Mikroprozessoren überwachten und gesteuerten Gesellschaft ökonomisch fundamentaler ist als produktive Arbeit, mag diese von den Ökonomen erfaßt oder nicht erfaßt sein.

Schattenarbeit konnte erst entstehen, als das häusliche Wirtschaften in ein Apartment gedrängt wurde; ein Apartment, eingerichtet für die ökonomische Funktion, Waren mit ungenügendem Wert aufzuwerten. Schattenarbeit konnte auch erst Frauenarbeit werden, sobald Männerarbeit nicht mehr im Haus, sondern in der Fabrik oder im Büro verrichtet wurde. Seither mußte der Haushalt mit dem bestritten werden, was der Lohn einbrachte. Der Ingenieur konnte mit seiner Familie davon leben, der Handlanger mußte seine Frau zur Akkordarbeit schicken, und seine Tochter hatte sich als Hausgehilfin zu verdingen. Die unbezahlte Aufwertung dessen, was Lohnarbeit hervorbrachte, wurde zur Aufgabe der Frauen; gemäß dieser neuen Tätigkeit wird «Frau» neu definiert. Beide Arten von Arbeit, die Lohnarbeit und ihr Schatten, breiten sich mit der Industrialisierung aus. Die beiden neuen Funktionen – die Funktion des Brotverdieners und die Funktion der von ihm Abhängigen – zerteilten die Gesellschaft insgesamt. Er wurde identifiziert mit Overall und Fabrik, sie mit Schürze und Küche. Soweit sie Lohnarbeit fand, empfing sie dafür Mitleid und niedrigen Lohn.

Im 19. Jahrhundert revolutionierte die Technik alle Arbeit außerhalb des Haushalts; auf diesen selbst hatte sie wenig Einfluß – nur der Käfig, in dem die Hausfrau saß, wurde enger. Die Wasserleitung nahm ihr das Schleppen der Krüge ab – und beendete ihren Kontakt mit den Freundinnen am Brunnen. Als neue ökonomische Kategorie ist Hausarbeit ohne Beispiel in der Geschichte; aber technisch schien sie abzulaufen wie immer. Noch um die Jahrhundertwende waren Wasserleitungen, Gas und Elektrizität im Haushalt bloße technologische Möglichkeiten; allgemein üblich wurden sie in den großen amerikanischen Städten erst um 1920, in den kleinen um 1930. Erst in der zweiten Hälfte unseres Jahrhunderts wandelte sich die materielle Wirklichkeit des Haushalts radikal; gleichzeitig ersetzten Radio und Fernsehen die gemeinschaftliche Unterhaltung. Die Industrie begann mit der Produktion der Schattenarbeitsmaschinerie. Wie nun die industrielle Arbeit weniger arbeitsintensiv wurde, so wurde Hausarbeit – ohne abzunehmen – durch verschiedene Größenordnungen kapitalintensiver.[36]

Ökonomischer Fortschritt wird herkömmlich an der Zahl der Arbeitsplätze gemessen, die geschaffen werden. Er kann aber mit gleichem Recht der Prozeß genannt werden, durch den der Ausstoß an Gütern wächst und jede neue Ware einen größeren Input an Schattenarbeit verlangt.[37]

Entwicklung wird herkömmlich als ein Prozeß beschrieben, in dessen Verlauf die Produktion immer mehr Kapital braucht. Dadurch wächst aber auch die Kapitalintensität der Schattenarbeit, die nötig ist, um ein Mindestmaß an Wohlbefinden zu erreichen.[38] Es ist sehr unwahrscheinlich, daß produktive Lohnarbeit irgendwo in der Welt noch zunehmen wird; oder daß auf jenem künstlichen Arbeitsmarkt, den man «Dienstleistung» genannt hat, so extravagante Preise wie bisher erzielbar sein werden. Eher wird die Automatisierung den Gesamtumfang der Lohnarbeit senken; auf den Markt werden Güter gelangen, die dem Käufer / Nutzer nicht weniger, sondern mehr unbezahlte Mühe abfordern. Es wird zu einem Schattenwachstum kommen: weniger Lohnarbeit, mehr Schattenarbeit – und dies wird innerhalb der Schattenarbeit zu einer neuen sexuellen Diskriminierung führen.

Schattenarbeit ist keine ausschließliche Domäne der Frau. Sie ist so geschlechtslos wie Lohnarbeit. Unbezahlte Plackerei zur Verbesserung der industriellen Produktion leisten auch Männer. Der Ehemann, der für die Prüfung in einem Fach paukt, das er verabscheut, nur um einer Beförderung willen; der Mann, der jeden Tag ins Büro fährt – beide leisten Schattenarbeit. Freilich konsumiert der Haushalt die meiste Schattenarbeit. Haushalt ist nur ein Euphemismus für Schattenarbeit. Aber wenn nur Frauen in der Schattenarbeit tätig wären, könnte es dort für sie gar keine Benachteiligung geben. Und doch gibt es sie genau dort und mehr noch als in der Lohnarbeit: Frauen sind mehr an sie gebunden, verbringen mehr Zeit damit; Schattenarbeit wird nicht weniger, wenn sie berufstätig werden, und sie werden grausamer bestraft, wenn sie sie verweigern. Frauen werden betrogen auf dem legalen wie auf dem verschwiegenen Arbeitsmarkt; aber das ist nur ein Bruchteil vom Schattenpreis, der ihnen für die gänzlich unbezahlte Hausarbeit geschuldet wird.

Die Erziehung liefert ein gutes Beispiel. Früher war das Aufwachsen kein «ökonomischer» Prozeß. Was ein Junge oder Mädchen daheim lernte, war keine knappe Ware. Jeder lernte seine vernakuläre Sprache und die wesentlichen Fertigkeiten für vernakuläres Leben. Aufwachsen konnte – mit seltenen Ausnahmen – nicht als Kapitaleinsatz zur Heranbildung von Arbeitskräften beschrieben werden. Heute sind die Eltern zu Assistenten der Lehrkräfte im Erziehungssystem geworden. Im Jargon der Ökonomen sind sie die Verantwortlichen für den primären Input von menschlichem Kapital zur Qualifizierung ihrer Nachkommen als «Homo oeconomicus». Begreiflicherweise zerbricht sich der «Erziehungsökonom» den Kopf, wie er die Mutter dazu veranlassen kann, ihrem Kind einen möglichst großen Input an unbezahltem Kapital mitzugeben. Der Experte schreibt: «Wenn die Kinder in die erste Klasse gelangen, zeigen sie signifikante Unterschiede in ihrer verbalen und mathematischen Kompetenz. Diese spiegeln angeborene Fähigkeiten wider, aber ebenso das Maß an menschlichem Kapital, das bis zum sechsten Lebensjahr in das Kind investiert wurde. Dieser Kapitalstock reflektiert wiederum die verschiedenen Inputs von Zeit und Anstrengungen, dargebracht von Eltern, Lehrern, Geschwistern und Altersgenossen sowie vom Kind selbst. Der Prozeß des Erwerbs von vorschulischem Humankapital ist analog dem des Erwerbs von Humankapital durch Schule und Berufsausbildung.» [39] Hier werden die unbezahlten Inputs der Mutter an Zeit und Mühe ökonomisch korrekt als primäre Quelle der Anhäufung von Humankapital definiert. Man mag das für eine groteske Darstellung halten, aber man muß zugeben, daß sie – in einer Gesellschaft, die von der Grundannahme ausgeht, daß Kompetenzen knappe Güter sind und ökonomisch produziert werden müssen – wahr ist. Die Schattenarbeit der Mutter bildet eine ökonomische Tätigkeit, von der Cash flow, Löhne und Gehälter, Mehrwert, ja die gesamte Kapitalbildung letztlich abhängen. Die vom Staat geförderte professionelle «Operationalisierung» von Schattenarbeit im Zentrum und in den ökonomischen Peripherien konstituiert eine neue Entwicklungsstrategie, die man am besten Kolonisierung des informellen Sektors nennt. [40]

Schattenarbeit kann nicht in Geldeinheiten gemessen werden, aber es ist möglich, spezifische Tätigkeiten, die als Schattenarbeit ausgeübt werden, in Lohnarbeit umzuwandeln: Österreichische und vorher schon schwedische Gewerkschaften erzielten die Anerkennung der Fahrten zum und vom Arbeitsplatz als Teil der Arbeitszeit. Das Pendeln zwischen Wohnung und Betrieb ist – so argumentieren sie – eine Mühe, die dem Arbeiter auferlegt ist, weil die Fabriken nicht dort stehen, wo Arbeiter leben, sondern wo der Grund billig ist, die Zufahrtsstraßen günstig und die Wohnsitze der Manager nahe sind. Pendeln ist Schattenarbeit: Der Arbeitgeber verlädt jeden Morgen seine eigene Arbeitskraft im eigenen Auto und chauffiert eine Ware, die sein Unternehmer für acht Stunden am Tag gemietet hat. Transport der eigenen Arbeitskraft ist kapitalintensive Schattenarbeit. Ein wesentlicher Prozentsatz des Lohnes geht für Kauf und Instandhaltung des Autos und für Steuern drauf, mit denen Autostraßen zwischen Wohn- und Arbeitsstätten gebaut werden. Pendeln bleibt Schattenarbeit, ob das Transportmittel ein Privatauto ist, ein Autobus oder ein Fahrrad. Einige kleinere Gewerkschaften setzten sich durch: Ihre Mitglieder sind jetzt vom Unternehmen bezahlte Chauffeure ihrer eigenen Arbeitskraft. Wenn dies jedoch allgemein würde und alle Arbeiter dafür Lohn bekämen, daß sie sich unentgeltlich «selber kapitalisieren», so würde das Industriesystem zu funktionieren aufhören.[41]

Auch Frauen könnten fordern, daß ihre Schattenarbeit bezahlt wird. Sobald man aber den «Schattenpreis», der für die unbezahlte Arbeit zu leisten wäre, mit den Kosten der Lohnarbeit vergleicht, wird das Paradoxon sichtbar, das in der Schattenarbeit steckt: Zumindest im nichtmilitärischen Sektor jeder modernen Ökonomie ist der Input an Schattenarbeit wahrscheinlich bereits höher als der Input an Lohnarbeit.[42] Das industrielle System gründet auf der Annahme, daß die meisten Grundbedürfnisse einer anwachsenden Mehrheit von Mitgliedern der Gesellschaft durch den Verbrauch einer ganzen Liste von Gütern befriedigt werden müssen. Dabei ist aber die Mühe, die mit dem Verbrauch dieser Waren verbunden ist, anthropologisch gesehen viel tiefgreifender als die Mühe, die mit der Herstellung verbunden ist. Das blieb verborgen, solange wegen technischer Unvollkommenheiten menschliche Hände und Gehirne für den Produktionsprozeß unersetzlich waren. Es wurde produktive Arbeit immer nur mit legitimer in eins gesetzt, dagegen die Mühe, die mit dem Verbrauch verbunden ist, stillschweigend übersehen oder mit Befriedigung identifiziert. Jetzt mindert sich der Zeitaufwand in der Herstellung erheblich, während die wachsende Warenintensität den Zeitaufwand, der für den Verbrauch notwendig ist, mehr und mehr aufbläht. Gleichzeitig sind immer mehr Formen des Verbrauchs zum «Muß» geworden, Formen des Zeitaufwandes, die keineswegs der Befriedigung dienen, sondern instrumentell geworden sind. Hans fährt mit dem Wagen, nicht weil er es liebt noch weil er «wie die Meyers» fahren möchte, sondern er kann es nicht vermeiden. Wir würden die meisten Konsumhandlungen falsch benennen, wenn wir sie als «Befriedigung» bezeichneten; sie bringen reine Anstrengungen mit sich, aufgeblasene Schattenarbeit. Der volle Umfang der Schattenarbeit übersteigt schnell den Umfang erreichbarer, mit Produktion verbundener Arbeit, auch wenn diese nur ein Ritual ist. Wie immer man auch Hausarbeit in Geld gleichwertig berechnet, ihr totaler Wert übertrifft jedenfalls den Umfang der Lohnarbeit.

Wenn Feministinnen fordern, daß Frauen bezahlt werden müssen dafür, daß sie die mit dem Familieneinkommen eingekauften Waren für den Familienkonsum nutzbar machen, so täuschen sie sich. Das Beste, was sie erhoffen können, ist ein Trostpreis – und nicht der echte Schattenpreis für diese Arbeit. Die kostenlose Schattenarbeit ist die wesentliche Bedingung dafür, daß eine Familie vom Wareneinkauf leben kann. Auch wenn die nötigen Güter immer mehr von Robotern erzeugt werden, bleibt Schattenarbeit unentbehrlich. Sie verhält sich zum Geld wie das Neutron zum Elektron. Schattenarbeit ist etwas ganz anderes als Lohnarbeit, die Güter für andere herstellt, sie ist aber auch tief unterschieden von traditioneller Hauswirtschaft, die nicht für Geld geschieht und auch kaum Geld braucht.

Schattenarbeit versteckt sich hinter vielem, was heute unter dem Namen «Selbsthilfe» vor sich geht. Dieser Name ist ein modernes Etikett; früher einmal konnte man damit Masturbation bezeichnen. «Selbsthilfe» zerteilt das tätige Subjekt in zwei Hälften, die eine Hand wäscht die andere. Der Ausdruck wurde üblich, weil ihn US-Einrichtungen für internationale Hilfe so häufig gebrauchten. Durch diesen Begriff «Selbsthilfe» wird die traditionelle Zweiteilung aller ökonomischen Tätigkeiten in Produktion und Konsumtion, in produktive oder reproduktive Relationen, in den Konsumenten selbst hineingetragen. Dem Konsumenten wird beigebracht, mit seiner rechten Hand selbst zu produzieren, was seine linke angeblich braucht. Er soll soviel wie möglich mit so wenig wie möglich selber tun, er soll die mangelhaftesten Güter mit dem höchsten Einsatz eigener Schattenarbeit vervollkommnen. Immer mehr neue Produkte werden für solche «Selbsthilfe» – nämlich maximale Schattenarbeit – entworfen. Mikroprozessoren übernehmen in steigendem Maß die Produktion. Immer mehr Menschen, die in der Lohnarbeit unnütz werden, fallen dem Bereich der Schattenarbeit anheim.[43] Sie ist nicht mehr Domäne der Frauen, mit jedem neuen Jahr wird die Schattenarbeit geschlechtsloser. War sie früher eine Arena für die Unterdrückung der Frau, so wird sie jetzt allgemeiner Kampfplatz für die gegenseitige ökonomische Diskriminierung.[44]

Jetzt nehmen Mittelklasse-Väter zunehmend Anteil an der Küchenarbeit und Kinderpflege. Sie wollen die Steaks braten, wenn Gäste kommen; sie wollen ihr Stündchen mit den Kindern spielen. Unter dem Motto «Wir tragen unseren Teil der Hausarbeit» öffnen sie ein neues Feld der Konkurrenz und des Ressentiments zwischen den Geschlechtern. Früher kämpften die Frauen um gleiche Rechte in der Lohnarbeit. Jetzt kämpfen Männer um die gleiche Befriedigung in der Schattenarbeit des Haushalts. In den vergangenen zwanzig Jahren griff die Benachteiligung der Frau auf immer mehr Berufe über, und sie wurde deutlicher als solche empfunden, weil die Frauen gesetzlichen Schutz im Kampf um die Chancengleichheit bekamen. Jetzt, da immer mehr Männer in die Schattenarbeit gedrängt werden, findet die Benachteiligung der Frau mitten in ihrem ureigensten Bereich statt, und diese Situation wird immer deutlicher werden. Dies ist das Bild, das jüngste Untersuchungen zeichnen.[45]

Die Benachteiligung der Frau in Lohn- und Schattenarbeit ist weltweit. Das gleiche gilt wahrscheinlich – obwohl selten untersucht – auf dem verschwiegenen Arbeitsmarkt. Diskriminierung in und außerhalb der Berufsarbeit verbreitet sich mit wachsendem Bruttosozialprodukt – wie die anderen Nebenwirkungen auch, sei es Stress, Verschmutzung der Umwelt oder Frustration. Kulturelle Tradition, Politik, Klima oder Religion ändern nichts an dieser Entwicklung. Untersuchungen über die Diskriminierung der Frau zeigen dieselbe Tendenz wie die der Reporte über Krebs der Brust und Gebärmutter: Wenn das Bruttosozialprodukt pro Kopf gleichhoch ist, beeinflußt die geographische Lage viel mehr die Art und Weise, wie die Krankheit erkannt und diskutiert wird, als die Art, wie sie auftritt. Australische Frauen verfügen über erstklassige Statistiken, italienische Frauen kultivieren ätzenden Zynismus. Die Hindernisse für Frauen beim Aufstieg in privilegierte Jobs und die Fallen, mit denen man sie in die Küche zurücklockt, werden in Japan und der Sowjetunion verschieden erklärt, aber sie sind in den Dimensionen überall vergleichbar. Wieder liefert die Erziehung ein gutes Beispiel: Auch wenn sie für Männer und Frauen gleich lang dauert, auch wenn der Lehrplan derselbe ist – das Resultat ist überall: der lebenslange Gesamtlohn ist für Frauen niedriger als für Männer. Bessere Erziehung nagelt Frauen sogar besonders wirksam auf ihrem Arbeitsplatz fest, sie haben dann noch weniger Chancen für einen neuen Start in einer anderen Berufslaufbahn. Wenn auch die Kämpfe der siebziger Jahre Manager-Etagen für Frauen geöffnet und Falltüren in die Küchen geschlossen haben, so profitieren davon doch nur «Schwestern» aus privilegierten Schichten. Einige Frauen mehr hinter dem Operationstisch oder in der Fakultät, ein gelegentlicher Ehemann beim Geschirrspülen – diese raren Vorkommnisse verstärken nur die anhaltende Diskriminierung der Frauen als Gruppe. Gleichzeitig verschärft Wut über die Arbeitslosigkeit die sexistische Konkurrenz.

Die Feminisierung der Armut

Obwohl die Benachteiligung der Frauen weltweit ist, hat sie in unterentwickelten Ländern ein anderes Gesicht: Weder Einkommen noch die Diskriminierung in der Arbeit sind in den Gesellschaften der Dritten Welt gleich verteilt. Hier machen vor allem Frauen, die aus dem ökonomischen Wachstum irgendwelche Vorteile ziehen konnten, die Erfahrung, daß sie trotzdem benachteiligt sind. Die Frau eines Dentisten in Oaxaca hat die Vorzüge des neuen ökonomischen Niederschlages schätzengelernt. Wenn sie zu ihren feministischen Versammlungen fährt, läßt sie – anders als die New Yorker Arztfrau – das Haus mit der Zwei-Wagen-Garage in der Obhut ihrer Hausangestellten. Nur in der kapitalistischen Dritten Welt gedeiht der «Sexparasit», den die südafrikanische Feministin Olive Schreiner schon 1911 prophezeite. Die mexikanische Dentistengattin blüht als Hausfrau, während der Arztgattin in New York die Möglichkeit dazu genommen ist. In einer ganz anderen Welt lebt ihre Cousine irgendwo auf einem mexikanischen Dorf mit einem Zahnbrecher. Jeden Dienstag trottet sie hinter ihrem Mann zum Markt. Sie verkauft ihre Tomaten, er zieht Zähne und verkauft Zauber. Sie ist voll Respekt vor ihrem Gatten, aber ökonomisch nicht abhängig von ihm. Sie weiß noch, wie man mit Klatsch und Magie Männer an ihrem Platz hält. Die bürgerliche Lateinamerikanerin hat beides gegen Auto, Dienstmädchen und das Recht, mit feministischer Rhetorik zu flirten, eingehandelt. Die New Yorker Ehefrau hat weder Magie noch Dienstmädchen, ihr fehlen aber auch die Worte, um der Marktfrau zu erzählen, was sie verloren hat. Das sozialwissenschaftliche sexistische Geschnatter zwingt ihr geschlechtsloses Denken auf.[46]

Die ungeheure Mehrheit lateinamerikanischer Frauen und Männer lebt heute anders als diese zwei mexikanischen Frauen, nämlich in der modernisierten Armut der Slums. Ihr Haushalt ist auf Geldeinkommen angewiesen. Aber diese

Einkommen sind viel langsamer gewachsen als die Zerstörung der nutzbaren Umwelt. Seit einer Generation leben sie ohne eine solche Umwelt, die ihren Eltern noch die meisten Lebensnotwendigkeiten lieferte, ohne daß sie dazu Geld brauchten. Unterdessen verlernen sie die meisten Fertigkeiten, die für den geldlosen Lebensunterhalt notwendig sind. Anders als ihre Verwandten, die als Erntearbeiter nach Texas zogen und von dort in die Ruinen der New Yorker Elendsviertel, glauben diese Leute immer noch an den Fortschritt, an dem die Dritte wie die Erste Welt teilhaben sollen – sie glauben an die Rhetorik des Brandt-Reports und an Castro. Sie verstehen noch nicht, warum die Latinos in der New Yorker South Bronx sich gegen die Modernisierung der Armut[47] zusammenschließen, um Lehrer, Sozialarbeiter und Spitäler von ihrem Viertel fernzuhalten. Ohne jeden ökonomischen Unterschied auf der Basis des Geschlechts wurden sie warenabhängig in einer Welt, die ihnen keinen Lohn geben kann. Man hat ihnen die traditionellen Möglichkeiten des Lebensunterhalts geraubt, und niemand will sie in den guten Jobs, wie sie die wirtschaftliche Entwicklung mit krampfhafter Anstrengung bereit hält. So sind sie in dieselbe zweifache Fessel geschlagen wie die New Yorker Arztfrau: Sie sind ausgeschlossen sowohl von ausreichender Lohnarbeit wie vom traditionellen geldlosen Lebensunterhalt. Für diese modernisierten Armen in den unterentwickelten Ländern ist ökonomische Entwicklung gleichbedeutend mit der Feminisierung ihrer geschlechtslosen Armut geworden.[48]

Die Ausfuhr von Schattenarbeit aus den reichen in die armen Länder wird konsequent übersehen. Die Studenten der Wirtschaftswissenschaften werden zu Opfern der terminologischen Impotenz ihrer Wissenschaft. Sie können Schattenarbeit nicht als eigenständigen Bereich erkennen. Wie die Schule der «New Home Economics» nicht unterscheiden kann zwischen Frauenarbeit in einer bargeldlosen, sich selbst erhaltenden Wirtschaft und der aufwertenden Zubereitung paketierten Plunders, wie ihn die US-Hausfrau heute täglich in ihre Küche schleppt, so ist die ökonomische Wissenschaft unfähig, den Unterschied zu erkennen zwischen den auf den Gebrauchswert hin orientierten Subsistenztätigkeiten und einem Wirtschaften mit Abfall: wenn zum Beispiel Slumbewohner ihre Behausungen aus Verpackungsmaterial, das andere Leute weggeworfen haben, errichten.

Claudia von Werlhof bezeichnet die Produktion der unteren Ökonomie als den blinden Fleck im Auge der Nationalökonomie, in den die moderne Gesellschaft den vom Lohnverdiener abhängigen Partner hineintreibt, um ihn in die unsichtbare «Quelle der ursprünglichen Akkumulation» umzuwandeln. Es erhebt sich unmittelbar die Frage nach der angemessenen Verhältnisgleichheit: Ist die schattenarbeitende Hausfrau nach dem Modell des lateinamerikanischen Slumbewohners anzusehen, oder hat der letztere innerhalb der Weltökonomie die Funktion des neuen geschlechtslosen Haushälters des nördlichen Partners übernommen?[49]

Die ökonomische Benachteiligung der Frau taucht auf, sobald Entwicklung beginnt. Nichts deutet darauf hin, daß sie je durch Entwicklung verschwinden wird. Im Gespräch mit Frank Hubney kam ich zu dem Schluß: Der Kampf um die ökonomische Gleichheit zwischen geschlechtslosen Menschen mit verschiedenen sekundären Geschlechtsmerkmalen ähnelt den Bemühungen um die Quadratur des Kreises. Eudoxus versuchte, irrationale Zahlen zu vergleichen. Das Problem blieb ungelöst, bis Lindemann im 19. Jahrhundert nachwies, daß es keine Lösung geben kann. Er zeigte auf, daß π keine algebraische Zahl ist, und bereicherte so unsere Erkenntnis über die Unvergleichbarkeit transzendenter Zahlen. Politische Ökonomie ist noch auf der Stufe wie die Mathematik vor Lindemann. Sie ist konfrontiert mit ihrem ständigen Versagen, ökonomische Gleichheit zwischen den Geschlechtern herzustellen. Wir müssen allmählich begreifen, daß das Paradigma des Homo oeconomicus unvereinbar ist mit dem, was und wie Frauen und Männer wirklich sind.

Vielleicht können sie nicht auf ökonomische Neutra mit weiblichen oder männlichen Geschlechtsteilen reduziert werden. Ökonomische Existenz und Genus sind unvereinbar.

III
Vernakuläres Genus

Außerhalb des Industriesystems ist geschlechtslose Arbeit undenkbar. Es gibt nur wenige Tätigkeiten, die von Frauen und Männern gleicherweise verrichtet werden können. Der Mann kann in der Regel keine Frauenarbeiten ausführen. Im Paris des frühen 18. Jahrhunderts konnte man einen Junggesellen leicht am üblen Geruch und am trüben Blick erkennen. Aus den Akten der Notare wissen wir, daß alleinlebende Männer weder Hemd noch Leintuch hinterließen, wenn sie starben. In der Zeit von Ludwig XIV. konnte ein Mann kaum überleben ohne eine Frau, die ihm den Haushalt führte. Ohne Frau, Schwester, Mutter oder Tochter konnte er sich nur jämmerlich kleiden, säubern und ernähren: Es war ihm unmöglich, Hühner zu halten oder eine Ziege zu melken. Er kam, wenn er arm war, weder zu Eiern noch zu Butter oder Milch. Selbst wenn er die nötigen Ingredienzien erwerben konnte, so war es ihm doch nicht möglich, die meisten Speisen zu kochen.[50] Noch heute würde im ländlichen Mexiko eine Frau eher vor Scham vergehen, als daß sie einen Mann Bohnen kochen ließe.

Schon von weitem sieht der Einheimische, ob Männer oder Frauen an der Arbeit sind, noch bevor er sie genau erkennen kann. Jahres- und Tageszeit, die Feldfrucht und die Werkzeuge offenbaren ihm, was sie sind. Ob sie einen Korb auf Kopf oder Schultern tragen, teilt ihm mit, wes Geschlechts sie sind. Wenn er Gänse im abgeernteten Feld erblickt, weiß er, daß ein Mädchen in der Nähe sein muß, um sie zu hüten. Begegnet er Schafen, so wird er einen Buben finden. Zugehörigkeit bedeutet: zu wissen, was sich für unsere Männer und für unsere Frauen schickt. Wenn irgend jemand das tut, was wir als Arbeit des anderen Geschlechts ansehen, dann muß diese Person ein Fremder sein – oder ein Sklave, der aller Würde beraubt wurde.

Genus ist in jedem Schritt, in jeder Geste, und nicht nur zwischen den Beinen. Puerto Rico liegt drei Flugstunden südlich von New York. Zwei Drittel seiner Bewohner kennen das Festland. Doch selbst heute noch haben Männer und Frauen im Inneren der Insel eine verschiedene Gangart: Auf den schmalen Pfaden wiegen sich Frauen wie Segelschiffe im wechselnden Wind, tippeln die Männer, deren Hüften im Rhythmus der Machete schwingen – beide in der unverwechselbaren jibaro-Weise. Man weiß, daß sie nicht vom benachbarten Santo Domingo stammen können, noch weniger können sie Gringos aus den Staaten sein. Bei vielen Puertoricanern hat gemeines Genus für Jahrzehnte überlebt, nicht nur im «Barrio» von Harlem, sondern sogar, wenn sie mitten unter Hillbillies und Schwarzen der South Bronx lebten.[51]

Genus ist etwas anderes und umfaßt mehr als das biologische Geschlecht. Es umschreibt eine soziale Doppelwelt, die an jedem Ort und in jeder Zeit verschieden ist. Was ein Mann tun muß oder nicht tun kann, ist von Tal zu Tal verschieden. Die Sozialanthropologen haben diese fundamentale Polarität bisher übersehen, und ihre Terminologie ist so zur Unisex-Maske für eine Wirklichkeit geworden, die zwei Gesichter hat.

Was Bohr und Heisenberg für die Epistemologie der Physik getan haben, ist für die Sozialwissenschaft noch nicht geschehen. Es gehört heute zum Jedermannswissen, daß Licht physikalisch faßbar wird im Paradigma der Welle so gut wie im Paradigma des Teilchens und daß keine dieser beiden Theorien allein seine komplexe Realität vermitteln können. Daß eine ähnliche Betrachtungsweise für viele sozialwissenschaftliche Konzepte erforderlich ist, das ist vielen noch neu.[52]

«Kultur» oder «Verhalten» sind typische Begriffe, die auf «den» Puertoricaner angewendet werden, sobald er zum Studienobjekt wird. Sozialarbeiter mühen sich ab, um mit «ihm» ins Gespräch zu kommen. Die feinen und immer dualen Nuancen, die jeder Aspekt vernakulärer Kultur enthält, werden außer acht gelassen oder vermischt und damit jahrtausendealte Traditionen verletzt. Der Lehrer in der New Yorker Schule versucht, dem puertoricanischen «Kind» zu helfen. Er erkennt nicht, daß Kindheit erst entstand, als Genus im Schwinden war. Der Lehrer überlegt sich nicht, daß die Symbiose von Sozialwissenschaften und modernen Institutionen eine wirksame Verbindung ist, um Genus auf «Sexus» zu reduzieren. Diese Reduktion ist für mich das entscheidende anthropologische Merkmal, das unser Zeitalter von allen anderen trennt. Bevor jedoch eine erste Erörterung über Genus vom Stapel läuft, möchte ich drei Sandbänke markieren, an denen man stranden kann, ehe man tieferes Wasser erreicht hat. Diese Vorbemerkungen können auch dazu dienen, ein Licht auf das zu werfen, was ich ökonomischen «Sexus» nenne.

Doppelsinnige Komplementarität

Nur wer neu in eine Kultur eintritt, nimmt sie wahr. Für den, der in ihr lebt, gibt es Männer und Frauen und ein Drittes: Außenstehende, welche Fremde, Sklaven, Haustiere, Unberührbare oder Freaks sein können. Wenn das Geschlecht des Außenstehenden ins Blickfeld rückt, wird es analog zu dem «unserer» Männer oder Frauen gesehen. Verwandtschaft ist nur möglich zwischen jenen Wesen, die wir als Männer und Frauen betrachten. Verwandtschaftssysteme setzen Genus voraus; sie spezifizieren, wer wann, wo, wie anderen gegenübersteht auf Grund und oftmals trotz der Genusscheide. Was wir als Frauen, was als Männer auffassen, kann zusammenkommen und zusammenpassen nicht nur wegen, sondern auch trotz des einzigartigen Unterschiedes zwischen ih-

nen. Sie passen zueinander wie die rechte und die linke Hand. [53]
Die Analogie von männlich/weiblich und rechts/links
möchte ich verwenden, um einigen gefährlichen Mißver-
ständnissen auf die Spur zu kommen: In vielen Kulturen ist die
linke Hand die schwache und kraftlose; jahrtausendelang ist
sie verstümmelt worden. Rechtshändigkeit wird nicht einfach
akzeptiert oder in Kauf genommen, sondern ist eingefleischte
Norm geworden. Das Kind, das die Linke benutzt, wird er-
mahnt, die Hand wird geschlagen, auf den Rücken gebunden
oder verkrüppelt. Organische Asymmetrie entsteht. Ein geringes neurologisches Übergewicht, das der rechten Hand
besseres Tastgefühl verleiht und sie kräftiger und geschickter
macht als die linke, ist ins normative Ideal der Dominanz der
rechten umdefiniert worden. Die Linke muß sich der Rechten
anpassen, sie ist zur ständig benötigten Magd der Rechten
geworden. Und – in Analogie dazu – seit jeher paßt sich das
Weib dem Manne an. [54]

Genau das will ich nicht damit sagen. Die Analogie rechts/
links meint etwas ganz anderes: Jede Frau und jeder Mann
kann – außerhalb unserer Knopfdruckgesellschaft – nur durch
das Zusammenspiel beider Hände überleben. In manchen Gesellschaften wird mehr Wert auf Rechtshändigkeit gelegt als in
anderen. In China verlangen Etikette, guter Geschmack und
Weltanschauung, daß die Rechte und die Linke sich in einer
feinen und detaillierten Choreographie im Vorrang abwech-
seln. In einigen Gesellschaften, zum Beispiel bei den Nyoro in
Afrika, ist der Linkshändige für die heilige Zunft der Wahrsager bestimmt. Aber unbeschadet der größeren Kraft, Ge-
schicklichkeit und Würde, die einer Hand zugesprochen wird,
und öfter der rechten als der linken, werden beide Hände gebraucht für komplementäre Tätigkeiten und Gesten. Es ist
genau festgelegt, welche Hand der linkshändige Schamane
zur Darbringung der Opfer benutzen muß. Beide Hände wirken immer zusammen gemäß zweier Programme, von denen
keines das Spiegelbild des anderen ist. So bleibt ihre einzigartige Zweiheit stets ambig. [55]

Die ältesten Traditionen sehen unsere Existenz in dieser einmaligen Zweiheit verankert. Sie bildet eine doppelsinnige Komplementarität, die nicht dem Spiegelbild gleicht und nicht dem Schatten. Sie unterscheidet sich von der positiven Kopie eines Negativs und von der deterministischen Entsprechung der Doppelhelix in der DNS. Ich mutmaße, daß diese fundamentale Dualität die Grundlage jeder Metapher und aller Poesie ist, in der allein sie angemessen ausgedrückt werden kann. Zwillinge, Nabel und Nabelschnur, Yin und Yang sind mythologische Darstellungen, in denen diese Zweiheit Ausdruck sucht. [56] Eine der Schwierigkeiten bei der Gegenüberstellung von Genus und Sexus könnte jetzt gelöst sein. Man kann gemeines Genus als Schaffung einer doppelsinnigen Komplementarität [57] begreifen, «Sexus» als den Versuch der Moderne, durch Schaffung von ökonomischen Neutra diese Grundlage zu leugnen oder zu überwinden. Indem die Sozialwissenschaften alle Interaktionen auf Tausch reduzierten, bereiteten sie den Boden dafür vor, daß diese Zweiheit geleugnet werden konnte und zugleich eine rein ökonomische Analyse der Beziehung zwischen Frauen und Männern hinreichend schien. Deshalb spreche ich von ökonomischem Sexus. Es bedarf dazu zweier verschiedener Arten von Sprache, eine für das, was war, eine für das, was ist.

Soziobiologischer Sexismus

Als Einführung in Genus und «Sexus» habe ich das Gleichnis von der rechten und der linken Hand gewählt, weil diese Analogie eindringlich ist, aber auch, weil sie direkt auf eine zweite Schwierigkeit hinweist, die keine grundsätzliche wie die erste ist, sondern eine aktuelle akademische Mode betrifft.

In den USA ist es heute nahezu unmöglich, geschlechtsspezifisches Verhalten zu analysieren, ohne das Lager der feministischen Marxistinnen einerseits oder das der Soziobiologen andererseits herauszufordern. Ich möchte meine Argumentation von diesen störenden Zwischenrufen freihalten. Eine Diskussion von Genus mit feministischen Marxistinnen ist unmöglich. Sie benutzen ganz bewußt als Frauen Kategorien der politischen Ökonomie, und damit können sie die Ambiguität von Genus mit Hilfe eines doppelten Filters eliminieren. Vor allem möchte ich mich nicht zu Argumenten herablassen, wie sie in der modischen Rhetorik eines Lionel Tiger, E. O. Wilson, A. de Benoist und ihresgleichen vorgetragen werden. Sie gehen von einem biologischen Determinismus aus und behaupten, daß Kultur darauf gründe; für mich dagegen ist das Einzigartige am Homo sapiens die beständige Inkarnation der symbolischen Dualität des Geschlechts. Ich möchte mich nicht auf eine Auseinandersetzung über die Beobachtungen einlassen, die die neuen Ethnologen machen: Jedoch bestätigt die Tatsache, daß die genuslosen modernen Menschen sich meist wie Affen benehmen, meine These, daß die Herrschaft von Sexus inhuman ist. Den biologischen Deterministen zu antworten kann ich getrost denen überlassen, die sich in den USA das liberale Establishment nennen. Soziale Planung und Sozialfürsorge-Management kann sich in einer liberalen Gesellschaft nur dann legitimieren, wenn der Experte glaubwürdig unter Beweis stellen kann, daß er antifaschistisch und antirassistisch ist. Es ist also auch an ihm zu zeigen, daß die neue Soziobiologie des Sexus nur die der Rasse ersetzt, für die Graf Gobineau einst die Lanze brach. Im Lichte dessen, was der soziobiologische Sexismus jetzt offenbart, erscheint der Rassismus als früher Versuch, sich in dieselbe Richtung vorzuwagen. Wie rassistische Theorien des 19. Jahrhunderts dazu dienten, die Kolonialansprüche Europas zu untermauern, so dient jetzt das sexistische Denken der weltweiten Herrschaft eines endzeitlerlichen Unisex-Humbugs. Der zeitgenössische Sexismus paßt zu den buntscheckigen Eliten, die die heutige postkoloniale Ökonomie beherrschen.

Alle Soziobiologen behaupten das gleiche.[58] Die Struktur ihrer Argumente ist von genialer Einfachheit und darum so verführerisch. Die meisten Leser sehen nicht, daß hinter dem ganzen umständlichen Diskurs aus mathematischen Algorithmen und gewagten Statistiken sich nichts weiter verbirgt als die folgende Behauptung: Unter den Menschenaffen sei das Weibchen immer dem Männchen angepaßt.[59] Auch in primitiven Gesellschaften beherrschten die Männer die Frauen; in den Hochkulturen sei diese Dominanz institutionalisiert worden. Daher sei es wissenschaftlich gerechtfertigt, für den Primat des Mannes und die Unterordnung der Frau eine genetische Grundlage anzunehmen: Die Rolle der Geschlechter sei ein für allemal durch die erbbiologisch verankerte Dominanz des Mannes über die Frau geprägt.

Nicht wegen der Schwäche dieser Argumentationskette lehne ich es ab, mich mit akademischem Sexismus zu befassen: Es ist mehr des Stiles wegen, in dem diese Aussagen theoretischer «Biokraten» vorgetragen werden. Dieser Stil hat vieles gemein mit dem des Rassismus von Gobineau bis Rosenberg – «wissenschaftliche» Argumentation, die sich von vornherein nur an den Gläubigen wendet. Rassismus und Sexismus gleichen sich nicht nur in Argumentation und Stil; auch ihr Menschenbild ist aus dem gleichen Stoff. Beide, der Rassist wie der Sexist, unterstellen, daß Menschen in wissenschaftlichen Kategorien erfaßt und diesen gemäß in Rangordnungen eingeteilt werden können. Dunkle Haut, niedriger Intelligenzquotient, weibliches Geschlecht und andere genetische Mängel gehören in die untersten dieser Ränge. Aber nicht nur der Rassist, auch der Dienstleistungsberufene setzt das Vorhandensein einer objektiven Perspektive voraus, der gemäß er die Ansprüche auf knappe Privilegien einstufen kann. Die Einstufungen beider erfolgen unter der Annahme, daß geschlechtsneutrale Einzelmenschen unter der Bedingung wachsender Knappheit handeln und leben müssen. Daher paßt diese Perspektive des Rassisten wie des modernen Erziehers nur zur modernen westlichen Kultur. Der Dienstleistungsberufene muß sich jedoch durch eine glaubwürdige Rhetorik legitimieren, die den Rassismus, der sich hinter der professionellen Diagnose versteckt, verschleiert. Das Streiten mit den kruden neuen Soziobiologen überlasse ich jenen Kollegen, die durch ihre fachmännischen Brillen an Stelle biologischer Minderwertigkeiten soziale «Bedürfnisse» sehen – jenen Lehrern, Medizinern, Sozialarbeitern, die darin ausgebildet sind, ihre Mitmenschen mit Hilfe wissenschaftlicher Diagnosen zu Konsumenten ihrer Dienstleistungen herabzuwürdigen. Ihr Eigeninteresse, verbunden mit ihrem Optimismus, treibt sie zur Erkenntnis, daß ihre Karriere, die auf viel subtileren Einstufungen beruht, bedroht ist, wenn sie öffentlich mit den weniger verdaulichen Soziobiokraten in eins gesetzt werden.[60]

Der Sexismus der Sozialwissenschaften

In den letzten fünfzehn Jahren ist der Begriff «Geschlechtsrolle» populär geworden. Rollenspiele, wissenschaftliche Abhandlungen, pädagogische Methoden und politische Rhetorik sind darauf aufgebaut. Mit wachsendem Bruttosozialprodukt scheint auch die Beschäftigung mit der Geschlechtsrolle zuzunehmen. Ob oder wie man seine Geschlechtsrolle wählt, annimmt oder weitergibt, ist in reichen Ländern zum gepflegten und bewegenden Dauerthema geworden. Die Rollentheorie der Soziologen hindert eine Analyse dessen, was Genus ist, noch mehr als die neuesten Konzepte der Soziobiologisten; denn dort, wo Mann oder Frau als Menschen verstanden werden, die (eben) eine Rolle spielen, da werden sie aus dem symbolischen Rahmen gerissen, den ihnen Genus gab.[61]

Genus ist substantivisch. Das trifft nicht zu für das Geschlecht des ökonomischen Neutrums. In der Perspektive des Neutrums ist Geschlecht ein sekundäres Attribut, die Eigentümlichkeit eines Individuums, ein charakteristisches Adjektivum eines menschlichen Lebewesens. Der Begriff der Geschlechtsrolle konnte erst auftauchen, als gesellschaftliche Institutionen so strukturiert wurden, daß geschlechtslose Bedürfnisse von geschlechtslosen Klienten auf geschlechtslose Waren treffen, die in einer geschlechtslosen Welt produziert werden. Die Geschlechtsrolle setzt die Existenz des geschlechtslosen Menschen voraus. Doch wird jedermanns Geschlecht nicht nur als eine Rolle oder Ausstattung mehr, als ein besser oder schlechter geschnittenes Gewand für besondere Anlässe – wie die Rolle des Elternteiles, des Akademikers oder Klempners – betrachtet. Für die meisten Menschen ist die Geschlechtsrolle viel weniger veränderbar. Frauen wissen, daß sie richtiggehend darin eingesperrt sind. In jedem Falle aber ist das Haben einer Geschlechtsrolle – sei sie übernommen, aufgebürdet oder übelgenommen – etwas ganz anderes als Genus-Sein.

Es ist etwas anderes, ob man von sich als Frau oder Mann spricht – oder von einem menschlichen Wesen mit weiblichen oder männlichen Geschlechtsmerkmalen. Genus bedeutet, entweder ein Kreis oder ein Quadrat sein. Dagegen ist die Geschlechtsrolle nur eine Grundlage, auf der andere Rollen aufgebaut sein können. Manche Leute tragen ihre Haut, als ob sie sie wie Unterwäsche aussuchen könnten, und fühlen sich darunter als haut- und konturloses, plastisches Selbst. Andere empfinden ihre Geschlechtsrolle als Korsett, in das ihre geschlechtslose Libido durch ihre Eltern gezwängt wurde, als leeres Gerüst, über dem sie jede Uniform oder jedes Gesellschaftskleid tragen oder wechseln und die sie gelegentlich ablegen können. In Genus wird man hineingeboren und wächst darin auf; die Geschlechtsrolle ist dagegen etwas, das man erwirbt. Man kann den Eltern oder der Gesellschaft die Schuld für eine «zugewiesene» Geschlechtsrolle oder eine Muttersprache, in der man «unterrichtet» wurde, zuschieben, aber es gibt keine Instanz, bei der man sich über Genus oder vernakuläre Sprache beklagen kann.

Gemeines Genus unterscheidet sich von der Geschlechtsrolle wie das Sprechen, in das man hineingeboren wird, von der Sprache, die man in der Schule lernt – oder wie das Dasein in der Subsistenzwirtschaft von dem Existenz-Haben in der Geldwirtschaft. Vernakuläre Sprache, Genus, Subsistenzwirtschaft – das sind Gestaltmerkmale für ein morphologisch geschlossenes Gemeinschaftsleben. Dieses beruht auf der unausgesprochenen, aber oft im Ritus oder in der Mythologie ausgedrückten Regel, daß eine Gemeinschaft – wie ein lebender Körper – nicht zu beliebiger Größe anwachsen kann. Unterrichtete Muttersprache, «Sexus» und ein Lebensstil, der nur den Verbrauch von Waren kennt, beruhen dagegen auf der Annahme eines sozial offenen Universums, das durch Knappheit geregelt wird, die alle Wechselwirkungen zwischen Bedürfnissen und Mitteln prägt.

Genus erschafft eine Komplementarität in der Welt, die fundamental ist und die die Welt über «uns» schließt, wie zerbrechlich und bedroht diese Wände auch sein mögen. «Sexus» dagegen erfordert ein Universum ohne Grenzen, in welchem es immer mehr und immer noch mehr gibt.

Strenggenommen kann man über Genus nur in Metaphern sprechen, denn es gibt keine zwei Welten, in denen es von gleicher Beschaffenheit ist. Die Zweiheit des konkreten Geschlechts erschafft eine je spezifische duale Ganzheit – eine «Welt», eine «Gesellschaft» oder «Gemeinschaft», die auf asymmetrische Weise von ihren Komponenten geformt und begrenzt ist. Da aber das Bestehen von Genus von der Größe und Gestalt der dualen Welt, deren Gefüge es schafft, abhängt, kann man Genus nur mit Hilfe der Morphologie[62] erfassen: Eine Schnecke fügt eine Anzahl von sich weitenden Ringen zur delikaten Struktur ihres Hauses. Sie hört mit ihrer Bautätigkeit auf, wenn ein einziger weiterer Ring das Haus um das Sechzehnfache vergrößern würde. Anstatt der Schnecke lebensdienlich zu sein, würde dieser eine weitere Ring sie mit einem solchen Übergewicht belasten, daß jedes Wachstum ihrer Lebensaktivitäten gebremst würde durch die Aufgabe, die Schwierigkeiten zu bewältigen, die die Vergrößerung des Hauses über die Grenze des Zweckdienlichen hinaus nach sich zöge. Genus begrenzt die soziale Struktur, die es schafft, und drückt dieses begrenzte Gefüge jedem Aspekt seines Lebensstiles ein.

Die Vorstellung hinter dem Begriff der «Geschlechtsrolle»[63] beinhaltet das genaue Gegenteil. Der Träger der Geschlechtsrolle wird stillschweigend als beliebig formbares Individuum betrachtet, das eine geschlechtslose Existenz mit mehr oder weniger «Sex» hat. In den vergangenen hundert Jahren wurden die meisten Untersuchungen über die Unterschiede in den Tätigkeiten von Mann und Frau von Beobachtern gemacht, die an primitiven, traditionellen, exotischen Geschlechtsrollen interessiert waren, selbst zu Zeiten, wo der Name dafür noch gar nicht bekannt war. So wurde Genus, wo es beobachtet wurde, als eine Art von «Sexus» aufgefaßt.

Diese Verwechslung wird sichtbar in einer Feststellung, die M. Herskovits 1947 machte: «Kein Aspekt des ökonomischen Lebens der schriftlosen Völker hat mehr Aufmerksamkeit erregt als die geschlechtsspezifische Arbeitsteilung, und zahlreiche Versuche wurden gemacht, um sie zu erklären.»[64] Dieser Satz wimmelt von Vorurteilen: Die Grenze, die «sie» von «uns» trennt, ist «unsere» Kenntnis der Schrift; alle Leute führen ein «ökonomisches» Leben – Homo sapiens ist immer ein Homo oeconomicus – und handeln unter der Annahme der Güterknappheit; der Autor weiß, was «Arbeit» ist; die prärationale geschlechtsspezifische Arbeitsteilung ist das große Mysterium, das die moderne Anthropologie erklären muß. Inzwischen ist die von Herskovits erwähnte Literatur lawinenartig angewachsen, aber nur ein Bruchteil davon trägt zur Klärung des Unterschiedes von Genus und «Sexus» bei.

Wie sehr die Studien über Geschlechtsrollen den Blick auf Genus getrübt haben, kann man leicht verstehen, wenn man die Literatur jener drei Perioden, während deren «Frauenarbeit» im Blickpunkt war, betrachtet: die viktorianische Ethnographie, die Kulturanthropologie zur Zeit des «New Deal» und die jüngste feministische Forschung.

Die Viktorianer glaubten an soziale Evolution, und sie jagten nach Fakten in den Schriften der Forschungsreisenden und der Missionare. Seltsames und unerwartetes Verhalten faszinierte sie auf die gleiche Weise wie die außergewöhnlichen Lebensformen, die Darwin auf den Galapagosinseln entdeckt hatte. Aber anders als ihre Informanten fühlten sie den Drang, das, was sie fanden, zu klassifizieren. Wie fossile Knochen wurde Verhalten in Kategorien gepreßt, die man in evolutionären Schritten anordnen konnte und deren Höhepunkt Englands viktorianische Mittelklasse als die höchste Stufe der Zivilisation und als die für das Überleben tauglichste darstellte. In den Vereinigten Staaten las eine Allianz von Frauen und Geistlichen diese Berichte als Beweismaterial für die Zeitlosigkeit der weiblichen Rolle als Heimchen am Herd und dafür, daß die weibliche «Natur» ein Geschenk für die Männer sei, die hinaus in das rauhe Leben mußten, die Natur um ihretwillen zu unterwerfen. Am Anfang der Anthropologie der Geschlechtsrolle stand der wissenschaftliche Beweis für das, was Ann Douglas «die sentimentale Lüge» genannt hat. In diesem Kontext konnte jetzt Frauenarbeit als Zeichen für die rohe Behandlung verstanden werden, die in unterentwickelten Kulturen dem schwächeren Geschlecht zugefügt wurde. Dagegen galt das Eingehegtsein der Frau in sanfter Häuslichkeit als Fortschritt, genau wie die zunehmende Spezialisierung von Status und Beschäftigung des hart arbeitenden Familienerhalters einerseits und seiner Frau, die von der Last produktiver Arbeit befreit war, andererseits.[65]

In den nächsten zwei Generationen war das wissenschaftliche Interesse an Frauenarbeit gering, aber zwischen 1935 und 1937 explodierte es wieder; binnen weniger als zwei Jahren wurden drei klassisch gewordene Studien veröffentlicht.

Margret Mead betonte, daß der biologische Geschlechtsunterschied unmöglich die einzige Ursache sein könne für die soziokulturellen Unterschiede in der Persönlichkeitsstruktur von Mann und Frau, die überall auf der Welt zu beobachten sind.[66] Sie versuchte diese Unterschiede dadurch zu beleuchten, daß sie zurückgriff auf die psychologischen Konzepte ihrer Zeit. Diese beruhten alle letztlich darauf, daß das amerikanische Familienleben durch Freuds Brille betrachtet wurde.

Im selben Jahr befaßte sich Ralph Linton mit dem Kontrast zwischen männlichem und weiblichem Verhalten. Er war der erste, der den Begriff Rolle (1932) gebrauchte und die fast unbegrenzte Elastizität der Geschlechtsrollen beschrieb, die eine Kultur für die ihr Zugehörigen vorsieht. Er interessierte sich vor allem für Verhalten, nicht für Persönlichkeitsstrukturen.

Dann publizierte George Murdock[67] seinen «Ethnographischen Atlas». Ihn interessierte in erster Linie «Arbeit» und wie diese «Arbeit» zwischen Frauen und Männern aufgeteilt war. Aus seinen Karten erfährt man, daß auf Okinawa beide Geschlechter Töpferei betreiben, aber Männer mehr als Frauen; daß dagegen bei den Drusen nur Frauen töpfern, bei den Koreanern nur Männer. Murdock wählte für elf verschiedene Arten von Arbeit in mehreren hundert Kulturen neun verschiedene Grade der Teilhabe von Frauen und / oder Männern aus.

Meads Haften an der Persönlichkeitsstruktur, Lintons Fixierung auf das Verhalten und Murdocks Einengung der Perspektive auf «Arbeit» verwischten nur die Unterschiede zwischen Genus und der Geschlechtsrolle, die doch erst einsehbar gemacht werden müssen.

Um die Jahrhundertmitte schlief das wissenschaftliche Interesse an Frauenarbeit wieder ein. Modernisierung stand jetzt im Blickpunkt. Zum erstenmal wurden Anthropologen von Politikern angestellt, um die Hindernisse für den Fortschritt auszumachen. Gerade in diesen Jahrzehnten, als die teilnehmende Beobachtung als Methode verfeinert wurde, um über das, was in einem Dorf oder einer Hütte geschah, detailliert und mit Einfühlung berichten zu können, wurde geschlechtsspezifisches Verhalten meist als Hindernis für die Entwicklung, als Geschlechtsrollen-Stereotyp, als Ursache niederer Produktivität und als wesentlicher Bestandteil der Armut angesehen. Erst die Untersuchungen von englischen und amerikanischen Forscherinnen in den siebziger Jahren brachten darin eine grundlegende Änderung. Eine dritte Welle des Interesses an Frauen rollte heran, jetzt aus feministischer Richtung. Der Männerblick auf die Frauenwelt wurde jetzt ein Forschungsthema der Anthropologinnen. Sie lieferten zahllose Beweise dafür, daß Generationen von anthropologischen Feldforschern keinen blassen Schimmer davon hatten, was Frauen eigentlich machen. Aber auch diese neuen Untersuchungen haben, diesmal von weiblicher Seite, nur die grundsätzlichen Vorurteile bekräftigt, die Genus als eine unterentwickelte Form der Geschlechtsrolle ansehen: ein Vorurteil, das zuerst unausgesprochen, dann aber ausdrücklich die früheren Anthropologen begleitet hatte.[68] Der größte Teil dieser Frauenforschung hat deshalb auch zur Verschleierung dessen, was Genus ist, beigetragen.

IV
Vernakuläre Kultur

Werkzeuge gehören zum Kern sozialer Beziehungen. Jede Person verbindet sich mit der Gesellschaft durch Handlungen und die Werkzeuge, die sie zu handhaben versteht. In dem Maße, in dem jemand seine Werkzeuge meistert, prägen diese auch das Bild, das er oder sie sich von sich selbst macht. In allen vorindustriellen Gesellschaften spiegelt das jeweilige Insgesamt von männlichen oder weiblichen Tätigkeiten sich in einem Satz geschlechtsspezifischer Werkzeuge wider. Selbst Werkzeuge für den gemeinsamen Gebrauch können immer nur von einem der beiden in die Hand genommen werden. Wenn man ein Werkzeug ergreift und benutzt, setzt man sich zu dem zugehörigen Geschlecht in Beziehung. Daraus ergibt sich, daß der Umgang der beiden Geschlechter primär ein sozialer ist. Die gesonderte Ausstattung mit Werkzeugen formt die materielle Komplementarität des Lebens.

Die Sonderheit der Werkzeugausstattungen kann zu einer Spaltung aller Lebensbereiche führen. In einem bewegenden Kapitel berichtet uns Pierre Clastres, der bei den Guyaki lebte, über solch eine gespaltene Welt im Amazonasdschungel. Der Bereich der Frau dreht sich um den Korb, den sie in der Zeit ihrer ersten Menses geflochten hat. Die Welt des Mannes kreist um den Bogen. Keine personale Autorität steht über diesen beiden Welten.[69] Die beständige Erfahrung dieser Teilung erzeugt die Spannung, die diese Gesellschaft zusammenhält. Wenn eine Frau den Bogen eines Jägers berührt, verliert dieser seine Mannheit und wird «pané»: Seine

Pfeile werden kraftlos, seine Potenz erlischt, er wird von der Jagd ausgeschlossen, und wenn er sich nicht verzehrt und dahinstirbt, fristet er sein Leben hinter den Hütten der Frauen, indem er Nahrung in einem ausgedienten Korb sammelt.

Genus und Werkzeuge

Es ist jedoch nicht notwendig, Exotisches zu betrachten, um die Knoten zu finden, die Werkzeug und Geschlecht aneinanderknüpfen. Es ist überzeugender und weniger verwirrend, wenn wir in unsere eigene Vergangenheit sehen. Vielen Werkzeugen unserer Großeltern haftet noch der Geruch von Genus an.[70] Während ich an diesem Text arbeitete, war ich Gast einer Bäckermeisterin in Quebec, einer französischen Nationalistin und Künstlerin, die mit ihren traditionellen Küchenwerkzeugen arbeitete. In ihrem Laden in Sherbrooke bietet sie ihren Kunden Kuchen und ein Milieu, das die moderne Fassung einer mittelalterlichen Studierstube ist, einen Ort zum Nachdenken und Diskutieren. Sie lud mich ein, diese Seiten einem interessierten Publikum im Eßzimmer vorzulesen. Die Wände waren mit einem Dutzend alter Bauerngeräte geschmückt, alle von bestechender Formschönheit und bodenständig. Obwohl nicht älter als dieses Jahrhundert, waren die ursprünglichen Namen dieser Geräte schon vergessen. Von einigen konnten wir nicht einmal mehr den Zweck und die Dienlichkeit erraten. Andere hatten offensichtlich zum Graben und Sägen getaugt, aber niemand kannte noch die Frucht und das Holz, für die sie gebraucht worden waren. Nur eine alte Frau aus dieser Gruppe von französischen Amerikanern wußte noch etwas darüber, an welches Geschlecht diese Werkzeuge gebunden waren, ob sie für die Hände einer Frau oder eines Mannes bestimmt gewesen waren.

Während in Nordamerika, selbst in Quebec, Genus von

den Werkzeugen abgeblättert ist, haftet es in manchen Nischen des ländlichen Europa noch daran, und in einigen Winkeln mehr als in anderen. Dort benutzen Männer die Sense und Frauen noch die Sichel. Hier gebrauchen beide die Sichel, aber es sind Sicheln von verschiedener Gestalt. An Griff und Scheide erkennt man, wer sie führt. In der Steiermark sind die Männersicheln glatt, weil sie die Halme schneiden, die Frauensicheln sind gezähnt, um das Stroh aufzubündeln. Günther Wiegelmanns umfassende Auflistung bäuerlicher Arbeiten hat Hunderte solcher Geschichten an einer verwirrenden Fülle von Orten festgehalten. In manchen Alpentälern arbeiten beide Geschlechter mit der Sichel, aber die Frau schneidet das Futtergras, der Mann den Roggen. Da gibt es Orte, an denen nur Frauen Küchenmesser benutzen, anderswo auch Männer, aber er schneidet das Brot, indem er die Klinge von sich wegführt, sie führt sie zu sich an die Brust.

Fast überall bauen die Männer das Korn an, aber an der unteren Donau eggen und säen die Frauen, und das ist der einzige Ort, wo der Getreideanbau nicht in der Hand von Männern liegt. Tiere sind noch geschlechtsbezogener als Pflanzen: In der einen Gegend füttern die Frauen die Kühe, aber nie das Zugvieh; weiter östlich melken die Frauen die Kühe, die zum eigenen Hof gehören, die auf dem Gutshof werden von Männern gemolken; wieder einige Wegstunden weiter verrichten junge Mädchen diese Arbeiten. Das zähe Band zwischen Werkzeug und Geschlecht überstand Kriege, die über Europa hinwegfegten, die Zerstörung der Städte und die Verwandlung des ländlichen Lebens durch ökonomisches Wachstum. Inmitten von Pestiziden, Mähdreschern und Fernsehern haftet anachronistisch an manchen Werkzeugen noch das Genusband.

Als die Fesseln zwischen Werkzeug und Geschlecht zerrissen wurden, geschah dies häufiger und absichtsvoller im östlichen Europa als im westlichen. Sie überleben allenfalls im Gedächtnis der Alten. Vor zehn Jahren erzählte mir ein serbischer Bauer von der Heuernte, wie sie zu seiner Jugendzeit verlief. Er beschrieb mir das Mähen, Rechen, Aufladen und Heimbringen des Heus wie die Choreographie eines Balletts, in dem Männer und Frauen ihre vorgeschriebenen Schritte tanzten. Während er sprach, sahen wir zu, wie dieselbe Arbeit heute vor sich geht. Sie ist ein Unisex-Job geworden für eine beliebige Arbeitskraft. Mit einer Mischung aus Trauer und Stolz blickte der Großvater auf die junge Traktorfahrerin des Dorfkollektivs. Auf dem Traktor verschwindet Genus, das sich jahrtausendelang an immer neue Variationen von Werkzeugen knüpfte. Zwischen Genus und dem Ochsen gab es sogar ein Band, das schon aus der Urgeschichte überliefert ist: Kein weiblicher Vorfahr der Traktorfahrerin schirrte oder fütterte einen Ochsen. Die Spuren dieser Geschlechtsbindung reichen zurück in Zeiten, wo das serbische Volk weder slawisch sprach noch im gleichen Teil Europas lebte.

Genus und Rente, Handel und Handwerk

«Primitives» Leben, sei es das Leben der Jäger und Sammler, der Ackerbauern und Hirten, sei es in neolithischen Zeiten oder in modernen, beruht immer auf dieser Spaltung eines jeweiligen Werkzeugsatzes.

Mit wenigen Ausnahmen ist die Genusnaht in der nichtstädtischen Gesellschaft deutlich und klar erkennbar. Subsistenzökonomie fällt mit Genus-Sein zusammen, daher die starke Versuchung, Genus als Kennzeichen von Stammesbauerngesellschaften zu betrachten. Wenn Genus überhaupt erforscht worden ist, dann von Ethnologen. Die Historiker hingegen haben übersehen, daß Genus in allen historischen Perioden gleich dominant, für alle Zivilisationen konstitutiv und die Basis einfacher Warenproduktion ist.[71] Wenn die Herrschaft des Genus gelockert wurde, so geschah das nur unter dekadenten Eliten und nur für kurze Zeitspannen.[72] Erst das

Entstehen der warenintensiven Industriegesellschaft hat den Verlust von Genus herbeigeführt. Aus diesem Grund bleibt die Geschichte seines Untergangs im 19. und 20. Jahrhundert noch zu schreiben. Erst wenn Genus als historisches Schlüsselthema erkannt wird, wird sein Zusammenbruch in der industriellen Gesellschaft sichtbar. Um einige Beispiele für geschichtliches Genus zu geben, werde ich kurz die Beziehungen zwischen Genus und Rente, Handel und Handwerk streifen.

Mittelalterliche Bauern, ob persönlich frei oder leibeigen, schuldeten einem Herrn Rente. Da sie gewöhnlich außerhalb der Geldwirtschaft lebten, machte diese Rente den einzig vorhandenen Überschuß aus, das einzige austauschbare Gut, das sie produzierten. Es wäre ein Irrtum, ihre anderen Tätigkeiten «Produktion» zu nennen; der Begriff Produktion bezeichnet ja heute den Zusammenhang von Wertübertragung durch Warenherstellung, Warenaustausch und Verbrauch. Das aber trifft beim mittelalterlichen Bauern nur für seine Rente zu. Daß Herstellen und Verbrauchen nicht auseinanderfallen, ist das entscheidende Merkmal, durch das sich das Sein in Subsistenz vom modernen ökonomischen Existenz-Haben unterscheidet. Hunderte von festgelegten Rechten, die das Verhältnis zwischen Bauern und ihren Grundherren vom 9. bis 12. Jahrhundert regelten, teilen uns mit, woraus ihre Rente bestand: Teils waren es Sach-, teils Dienstleistungen. Gewohnheitsrechtlich überkommene Rente wurde häufig in geschlechtsspezifischer Weise geleistet. Viele Rechte und Weistümer legen nicht nur fest, wieviel Rente für die Leihe des Landes als Grundzins erstattet werden muß, sondern auch, welches Geschlecht sie schuldet. Zum Beispiel leistet Ingmar dem Kloster jährlich fünfzehn Tage Arbeit und muß dabei jeden Tag ein Gespann mit zwei Zugtieren stellen; ferner soll er jedes zweite Jahr ein Schaf liefern. Seine Frau dagegen, oder im Falle ihres Todes eine Magd, muß jeden Herbst fünf Hühner abgeben. Die Sprache macht ersichtlich, daß zwei getrennte Zuständigkeiten an der

Erstattung der Rente beteiligt sind, für die es keine gemeinsame Bezeichnung gibt. Die Pflichten der Männer und Frauen sind klar unterschieden.

Kirchenrechtliche Bestimmungen verboten nicht allgemeine «knechtliche Arbeit» an Sonn- und Feiertagen. Sie verboten vielmehr den Männern, zu jagen, Bäume zu fällen und Zäune zu errichten. Frauen dagegen durften nicht hakken, Lämmer scheren oder Bäume beschneiden. Die beiden Geschlechter konnten den Überschuß für die Rente nur auf ihre je eigene Weise erzeugen, die unter den Geschlechtern nicht austauschbar war. Erzeugnis und zu leistender Dienst waren geschlechtsgebunden.[73]

So wie die Rente kann auch der Handel geschlechtseigen sein. Der Händler ist dabei keineswegs immer ein Mann. Es gibt auch nicht viele Belege für die Annahme, daß Frauen nur auf dem Dorfplatz handeln und Männer immer Fernhandel betreiben. In Malaysia, in der westlichen Sahelzone und im nichtspanischen Teil der Karibik sind es die Männer, die den Haushalt führen, und dieses Verhaltensmuster ist tief eingewurzelt. Der Handel beruht auf den Verwandtschaftskontakten der Frau, und Männer haben keine Gelegenheit, diesen Handelskreis zu unterbrechen. Ob es sich um Handel mit Töpfereien oder mit Schmuck dreht, die Frau ist es, die damit in weit entfernte Dörfer geht, während der Mann das Haus hütet. Um das letztere zu erreichen, kann die Frau dem Mann sogar eine zweite Frau aufzwingen, mit der Drohung, daß sie ihn sonst verlassen würde – eine Drohung, die im Senegal heute noch wirkt. Der Mann weiß, daß die Waren, mit denen sie handelt, von ihm niemand kaufen würde und daß ihr Einkommen für den Haushalt notwendig ist. Im nördlichen Burma kauft niemand, der bei Sinnen ist, Schmuckstücke bei einem Mann: Bei ihm würde es sich zweifellos um Fälschungen für Touristen handeln.[74]

Auch Handwerk hat Genus, oft in einer hochentwickelten Weise.[75] Das gilt nicht nur für das Handwerk zum eigenen Gebrauch: Kochen und Töpfern in der eigenen Hütte, oder

Spinnen und Weben für das Reit- und Tragzeug des eigenen Kamels. Auch Künste und Handwerk, die für den Verkauf und Handel schaffen, sind genusbestimmt. Ein Schneider im nordafrikanischen Basar kann nicht durch eine Näherin ersetzt werden; dort würde man auch nie eine Frau finden, die Schuhe repariert. Wenn das Auge für die Wahrnehmung von Genus geschärft ist, kann eine alltägliche Schüssel, ein einfaches Stück Stoff von einem Gewand uns ein Beziehungsmuster enthüllen, das so hauchfein und konkret zugleich ist wie Filigran. Das Färben, Weben, Walken, Zuschneiden und Verzieren erfordern auf jeder Stufe der Herstellung verschiedenes Zusteuern von Zutaten und Tätigkeiten, einige nur von Frauen, einige ausschließlich von Männern, bis das Stück fertig ist.

Neuere Untersuchungen über mittelalterliches Handwerk haben eine besondere Betonung auf die Tatsache gelegt, daß manche Zünfte Frauen gestatteten, Meister zu werden. So bestand die Zunft der Seidenspinner und Weber im Köln des 14. Jahrhunderts nur aus Frauen. Aber noch überraschender ist die Entdeckung von Frauen in Zünften, die ausgesprochen männliche Domäne waren. So finden wir eine Frau als Vorstand einer Schmiede des 14. Jahrhunderts, die zwei Dutzend Arbeiter und große Investitionen in wassergetriebenen Hammerwerken hatte. Aber solche Frauen waren Witwen von Zunftmitgliedern und konnten so den Betrieb für die Familie erhalten. Sie hatten, wie vorher ihre Männer, die Aufsicht in der Werkstatt. Doch aus dieser Tatsache den Schluß zu ziehen, daß Frauen, Seite an Seite mit den Lehrlingen und im Wettbewerb mit diesen, Eisen bearbeiteten, wäre wahrscheinlich ein Irrtum. Rente, Handel und Handwerk sind nur Beispiele für Bereiche, auf die sich das Augenmerk richten muß, um eine Geschichte über Genus in fortgeschrittenen und Hochkulturen entwickeln zu können.

Genus ist kein Konzept, das nur als denkwürdiger Aspekt eines primitiven Lebensstils betrachtet werden kann, als eine Markierung, die etwa durch das städtische Leben, durch einfache Warenproduktion oder vielfältige Marktbezogenheiten aus dem Gewebe einer Gesellschaft gewaschen werden kann. Genus hat seine Blütezeit in Hochkulturen. Im städtischen Leben des Mittelalters ist es verbündet mit der Unterteilung von Arbeit in Handwerk und schöne Künste und bringt dadurch neue und so vielschichtige Konfigurationen hervor, daß es weitaus schwieriger ist, es hier aus seiner Verknüpfung zu lösen als in der primitiven Arbeitsteilung, auf die die Ethnologen fixiert sind.

Genus ist nicht beschränkt auf die Gegenwart, auf die Tätigkeiten und Werkzeuge, die das gegenwärtige Leben irgendeiner historischen Periode nähren. Jede Kultur weist, wenn sie ihre eigene Vergangenheit zelebriert, einige Aufgaben Männern, andere den Frauen zu. In Minot, im zentralen Frankreich, wäscht und kleidet dieselbe Frau die Neugeborenen wie die Toten. Zeremonielles Brauchtum bewahrt Genus aus einer weit entfernten Vergangenheit her. Selbst das Gedenken der Toten ist dual. Heute noch sprechen in Thrakien die Männer über die Toten und ihre Taten, aber nur die Frauen können zu ihnen sprechen. Nur Frauen klagen und weinen über die Dahingegangenen und können ihren Schutz erflehen. Das genuseigene Tun umfaßt die Vergangenheit und dringt ins Jenseitige.

Genus und Verwandtschaft

Die Historiker umgehen die Auseinandersetzung mit Genus, indem sie seine Regentschaft auf die Vorgeschichte beschränken, und die Vorgeschichte überlassen sie den Ethnologen. Aber diese haben ihre eigenen fachspezifischen Abwehrmechanismen. Wie die Ärzte den Kranken aus dem Auge verlieren, wenn sie sich auf die Krankheit konzentrieren, so übersehen die Ethnologen Genus, weil sie nur auf die Verwandtschaftsmuster starren. Henry Morgan, der die Verwandtschaftsforschung in der Mitte des vorigen Jahrhunderts in Gang setzte, beschrieb Verwandtschaftssysteme als komplexe Gefüge von Beziehungen zwischen Individuen, die sexuell in Männer und Frauen polarisiert sind. Morgan und die ihm folgenden Ethnologen haben aber offenkundig nicht klar erkannt, daß Verwandtschaft in erster Linie Genusbereiche innerhalb ihrer Komplementarität strukturiert. Verwandt sind jene, die in präzis definierten Bezeichnungen über die Trennlinie zwischen den Geschlechtern hinweg einander erreichen können. Verwandtschaft ist ein Regelsystem, nach dem bestimmt wird, wer wer und was für wen ist – eine viel bedeutendere Regelung als die Etablierung der Herrschaft einiger Männer über einige Frauen. Verwandtschaft setzt die zwei Geschlechter voraus, die sie einander verbindet. Genus sagt uns nicht nur, wer wer ist, sondern legt fest, wer was wann ist, wo, mit welchen Werkzeugen und Worten. Genus teilt Raum, Zeit und Technik.

Anscheinend übt das Inzesttabu eine besondere Faszination auf Wissenschaftler aus, die aus anständigen Familien stammen; es lenkt sie aber nur ab von der generellen, sondernden Genuslinie, die jedem Verwandtschaftsnetz zugrunde liegt. Genus zu erklären, indem man bei der Verwandtschaft anfängt, ist wie der Versuch, den menschlichen Körper aus seinem Röntgenbild zu rekonstruieren. Genus kann weder aus Verwandtschaft abgeleitet noch strukturalistisch auf einen bloßen Aspekt einer kosmischen Dualität reduziert werden.[76]

Ich glaube, daß diese Gleichsetzung von Genus mit allen uns denkbaren Zweiheiten dem Zweck dient, nicht zu den Quellen vordringen zu müssen. Robert von Ranke Graves spricht über die Notwendigkeit, daß der Dichter seine Quellen suche «in den Nestern der Weißen Göttin, in der Nachtmahr Nest, das mit dem Gefieder weissagender Vögel, den Kieferknochen und Eingeweiden der Dichter bedeckt ist». Eine schreckensvolle und gefährliche Aufgabe erwartet den Dichter und den modernen Menschen ohne Genus. Der eine

irrt durch wegloses Dickicht und durch Moore, der andere
muß die Verwüstungen und Ruinen durchqueren, die jenseits der Autobahn und der konventionellen Schlüsselwörter
liegen.

Genus und Ehestand

Ethnologen stellen das eheliche Paar unkritisch in den Mittelpunkt ihrer «neuen Wissenschaft», obwohl oft auf eine Weise
vermummt, die schwer zu durchschauen ist. Für jedes Ich
setzen sie dessen Zeugung durch ein Ehepaar voraus, das ihren eigenen Vätern und Müttern gleicht. Sie sind blind für die
Tatsache, daß die vom Sexus gefärbte Wahrnehmung ihres
eigenen Ursprungs ein ethnozentrisches Vorurteil ist, das
ihre Untersuchungen verzerrt. Diese Voreingenommenheit
hindert den Historiker wie den Anthropologen zu erkennen,
was das moderne Ehepaar einzigartig macht. Die Ethymolo-
gie kann uns auf die Spur der neuen Ehe bringen. In seiner
«Politik» (I, 1253 b) betont Aristoteles ausdrücklich, daß «die
Verbindung von Mann und Frau keinen Namen hat», sie ist
anonymos. Die genuslose Bezeichnung für das heterosexuelle Paar, von der wir heute mit Selbstverständlichkeit sprechen, wenn wir sagen, «wir zwei sind miteinander verheira-
tet», hat sich erst langsam herausgebildet. In allen alten Sprachen sind die Verwandtschaftsbezeichnungen, mit der die
Folgen der Heiratsfeier ausgedrückt werden, im Mund von
Mann und Frau verschieden, und nicht selten ist auch die
Syntax entgegengesetzt: er mit aktivem, sie mit passivem
Zeitwort, oder gar mit einem Hauptwort. «Heirat» hat im
Deutschen wohl auch ursprünglich «Hausbesorgung» bedeutet und beschränkt sich erst seit dem 17. Jahrhundert auf
die Bezeichnung vom Ehestand und von seinem Anfang.
Maritare, aus dem das englische «marriage» kommt, heißt
nichts als «binden», und Matrimonium hat andere Wortquel-
len: es kommt von mater, Mutter, und Onium dem Standes-

suffix des Indogermanischen. «Couple» und «pair» können erst seit dem 16. Jahrhundert im Englischen nicht nur Ochsen oder Schuhe, sondern eine zweiköpfige menschliche Einheit bezeichnen. In dem Ausmaß, indem die Bezeichnung des Menschenjoches sich breitmacht, schwindet in unseren Sprachen auch die Vielfalt der Wörter für die Verwandten. Die Erkenntnis, daß «Ehe» ein ebenso geschlechtsloses Schlüsselwort ist wie «Rolle» oder «Tausch», ist ein notwendiger erster Schritt, um Genus und genitales Tun zu erforschen.

Seit dem 12. Jahrhundert entwickelten sich in den westlichen Gesellschaften wirtschaftliche Verhältnisse , in denen den Haushalten, deren Zentrum ein Ehepaar bildete, Überschußerzeugnisse entzogen werden konnten. Wir wissen, daß Überschuß in vielen Formen entzogen und getauscht werden kann. Karl Polany und seine Schüler haben Typologien entwickelt, um diese Formen zu unterscheiden. Aber daß das verheiratete Paar die Einheit ist, durch die Überschuß erzeugt wird, ist einzigartig. Der wesentliche neue Faktor war nicht die Größe der Familie, die unter einem Dach lebte, und auch nicht die Fähigkeit, Verwandte, Hausgesinde, Einwohner oder Sklaven in eine Einheit zu integrieren, sondern die ökonomische Funktion des Paares. Die Ethnologie kennt keine Parallele für diese Art von Haushalt, die zur anthropologischen conditio sine qua non für die einmalige Produktivität der verwestlichten Welt wurde. Anthropologisch kann diese Verwestlichung als die Konvergenz vieler verschiedener Beziehungsmuster von Verwandtschaft gesehen werden, die in dem Modell des konjugalen Haushalts zusammenlaufen.

Heirat bedeutet einerseits die festliche Hochzeit und das Hochzeitsritual, die in der einen oder anderen Form in fast jeder bekannten Gesellschaft vorkommen, andererseits die Ehe als Institution, die in vielen Gesellschaften kaum zu finden ist. Im mittelalterlichen Europa war es aber eben der Ehestand, der immer größere Bedeutung gewann. War Heirat ursprünglich eine Zeremonie, um zwei Familien, die oft schon durch vielfältige Verwandtschaftsbeziehungen verbunden waren, zu einen – eine zusätzliche Verknüpfung zwischen zwei Genusgeweben –, so wurde sie jetzt zu einem Ereignis, das zwei Individuen für ihr Leben zusammenschloß zu einer neuen ökonomischen Einheit, die als solche besteuert werden konnte.

Man muß allerdings festhalten, daß in dieser frühen Periode der konjugalen Gütererzeugung die täglich ausgeübten Tätigkeiten, die den Überschuß hervorbrachten, selbst noch strikt geschlechtsgebundenen blieben und das Kirchenrecht sich an diese Gebundenheit zuweilen anlehnt und sie verstärkt. Aber als das konjugale Paar allmählich zur Basis der Abgaben wurde, verlor der von ihm erzeugte Überschuß sein traditionelles Genus. Die Frau war nun nicht mehr zuständig für die Lieferung der Eier an den Gutsherrn. Der Mann wurde als Haushaltsvorstand verantwortlich für die Rente. Aber selbst noch im vorigen Jahrhundert wurde die Arbeit auf den Herrschaftsgütern oder an öffentlichen Wegen dem Geschlecht entsprechend eingezogen. Zudem wurde nun die Rente mehr und mehr in Geld geleistet, die lokalen Währungen durch die einheitliche Münze des modernen Staates ersetzt, und das konjugale Paar erwies sich zunehmend als eine flexible Gütererzeugungseinheit, die jeder vorherigen Haushaltsform überlegen war. Es konnte, solange seine traditionelle Genusgebundenheit andauerte, seinen eigenen Lebensunterhalt in weitem Ausmaß sichern. Zugleich konnten Staat und Kirche in wachsendem Ausmaß dem Paar neue geschlechtsbezogene Aufgaben zuweisen, die außerhalb und jenseits des traditionellen Brauchtums lagen, und damit das Paar anpassungsfähig an den technologischen Wandel machen.

Tätigkeiten von Männern und Frauen blieben geschlechtsgebunden, aber die Kirche und später säkulare Mächte legten zunehmend die Genusbereiche fest: Ein halbes Jahrhundert lang ruhte die Wirtschaft auf dem Haushalt eines gebroche-

nen Genus. Das Entstehen einer konjugalen Haushaltspro-
duktion war die anthropologisch einzigartige Bedingung dafür, daß das frühe europäische Bauerntum und die städtische
Gesellschaft sich in einer Weise entwickelten, die sie von der
Lebensform der Bauern, Händler und Handwerker an jedem
anderen Ort der Welt unterscheidet.

Die Ausbreitung geschlechtsbezogener, aber konjugaler
Gütererzeugung war nur der erste Schritt in einem historischen Prozeß, der die Entwicklung der europäischen Kultur
anders verlaufen ließ als alle anderen Kulturen. Auch wenn
diese soziale Entwicklung sich nur zögernd durchsetzte, so
sorgte doch «das Paar» für eine grundlegend homogene Entwicklung im christlichen Europa, obwohl es zeit- und orts-
gebundene Unterschiede gab und manche Gemeinschaften
bis nach dem Zweiten Weltkrieg von diesem Wandel unbe-
rührt blieben. Dieser Güterüberschuß schaffende Ehestand
war eine erste Stufe in der Evolution des Ehepaares: Sie
schloß nicht unmittelbar den Verlust von Genus ein. Über
fünfhundert Jahre, vom 13. bis zum frühen 19. Jahrhundert,
breitete sich ein Ehestand aus, in dem Männer und Frauen,
gepaart im Joch der materialen Gütererzeugung, ihre je geschlechtsspezifischen Aufgaben ausübten. Die feudale und
merkantilistische Organisation der Staatsmacht gründet in
diesem Überschuß, den das konjugale, aber noch seinen ge-
schlechtseigenen Aufgaben verhaftete Paar erzeugte.[77]

Erst im 19. Jahrhundert wurde die geschlechtsbezogene
Zuweisung von Haushaltsaufgaben durch die ökonomische
Teilung in Lohn- und Schattenarbeit ersetzt, und die Zuschreibung dieser Arbeiten wurde mit den neu entdeckten
sexuellen Merkmalen der Ehepartner begründet. Das Zeitalter des gebrochenen Genus war in Europa die Übergangs-
stufe von vernakulärer Subsistenz zum ökonomischen «Sexus». Erst in dieser merkwürdigen zweiten Phase wurden
ökonomisch verschiedene, sonst aber genuslos gewordene
Sexualpartner zur Grundlage der industriellen Produktion.
Es war diese Paarstruktur, an der sich die Ethnologen in ihrer

«libidinösen Struktur und Wahrnehmung» normativ orientierten, weil sie selbst aus einer solchen Paarstruktur hervorgegangen sind. Für sie muß Genus bedeutungslos sein, wenn nicht erschreckend, und deshalb ziehen sie es vor, Verwandtschaftsregeln statt örtliche Genusbeschaffenheit zu untersuchen.

V
Genusbereiche und
gemeiner Lebensraum

Genus ist gemein. Es ist so zäh und anpassungsfähig, so emp-
findlich und verwundbar wie vernakuläres Sprechen. Wie
das letztere wird Genus durch Erziehung ausgelöscht und
sein Dasein vergessen, gar geleugnet. Deshalb haben viele
Leute heute die Fähigkeit verloren, Genus zu erinnern oder
sich vorzustellen, genauso wie die gemeine Sprache. Für den
Absolventen einer höheren Schule ist das gemeine Sprechen
seiner Eltern zum untergeordneten Dialekt jener unterrichteten Muttersprache geworden, die man ihm eingeimpft hat.
Der Tochter, die mit einem Universitätsabschluß ins ländliche Mexiko zurückkehrt, mag das Genus ihrer alten Mutter
leicht als Versklavung erscheinen, der sie entkommen ist.

Der tiefe Kontrast zwischen gemeinem Sprechen und unterrichteter Muttersprache ist den Eltern meistens noch offenkundig, den Kindern aber nicht mehr begreifbar. Die Eltern wissen, daß diese zwei Arten des Sprechens unversöhn-
baren Welten angehören und daß die Kinder das gemeine
Sprechen verloren haben.

Raum / Zeit und Genus

Raum und Zeit bestimmen, wer was wann tut oder gebraucht. Genus bestiimmt, daß die Innenseite der Ostwand
des Hauses der Raum der Berberfrau ist, während der Mann
zur Außenwand des Hauses gehört. Die jeweilige Scheide

zwischen den Geschlechtern ist maßgebend dafür, wie eng, an welchen umgrenzten Orten und bei welchen Gelegenheiten die zwei Geschlechter zusammenkommen. Treffen sie in einem Tal der Alpen einander, auf der Tenne, er mit dem Dreschflegel, sie mit dem Sieb, so kann talabwärts der Dreschplatz ausschließlicher Bereich des Mannes sein. So wie Geschlechter voneinander gesondert sind, so sind sie auch je nach Kultur und Zeit ineinander verwoben.[78] Mögen sie in der einen über getrennte Domänen bestimmen und sich nur selten vereinigen, so können sie in einer anderen ständig eng verschlungen sein. Manchmal kann kein Korb geflochten, kein Feuer entzündet werden ohne das Zusammenwirken von zwei Paar Händen. Jede Kultur vereint ihre Männer und Frauen in einer einzigartigen Weise. Es gibt Gegenden, wo junge Frauen und Männer einige Jahre zusammenleben und dann in ihre eigenen Bereiche zurückkehren, die durch eine jährlich sich erweiternde Kluft getrennt sind.

Yvonne Verdiers Buch über das Waschen, Nähen und Kochen in einem abgelegenen Dorf in den Hügeln nahe Dijon ist ein Meisterwerk: Aus dem Blickwinkel der Frauen beschreibt sie den fein gewirkten Stoff eines Genusgewebes. Hinreißend ist ihr Bericht über das Schweineschlachtfest. Nur die Frau kann auswählen, welches Tier geschlachtet werden muß, indem sie es mit «Monsieur» anredet. Der Mann aber setzt den Schlachttag fest. Frauen machen die Würste, Männer salzen den Speck ein. In Minot dürfen Frauen, die ihre Regel haben, den eingelegten Speck im Salzfaß nicht berühren, damit er nicht verderbe; in anderen Gegenden dürfen selbst Frauen, die schon in der Menopause sind, nichts aus dem Salzfaß herausnehmen und die Schwelle dieses männlichen Bereiches nicht überschreiten.

Martine Segalen hat in einem kürzlich erschienenen Buch über den Ehemann und die Ehefrau im bäuerlichen Frankreich deren komplementäre Rhythmen neu beleuchtet. Sie untersucht geschlechtsspezifische Arbeiten und ihre ineinandergefügten Zeitabläufe und unterscheidet sie ausdrücklich von Rollen, Status und Rangordnungen der Geschlechter. Sie untersucht, ebenfalls aus der Perspektive der Frau, die «Architektur» von Bauernhöfen und den bäuerlichen Tagesverlauf. Sie sammelt Sprichwörter und Fotografien, interpretiert alte Gemälde und Berichte von Ethnologen, um aus überlebenden Beziehungsmustern rekonstruieren zu können, wie die bäuerliche Wirklichkeit um die Mitte des 19. Jahrhunderts beschaffen war. Was sie findet, ist ein Verhältnis zwischen Frauen und Männern, das in erster Linie von den Erfordernissen des Haushaltes geregelt wird, der durch das wechselseitige Zusammenwirken von weiblichen und männlichen Händen getätigt wurde, und erst in zweiter Linie durch familiäre Beziehungen. Sie beschreibt, wie Frauen und Männer ihre tägliche Arbeit als Männer und Frauen tun und nicht als Einzelwesen, die zusammen ein Paar ausmachen. Dem verheirateten Paar kam so im ländlichen Frankreich des 19. Jahrhunderts noch keine große Bedeutung zu. Sowohl der Mythos von der rohen männlichen Überlegenheit wie der vom idyllischen Dasein eines bäuerlichen Schäferpärchens gehen an der Wirklichkeit vorbei.[79]

Nach Martine Segalen ist es der Haushalt, der zwischen dem Individuum und der Dorfgemeinschaft vermittelt, und nicht die Zweisamkeit, das Ehepaar oder die Eltern. Wenn der Haushalt zusammenbricht und seine Mitglieder nicht nach den Regeln ihrer Geschlechtszugehörigkeit handeln, dann maßregelt die Dorfgemeinschaft das Individuum, das die Regeln verletzt, auf direkte Weise. Zum Beispiel muß in Gegenden Nordfrankreichs der Küchengarten im April umgestochen werden; und dies ist Frauenarbeit. Wenn am 1. Mai der Boden noch nicht umgebrochen ist, erscheint ein Strohmann mit einer Hacke im Arm vor dem Küchenfenster der Nachlässigen. Sollte ein Mann seine Frau geschlagen haben, so wird er mit «Katzenmusik» gestraft. Er wird, mit Mist bedeckt, in einen Schubkarren gesetzt und, begleitet von Topfdeckelmusik und Spottversen, ums Dorf gefahren. Läßt dagegen er sich von seiner Frau schlagen, wird er bestraft und muß, rückwärts auf einem Esel sitzend, den Schwanz des Esels in der Hand, durchs Dorf reiten.[80]

Solange der Genusunterschied die Verhaltensmuster vorgibt und den Ton anschlägt, wird die so identifizierbare Gemeinschaft fortleben. Verschiedene Begriffe sind geprägt worden, um ein solches Eingebundensein in eine normative Ordnung zu bezeichnen, die sich für das Überleben bewährt hat. Anthropologen, die die bäuerlichen Gesellschaften studieren, sprechen von «Subsistenz-Ethik». E. P. Thompson prägt für vorindustrielle soziale Gruppen den Begriff «moralische Ökonomie». Beides sind gute und starke Begriffe, weil sie erlauben, den genusgeprägten Sinn für Anstand mit einer modernen Norm zu vergleichen, die der Grundvoraussetzung von Knappheit entspricht. Beide Begriffe bekräftigen das Recht jedes Dorfbewohners, jedes Mitgliedes der «Gemein»schaft, das Überleben zum obersten Gesetz des «gemeinen» Verhaltens zu machen – und nicht als das vereinzelte Recht des Individuums anzusehen. Beide Begriffe beziehen sich auf eine Haltung und eine Einstellung, die auch den Schwächsten vor dem Ruin schützen. In ihnen drückt sich das Recht auf ein Dasein aus, das von Sitte und Brauch geregelt ist, auch wenn sich dieser Anspruch nur in der Verteidigung dieses Rechts zeigt. Doch sind «Subsistenz-Ethik» und «moralische Ökonomie» eigentlich moderne Begriffe, um die Verteidigung eines angemessenen Verhaltens zu fassen, das durch alle geschichtlichen Zeiten hindurch geschlechtsspezifisch war. Ich möchte deshalb den geläufigen, nicht geschlechtsgebundenen Sinn von «Moralität» und «Ethik» unangetastet lassen und mit einem anderen Wort die Gebote bezeichnen, die lokales Genus hüten.

Was es bedeutete, gegen die Genusgebote zu verstoßen, welches Gefühl damit verbunden war, ist etwas, in das man sich heute kaum noch hineindenken kann. Zum einen, weil es so vernakulär und deshalb so «ungrammatikalisch» ist wie die Genusscheide selbst, zum anderen weil diese Erfahrung mit Genus verschwand. Weder «Scham» noch «Schuld» treffen, wenigstens nicht in ihrer heutigen Bedeutung, zu. Yves Castan untersuchte, was die Leute in der Languedoc zwischen 1715 und 1780 «honnêteté» nannten. Ich möchte diesen Begriff mit «Rechtschaffenheit» übersetzen.[81] Castan wertete Gerichtsakten über Verstöße gegen die herrschende Ordnung aus. Diese Akten gehören zu den raren Quellen, in denen die schriftunkundigen Unterschichten tatsächlich sprechen. Er zeigt, daß Rechtschaffenheit das Handeln der Leute so bestimmte, wie es ihrem Geschlecht gehörig war, und zwar bis ins kleinste Detail. Kamen zum Beispiel Gäste ins Haus, so mußte die Frau die Gläser und den Wein holen, den Salat bereiten und ohne Neugierde und ohne in das Gespräch einzugreifen doch jedem Wort aufmerksam lauschen. Das wurde von ihr erwartet; denn als Frau verfügte sie über andere und machtvollere Mittel, um dem, was im Interesse des Haushalts war, Nachdruck zu verleihen, als die der direkten Rede, die dem Mann anstand. Wenn sie sich in der Männer Gespräch mischte, beging sie als Frau eine Verfehlung; sie hätte damit die Wirksamkeit ihres Geredes und ihres Klatsches preisgegeben.[82] Es war ihre Aufgabe, das Haus vor dem Steuereintreiber zu schützen, denn ihm war es nicht erlaubt einzutreten, wenn sie vorgab, allein zu sein. Bei einem Streit mußte sie die Partei ihrer Kinder ergreifen, auch wenn diese im Unrecht waren. Rechtschaffenheit gebot, daß sie – wenn nötig – mit Zähnen und Klauen auf den Feind losging. Die Ehre des Mannes schrieb das Gegenteil vor: Mußte die Frau den Nachwuchs blind verteidigen, so wurde von ihm erwartet, daß er die Kinder zurechtwies und – manchmal rauh – strafte.[83]

Le Roy Ladurie untersuchte die Beziehungen zwischen Haus und Genus in derselben südlichen Region Frankreichs, konzentrierte sich aber auf frühere Zeiten. Seine Quellen sind die Protokolle des späteren Papstes Benedikt XII., der als junger Bischof und Inquisitor einige Dutzend Einwohner des kleinen Gebirgsdorfes Montaillou einer ebenso rigorosen wie geschickten Befragung unterzog, um dem Verdacht häretischen Katharertums nachzugehen. Mit ungemeiner Subtilität entlockte er diesen Bauern und Schäfern der nördlichen Pyrenäen unzählige Einzelheiten über ihr Alltagsleben. Die wörtliche Mitschrift ihrer Antworten studierte Le Roy Ladurie 650 Jahre später. Kein anderes mir bekanntes Dokument erzählt so umfassend und aus erster Hand von jener Welt von Gefühlen, die eine Gemeinschaft von Dorfbewohnern verband: von ihren Vorstellungen über Haushalte und Landstriche, die ihnen gemeinsam waren, vom Verhalten, das sie voneinander erwarteten und tolerierten. Jedes dieser Inquisitionsopfer wird als Person wieder lebendig. Man sieht, wie sie sich benahmen, um die Billigung des Bischofs zu finden, auch wie sie den Geboten ihrer Genus-Rechtschaffenheit Ausdruck gaben, die der Bischof kontrollieren wollte. Auf jeder Protokollseite zeigt sich, daß «Domus» das Haus im umfassendsten Sinn bedeutete, das Dach, unter dem sich die zwei Geschlechter begegneten, und den Raum, den sie teilten: die Küche, die Hausgeräte und die Felder, die Kinder und die Familie, Gäste und Sklaven eingeschlossen.

Domus, und nicht die Leute, scheint das Subjekt der Geschichte, die grundlegende soziale Einheit zu sein.[84] Das Haus, Gebäude und Familie zugleich, umfaßt Männer und Frauen und ihre Besitztümer, durch die sie eine soziale Beziehung zueinander haben. Die peinlichen Verhöre, denen der Richter die Bauern von Montaillou im späten 12. Jahrhundert unterzog, zeigen, daß diese – anders als die nachmittelalterlichen typischen europäischen Bauern – noch nicht vom Land und seinem Erwerb besessen waren. Es ist die Domus, die Gewicht hat, mehr als Weib und Kind. Nicht die Familie als solche, sondern die Domus ist autark und Grundlage der Subsistenz; sie hält sich in der Nachkommenschaft. In Montaillou waren die Frauen des Hauses mit den Aufgaben für Feuer, Küche, Garten, mit dem Futterholen für die Tiere und dem Herbeischaffen von Wasser betraut. Die Männer bearbeiteten die Felder, den Wald und sorgten für die Schafe, wobei ihnen gelegentlich eine Frau, die zum Haus gehörte, oder eine Dienstmagd von auswärts half. Materielles Leben wird durch das Haus, in der umfassendsten Bedeutung, durch seine Männer und Frauen geschaffen.

In den etruskischen Ländern Mittelitaliens wird für Domus als zentrale historische Einheit und für die Schutzgötter dieses Hauses ein lateinisches Wort gebraucht: die Laren. Sie sind alte Götter, deren Geschlecht, Phallus oder Vulva, deutlich sichtbar war. Miteinander beschützen sie die Grenzen des gemeinsamen Lebensraumes. Sie wurden herkömmlicherweise an Kreuzwegen verehrt, ihre Abbilder aber über dem Herd aufgestellt. Sie werden am Tage verehrt, weil sie die Ordnung des Hauses wahren, obwohl sie von unten kommen, aus der Erde, wo die Toten liegen. Das ganze Haus, die häusliche Einrichtung um den Herd herum mit Grund und Boden, wird ebenso «lar» genannt. Vielleicht ist *lar* das angemessene Wort, um dieses umfassende Subjekt der Geschichte, von dem Domus nur ein spezifisches Beispiel ist, zu bezeichnen.

Genus und das Zuhause

Genus formt den Leib, und der Leib formt den Raum, so wie der Leib wiederum von der Form des Raumes Gestalt empfängt. Der handelnde Leib, seine Bewegungen und Rhythmen, seine Gesten und deren Tonfall bilden das Zuhause, das mehr ist als Obdach, Zelt oder Haus. Leben bedeutet ein Zuhause erschaffen, in dem man Kinder zur Welt bringt und Bäume pflanzt oder Mauern baut. Rar sind die Verben, die menschliches Handeln bezeichnen und sich nicht auf Tätigkeiten beziehen, die ein Zuhause schaffen; in der vernakulären Kultur sind Wohnen und Leben eins.[85] Mit genuseigenen Werkzeugen, geführt von einer geschlechtsspezifischen Bedeutung, spinnt vernakuläres Leben einen Genus-Kokon, der in eine biologische Nische eingepaßt ist. Alles Leben ist Wohnen, Schaffen einer Bleibe. Wohnen bedeutet, in den

Spuren vergangenen Lebens zu bleiben. Wohnspuren überleben wie Knochen. Unbewohnter Raum wird schnell
Wüste.

Ein Zuhause schaffen bedeutet aber auch, einzubrechen in
die Territorien anderen Lebens, und zwar wilden Lebens,
Felder anzulegen, Weiden und Gefäße zu schaffen für dome-
stizierte Formen des Lebens – für Korn, Esel und für Bakte-
rien, die Milch gerinnen lassen. Unter allen möglichen ökologischen Nischen ist das Zuhause eine besondere; aber sein
spezifischer Charakter ist durch die jüngste Ökologie-Dis-
kussion eher verdunkelt als erhellt worden. Denn obwohl die
Ökologie-Bewegung einen neuen Wirklicheitssinn befördert
hat, so hat sie doch auch auf subtile Weise den Sexismus er-
mutigt, denn sie hat das geschlechtslose, das heißt sexistische
Sprechen über den Raum angereichert. Die ökologischen
Leitwörter sind die Emporkömmlinge unter den Schlüsselwörtern der späten siebziger Jahre und sollten deshalb mit
Bedacht benutzt werden.

Ein Zuhause ist weder ein Nest noch eine Garage. Der
Ökologe mag alle drei «Nischen» nennen. Für den Philoso-
phen sind sie jedoch Orte in drei verschiedenen Arten von
Raum, deren jede durch eine verschiedene Art von Tätigkeit
entsteht. Nestbau der Tiere, Parken eines technischen Geräts
und historisch entfaltetes Wohnen schaffen jeweils ganz andere Räume. Das Tier sucht sich sein Territorium aus In-
stinkt. Das Nest ist der räumliche Modus für die instinktge-
bundene Fortpflanzung seiner Art. Eine Garage ist das genaue Gegenteil; sie wird gebaut, weil der Parkraum als knapp
angesehen wird.

Ein modernes Apartment entsteht aus derselben Raumart,
der die Garage angehört. Es ist aus ökonomischen, das heißt
geschlechtslosen Einheitsmassen von Raumzeit (spime) kon-
struiert, zur Befriedigung von Bedürfnissen, die den Mietern
unterstellt werden. Es ist gewöhnlich mit dem Transportwe-
sen verbunden. Sowohl die Garage wie das Apartment werden rational und ökonomisch für die nächtliche Unterkunft

einer Produktionskraft gebaut. Beide sind menschenfest: Die Wände sind gegen Beschädigung durch Kinder oder Stoßstangen versichert und Autos wie Kinder gegen Unfälle. Das Apartment ist ein Abstellplatz zum Aufbewahren von Leuten, die gleichzeitig als gebrechlich und gefährlich angesehen werden. Es ist unmöglich für den Wohnungsmieter, sich ein «Zuhause zu schaffen»; denn der Raum ist seiner Struktur und Einrichtung nach nur auf Schattenarbeit ausgerichtet. Er ist die Anlaufstation für Telegramme, Verkehrslinien, Briefträger und Polizisten, die jenen Dienste leisten, die so gesund, normal und zivilisiert sind, daß sie außerhalb von Institutionen mit Hilfe von Valium, TV und Supermarkt-Lieferungen überleben können. Das Apartment ist der Raum, in dem geschlechtslose Wesen intim sein können, der Ort, wo die zwei Geschlechter ihr Wasser in dieselbe Muschel lassen dürfen.

Das Heim in Montaillou, Minot oder im heutigen ländlichen Mexiko ist weder ein Territorium, das Tiere sich zum Brüten sichern, noch ein Aufenthaltsort für Sexualpartner, der in die verschatteten Hänge des ökonomischen Raumes hineinbetoniert ist.

Ein Zuhause wird von Leuten gebaut, nicht für sie. Es ist ein Raum, der durch den Leib seiner Bewohner erschaffen wird – die Spur, die gemeines Leben in seiner Umwelt hinterläßt. Ein Heim ist weder ein Brutplatz noch ein gut eingerichteter Safe: Es ist der Widerschein des Lebensbereiches von Frau und Mann. Deshalb bedeutet Zuhausesein für beide nicht das gleiche.

Wie in einem Gewebe die Kette der Länge nach, der Schuß aber im rechten Winkel hin und her läuft, um die Fäden zu fassen, so sind die Tätigkeiten, die ein Zuhause als Lebensraum hervorbringen, notwendigerweise verschieden, je nachdem, ob sie Spuren von Männern oder Frauen hinterlassen. Mann und Frau prägen ihr Heim durch jede ihrer Bewegungen. Da aber das Leben in seiner unaufhörlichen Abfolge von der Frau hervorgebracht wird, kommt ihrer Beziehung zum Raum eine besondere Bedeutung zu. Ob eine Kultur patriarchalisch oder matriarchalisch ist, ob der größere Anteil der Macht in weiblichen oder männlichen Händen liegt – nur für die Frau kann Leben und Wohnen bedeuten: zu gebären und neues Leben zu hinterlassen. Mögen in der einen Kultur die Männer das Obdach bauen, Zäune errichten oder die Hügel terrassieren, in einer anderen Kultur diese Aufgaben Frauen anvertraut sein; wie auch immer der lokale Mythos den Schöpfer der Welt beschreibt, ob als Mann, als Frau oder als androgynes Wesen; welchen Namen auch immer die Kinder tragen mögen, den des Vaters, der Mutter oder den des Onkels: Einzig und allein von der Frau wird der besondere Raum (und die Zeit, die ihm korrespondiert), der das Zuhause vom Nest und der Garage unterscheidet, hervorgebracht, weil sie es ist, die den lebendigen Leib gebiert.

Diese Überlegung mag poetisch, obskur oder romantisch klingen, aber nur so lange, bis man bedenkt, daß Frauen im modernen Apartment in zweifacher Weise fehl am Platz sind und daß sie das auch klar aussprechen. Die Beeinträchtigung und widerrechtliche Aneignung des normativen Raums frustriert Frauen mehr als Männer. Unisex-Architektur ist notwendigerweise sexistisch, genauso wie das Ticken der Uhren. Beides gefährdet Leib und Rhythmus der Frau in doppelter Weise: Sie wird um ihr potentielles Mitwirken beim Schaffen des Zuhause geprellt, und sie wird aus ihrem genuseigenen Kontext verstoßen; so leidet sie, im Hinblick auf beides, mehr als der Mann.

Die Verwandlung in ökonomische Produzenten – bezahlt oder unbezahlt, in Beruf oder Haushalt – beraubt Frauen wie Männer der Bedingungen für eine Umgebung, in der sie wohnen, leben und ein Zuhause schaffen können. Der Verlust von Genusraum und seine Ersetzung durch spezialisierte Raummaßeinheiten für Reproduktion verkürzt aber den Frauen jene Schwingungsbreite im Raum, die sie brauchen, um das Leben, das wiederum neuen Raum schafft, hervorzubringen. Unsere Frauen entlassen, jede für sich allein, neue

Individuen in einen genuslosen ökonomischen Raum, in eine Welt, die aus standardisierten Raum-Zeit-Bruchstücken besteht. Der Raum des Apartments ist genauso verhärtet und geschlechtslos wie der Klinik-Raum, beide sind unbrauchbar für das Kindbett. Frauen, die die Hausgeburt im Apartment versucht haben und sie der Klinikgeburt vorziehen, kennen die frustrierende Erfahrung, daß die Topologie ihres Leibes nach einem anderen Raum verlangt als dem zum Werfen von Jungen oder dem für die Reproduktion von Arbeitskraft; daß ihr Leib vielmehr dazu beschaffen ist, bei der Geburt mit dem Kind zugleich vernakulären Raum und vernakuläre Zeit hervorzubringen.

Vernakulärer Raum formt nicht nur die Landschaft und das Haus, reicht nicht nur in die Vergangenheit und das Jenseits, sondern weitet sich auch in den Leib hinein aus, aber für Frau und Mann in verschiedener Weise.[86] Dagegen wendet die ökonomische und geschlechtslose Architektur, die international genormte Raum-Zeit-Einheiten produziert, bei den Frauen das Innere nach außen und verkehrt weibliches Genus in das «zweite Geschlecht». Was Michel Foucault den klinischen Blick genannt hat, der sich im Laufe des 19. Jahrhunderts entwickelte, das bleichte Genus aus dem Leib.

Diese Entwicklung, wie Genus dem Körper ausgetrieben wurde, während parallel dazu Frauen anatomisch als eine spezielle Art des Menschen mit Sexualorganen, nur weniger behaart als der Mann, begriffen wurden, ist seit neuerem genau untersucht worden. Die entscheidende Innovation bei dieser polarisierenden Hominisierung der Frau ist der neue Stellenwert, den das Gebären sowohl in der wissenschaftlichen Untersuchung wie in den öffentlichen Bestimmungen bekommt. Bis etwa 1780 sahen medizinische Abhandlungen und öffentliche Verordnungen die Geburt als Domäne der Frauen an. Das Ausbleiben der Menses, der Verdacht auf Schwangerschaft, das Anschwellen des Leibes, die Fehlgeburt, Abtreibung, Geburt und das Stillen waren ebenso Sache der Frauen wie Kindsmord oder das Aufziehen des Kindes. Alle diese Vorgänge waren weder privat noch geheim, sondern geschlechtsgebunden. Im allgemeinen kümmerten sich die Behörden nicht darum, wenn ein Kind erstickte, weil die Mutter zu dicht neben ihm geschlafen hatte, oder wenn sie es im Winter auf die äußere Fensterbank legte oder einer Mißgeburt die Brust nicht gab. Im öffentlichen Bewußtsein, juristisch wie medizinisch, waren es eindeutig die Frauen, die die Kinder zur Welt brachten.

Die Auffassung, daß Frauen, im Plural und in kollektiver Weise, die Quelle des neuen Lebens sind, änderte sich erst in der letzten Generation des Ancien régime. Während dieser Periode überschritt die Sprache des Gesetzes die Schwelle der Vulva, wie einst der Inquisitor die Schwelle der Domus. Der Fetus wurde nun als ungeborener Staatsbürger betrachtet. Die Gesetzgebung überantwortete die Gebärmutter der Polizei, um das Leben, das sie enthielt, zu schützen. Zum Erzübeltäter, der das Leben des zukünftigen Bürgers und Soldaten bedrohte, wurde die Mutter, besonders wenn sie arm und ledig war. Abtreibungskräftige Kräuter waren die ersten Drogen, die dem Markt von den Behörden entzogen oder rezeptpflichtig wurden; Thuja-Bäume wurden von der Polizei aus den öffentlichen Gärten entfernt – wie heute der Hanf.

Die Gebärmutter wurde zum öffentlichen Territorium. Hebammenschaft wurde von formalem Unterricht und andauernder medizinischer Überwachung abhängig. Die Verwandlung der erfahrenen Nachbarin in eine Spezialistin, die der Lizenz bedurfte oder illegal wurde, war ein Schlüsselereignis der entmündigenden Professionalisierung. Dieser Wandel drückte sich in der Sprache aus. Geburt war nicht länger ein Ereignis von und unter Frauen. Der weibliche Unterleib wurde in der Sprache der medizinischen Juristik das Organ zur Produktion von Kindern. Frauen wurden beschrieben als zweifüßige Gebärmütter. Bei der Entbindung halfen nicht länger Frauen anderen Frauen, sondern der Arzt oder die Hebamme entband das Kind.[87]

Um die Mitte des 19. Jahrhunderts begannen die Mediziner in das neue Territorium der Gebärmutter einzudringen, noch lange vor den Geburtswehen. Gegen das Ende des Jahrhunderts konzentrierten sie sich auf die Desinfektion des Geburtskanals, um den Neuankömmling vor den Krankheiten zu schützen, mit denen seine vielleicht verseuchte Mutter ihn bedrohte. Im 18. Jahrhundert war die Mutter der Abtreibung um so verdächtiger, je ärmer sie war; im 19. Jahrhundert war sie besonders anfällig dafür, ihr Kind anzustecken. Immer lieferte ihre Armut den Vorwand, sie als Gebärende von anderen Frauen abzuschirmen und in den Gebärsaal einzuweisen, ein Vorgang, der dazu diente, die Mutter als Übungsobjekt für zukünftige Mediziner in den Griff zu bekommen. An der Wende zum 20. Jahrhundert wurde die geschlechtslose Klinikgeburt – in Massachusetts früher als in Berlin oder Mailand –, die bis dahin als Vorsichtsmaßnahme zum Schutze des Fetus galt, zur Wohltat für die Mutter uminterpretiert. Geschlechtslose medizinische Vorsorge verwandelte die Gebärmutter in eine Art pränatale Parkgarage. Die intensive fachmännische Betreuung der Schwangerschaft wird zum Ritual, in dem die verwaltete Raumzeit ihren Sieg über die vernakuläre feiert.

In diesem Text geht es um den Gegensatz von genusgebundenem Leben und sexistischer Ökonomie. Ich habe aber jeden Erklärungsversuch vermieden, warum ein sexistisches Regime sich letztlich und anhaltend gegen die Frauen wendet. Der Hauptgrund für diese selbstauferlegte Beschränkung ist meine Überzeugung, daß eine befriedigende Antwort von einer neuen, umfassenden Genus-Philosophie abhängt – und diese zu schreiben steht noch aus. Aber wenn ich je versuchen sollte zu erklären, warum der Genusverlust Frauen mehr als Männer degradiert, würde ich meine Analyse mit der Suche danach beginnen, welche Auswirkungen eine imperiale und geschlechtslose Umgebung auf den Leib von Frau und Mann hat.

Genus und das Begreifen von Wirklichkeit

Überall scheinen Mädchen wie Knaben frühzeitig in ihr Geschlecht hineinzuwachsen. Schon zur Zeit der Entwöhnung sind ihre Gesten völlig verschieden. Im Mashrik, dem Herzland des Islam von Ägypten bis Persien, wo Kinder erst nach ihrem zweiten Geburtstag entwöhnt werden (und Knaben später als Mädchen), gibt es Dutzende von volkstümlichen Regeln, die den Müttern sagen, wie die beiden Geschlechter auf verschiedene Weise zu hätscheln und zu pflegen sind. In manchen Sprachen wird der Onkel einer Frau anders bezeichnet als der Onkel eines Mannes, und solche Bezeichnungen, die für das eine Geschlecht passend sind, für das andere nicht, sind oft die ersten Worte, die ein Kind lernt. Geschlechtsspezifische Aufgaben werden frühzeitig eingeschärft; wenn es neun Jahre alt ist, weiß ein Bemba-Mädchen vierzig Pilzarten zu unterscheiden und der Bemba-Knabe den Gesang vieler Vogelarten. Die grundlegendste kognitive Unterscheidung in der Begriffsentwicklung ist die, die im Genus gründet. Aber gerade diese Unterscheidung haben die Entwicklungspsychologen und Epistemologen kaum beachtet. Sich mit dem eigenen Geschlecht zu identifizieren und sich vom anderen Geschlecht zu unterscheiden gehört zu den ersten nonverbalen Erfahrungen des Kindes. Infralogisch und nicht prälogisch hat Piaget diese Primärunterscheidung genannt. Aber die tiefgreifendste dieser Erfahrungen, die der Geschlechtszugehörigkeit, scheint er übersehen zu haben.[88]

Das Kind bildet Begriffe nur durch das physische Greifen und Ergreifen von dem, was «da» ist. Wenn es nicht einen Arm ausstreckt, andere Körper berührt, hält, bewegt und umarmt, ist es nicht zu Unterscheidungen fähig. Diese Bewegungen sind nicht «spontan»; sie sind nicht rein biologische, von der Kultur unberührte Aktionen und Reaktionen. Schon die Augen der Mutter, die ein Mädchen anders anschauen als einen Knaben, hinterlassen ein unterschiedliches

Muster in den Augen des Kindes. Schon das früheste Berühren und Umfassen der Welt geschieht mit dem Leib des Kindes, dem bereits vernakuläres Genus eingeschrieben ist. Wo Genus vorherrscht, kann Aufwachsen niemals bedeuten, ein logisches Neutrum, ein geschlechtsloser Mensch, ein unspezifischer Schüler zu werden.

Da Mann und Frau von Kindesbeinen an die Welt aus komplementären Blickwinkeln wahrnehmen, entwickeln sie auch zwei verschiedene Modelle, nach denen sich ihr Begreifen von Wirklichkeit gestaltet. Mit der genusgebundenen Wahrnehmung korrespondiert dann ein Bereich von genusspezifischen Aufgaben und Werkzeugen. Mädchen und Jungen sehen also nicht nur die gleichen Dinge aus je verschiedener Perspektive und in je anderem Licht, sondern sie lernen von früh auf, daß jedes Ding zwei Seiten hat. Manche Dinge sind nur für Knaben erreichbar und meistens außerhalb der Reichweite der Mädchen – und umgekehrt.

Die geschlechtslosen Schlüsselwörter unseres zeitgenössischen Denkens zwingen uns, die zwei-deutige Zwei-Seitigkeit der gemeinen Wirklichkeit als einen Geschlechtskrieg zu beschreiben, der mit Adam und Eva begann. Neidisches Vergleichen zwischen den Geschlechtern tritt nun an die Stelle der Scheu und des Respekts vor dem Anderssein. An Stelle begleitender Rituale, die die Übergänge zum Erwachsenwerden markieren und die Geschlechter voneinander trennen und wieder zusammenbringen, haben wir heute programmierte «Sexualkunde». In Klytämnestra die eigene Mutter zu sehen ist ein ebenso merkwürdiger Irrweg, wie dem Junior die Leidenschaften des Ödipus zuzurechnen.

Genus und «Sexus» können niemals im gleichen symbolischen Universum nebeneinander bestehen. Der Versuch, sie zu verbinden, führt zum wissenschaftlichen Sexismus der Ethnologie, sei es von der Macho- oder der Fem-Seite.

Die verbreitete sexistische Perspektive ist die des männlichen Beobachters, die heute wissenschaftlich dokumentiert ist. Überwiegend sind Ethnographen Männer, die wenigen

Frauen sind entweder ihre Schüler oder ihre Konkurrenten. Schon der Sprachschwierigkeiten wegen befragen männliche Ethnographen meist männliche Auskunftspersonen, denn Männer haben häufiger als Frauen eine Verkehrssprache gelernt: Haussa von ihren Marktbesuchen, Arabisch aus der Koranschule, Französisch beim Dienst in der Armee. Das ist der Hauptgrund, warum Ethnographen – wie Edwin Ardener schreibt – im allgemeinen die Befragung von Frauen als lästig empfinden: «Sie kichern, wenn sie jung, sie keifen, wenn sie alt sind, geben keine Antwort, machen sich über die Fragen lustig und scheinen uninteressiert am Gespräch mit Fremden.» Hinzu kommt, daß man meistens gar nicht an sie herankommt, weil ihre Männer sie als gefährlich, unrein oder schutzbedürftig erklären. So füttern die Ethnographen ihre theoretischen Modelle in Fragenform in ihre männlichen Auskunftgeber ein und bekommen, da sie die theoretischen Modelle nicht verstehen können, meist die entsprechenden Antworten, die die theoretischen Prämissen verzerren, verändern, mißverstehen. Da die Fragen in einer genusblinden Sprache gestellt werden, kann Genus auch in den Antworten nicht erscheinen.

Weibliche Feldforscher haben in letzter Zeit eine «komplementäre» sexistische Beschreibung geliefert, ein feministisches Spekulum, mit dem die Forscherinnen eine Art Spiegelbild zu jenen männlichen Phantasien erzeugen, in denen die genusbezogene Wirklichkeit durch «Wissenschaft» entwürdigt wurde. Diese Ethnographinnen sind in erster Linie daran interessiert zu erfahren, wie Frauen mit den Symbolen und Hebeln der Macht umgehen. Aber weil diese neueren Studien zum großen Teil Herrschaft und Abhängigkeit in nichtwestlichen Gesellschaften erforschen, können sie die zwei-seitigen und komplementären Genusbereiche nur verfehlen. Letztlich sind Herrschaft und Abhängigkeit Resultate der Übertragung von Macht. Sie setzen den Wettbewerb um geschlechtslose Werte und Positionen voraus. Sieht man diese Werte als knapp und gleicherweise begehrenswert für Männer und Frauen an, so studiert man den Kampf um sie unausweichlich aus der sexistischen Perspektive.

Zu den wenigen Ethnologen, die die Untersuchung der männlichen Dominanz – ohne sie zu leugnen – von der Analyse jener symbolischen Universen zu trennen versuchten, die asymmetrisch und nur als zwei-seitige komplementär sind, gehört Edwin Ardener. In seiner Studie über die Frauen des Bakweri-Stammes fand er heraus, daß diese die Grenzen ihres Universums so definieren, daß sie als Frauen bis zu einem bestimmten Grad in einer Sphäre leben, die die Männer als eine «wilde» ansehen und die für die Ethnologen sichtlich ein undurchdringliches Labyrinth ist. «Frauen sehen die Gesellschaft nicht als von der Natur abgegrenzt an. Sie sind nicht notwendigerweise überzeugt von der Vorstellung, daß die Gesellschaft eine Einheit ist, die Männer und Frauen zugleich umfaßt. Sie vermitteln eher die Sicht einer Welt, in der die Natur und die Frauen sich außerhalb der Gesellschaft und der Männer befinden.»[89]

Unglücklicherweise gebrauchte Ardener die Begriffe «Gesellschaft», das «Wilde» und «Natur», ohne deutlich zu machen, daß diese Wörter für ihn Metaphern waren. Deshalb haben seine Kritiker sich daran festgebissen, daß diese Begriffe durch ihre Verwendung in der Aufklärung ideologisch besetzt sind.[90] Aber sie verfehlten das Wesentliche an Ardeners Argumentation: Wir haben keine treffenden Wörter mehr, um die Asymmetrie der genusspezifischen Vorstellungswelt auszudrücken.

Letztlich jedoch gründet das sexistische Vorurteil der meisten anthropologischen Studien darin, daß Anthropologie genusblind ist, weil sie Wissenschaft sein will. Ihre wissenschaftliche Logik macht sie zu einem analytischen Instrument, das Männer und Frauen als «Anthropoi» untersucht, Genus auf «Sexus» reduziert und aus einer metaphorischen Komplementarität, die nur der der Kultur angehörige Dichter beschreiben kann, ein System von zwei homogenen Gegensätzen macht.

Wenn Anthropologie aber Genus schon nicht erfassen kann, wie soll sie dann überhaupt irgend etwas im vernakulären Bereich erforschen können?[91]

Genus und Sprache

Die genusspezifische Wahrnehmung von Wirklichkeit findet ihren Ausdruck in der Sprache.[92] Im Alter von fünf Jahren klingt die Stimme von Knaben und Mädchen verschieden, obwohl ihre Sprechwerkzeuge keine anatomischen Unterschiede aufweisen. Beim Übergang vom Lallen zum Sprechen übernehmen sie eine geschlechtsspezifische Ausdrucksweise, selbst wenn sie beim Spielen unter sich sind.

Wie schon bei dem Thema «Frauenarbeit», so hat auch bei der sogenannten «Frauensprache» eine Annäherung an das Thema in drei Schritten stattgefunden.[93] Das erste Interesse an dem Thema entstand gegen Ende des 19. Jahrhunderts, als jeder nur mögliche Nachweis, daß Frauen grundsätzlich anders sind, hoch im Kurs stand. Frauensprache wurde damals entdeckt von einem klinischen Ansatz aus, der a priori von einer – anatomisch, psychologisch und verhaltensmäßig – allgemeinmenschlichen Realität und Existenz ausging. Diese Definition gliederte Frauen als «zweites Geschlecht» in eine Gesellschaft von Neutra ein, die ihrerseits die standardisierte Normalausgabe des Menschen repräsentierten.[94] Jeder Nachweis, daß Frauen vom normalen Menschen abweichen, war Wasser auf die professionellen Mühlen der Gynäkologen, Geistlichen, Ökonomen und Sozialarbeiter, die davon lebten, «Bedürfnisse» zu definieren, für die sie allein die Diagnose stellen und die normative Therapie vorschlagen konnten.

Das Interesse des 19. Jahrhunderts an der Sprache der Frauen war kurzlebig.[95] Während kompetente Linguisten zunehmend alle möglichen, durch Alter, Status, Bildung oder

Intelligenzquotienten hervorgerufenen sprachlichen Abweichungen erforschten, wurden die Unterschiede in der Sprechweise von Frauen und Männern bis Ende 1960 eher vernachlässigt.

Die meisten Untersuchungen im Rahmen dieser zweiten Annäherung an das Thema beschrieben zwar die Eigenheiten des sprachlichen Verhaltens von Frauen, tendierten aber dazu, sie als einen den Frauen eigenen «Dialekt» aufzufassen, als eine der angeblich übergeordneten «eigentlichen» Sprache untergeordnete Sprechweise. Als in der dritten Phase in den siebziger Jahren Frauen selbst in dieses Forschungsfeld eindrangen und es untersuchten, wurden in jeder Dimension und jedem Bedeutungsfeld moderner Sprechweisen Anhaltspunkte für männliche Vorherrschaft gesucht und gefunden.[96]

Statistische Untersuchungen zeigen, daß – sei es im Französischen, Englischen oder Deutschen – Männer lauter und mehr als Frauen reden, daß sie häufiger andere unterbrechen, ihre Ansichten aufdrängen, das Gespräch an sich reißen und dazu neigen, die anderen niederzureden. Frauen dagegen neigen zu verbindlichem Lächeln, entschuldigen sich und stottern; wenn sie sich unsicher fühlen, versuchen sie, die Männer nachzuahmen und zu übertreffen. Dann adoptieren sie das Vokabular und die Syntax der Männer, deren Strategien und Rhetorik. Aber je mehr Wörter und Themen unisex werden, desto ersichtlicher wird, daß die schrille Äußerung ebenso wie die Schweigsamkeit Frauen als das zweite linguistische Geschlecht kennzeichnen. So wie der Arbeitsmarkt die Arbeit sexistisch werden ließ, so haben das koedukationale Klassenzimmer wie das Gewerkschaftslokal, der Konferenztisch wie die Cocktailparty die Sprache sexistisch werden lassen.[97]

Aber selbst heute noch sprechen in manchen Teilen der Welt Frauen und Männer nicht nur über verschiedene Dinge, sondern auch auf verschiedene Weise, weil die Sprache selbst es verlangt. Japanerinnen zum Beispiel übernehmen außerhalb des Büros, der Fabrik oder der Politik viel seltener als

Europäerinnen die Diskussionsthemen der Männer; und wenn sie es tun, sagen sie ganz andere Dinge. Der Unterschied ist so groß, daß es sinnlos wäre, in der Sprache der Frauen und der Männer nach Sätzen mit gleicher Bedeutung zu suchen, weil in den meisten Situationen nicht nur der formale Ausdruck, sondern auch der Inhalt völlig anders ist. Während Frauen verpflichtet sind, mindestens fünf Minuten einer Unterhaltung dem Garten oder einer Feier zu widmen, würden Männer, die sich über den gleichen Gegenstand unterhalten, das Gesicht verlieren, wenn sie mehr als eine Feststellung von drei Worten oder ein Brummen als Antwort dazu von sich gäben.[98]

Das Untersuchen der Topoi einer geschlechtsspezifischen Sprache verschafft uns Einblick in eine der Dimensionen des vieldimensionalen Genusbereiches. Eine vor kurzem erschienene Studie über ein spanisches Dorf zeigt, daß die Männer über Feldarbeit, Vieh, Geschäft und Handel reden, die Frauen über ihre Beobachtungen an Leuten, deren Handlungsmotive und Verhalten und die Belange des Haushalts. Aber die Themen, um die es geht, decken genausowenig wie die Werkzeuge, die benutzt werden, auf, wie Wirklichkeit wahrgenommen wird. Lautformung, Betonung, Syntax, Wortschatz, die Verwendung von Haupt- und Fürwörtern unterscheiden die Sprache der Frauen von der der Männer. Was diese Unterschiede über die symbolische Komplementarität der Geschlechter enthüllen könnten, wenn sie für die Sprache als konstitutiv und nicht als Randerscheinungen betrachtet würden, können wir nur mutmaßen. In einer Eingeborenensprache auf Madagskar gewinnt die Sprache der Männer ihr Ansehen dadurch, daß sie indirekt ist und Konfrontation vermeidet.[99] Ein gewandter Sprecher muß sich in dieser Kultur in Anspielungen und Förmlichkeiten ergehen: Was einem Marina-Mann als würdige Rede gilt, würde einem weißen New Yorker als unschlüssiges, haltloses Geschwätz erscheinen. In dieser Gesellschaft sind es die Frauen, die den Markt beherrschen. Sie feilschen, schreien die Kinder an und halten jedermann in Schach durch ihr durchdringendes, ungnädiges Benehmen. Die männliche oder weibliche Sprache kann die feinen Nuancen der relativen Dominanz des einen oder anderen Geschlechts besser noch als das Studium der Werkzeuge offenbaren.[100]

Weibliche und männliche Merkmale einer Sprache sind deren zarteste und verwundbarste Elemente, selbst dann, wenn die Sprache noch sehr lebendig ist. In der Vergangenheit scheinen diese Merkmale besonders dann verlorengegangen zu sein, wenn eine Sprache zum Instrument eines Imperiums, wenn sie zur Handelssprache, zu einer Verwaltungssprache wurde, die Regionen mit unterschiedlichsten Genusteilungen erfassen sollte. Die männlichen und weiblichen Elemente einer Sprache sind als erste bedroht, wenn eine Sprache standardisiert wird, und was übrigbleibt, ist rein grammatikalisches Genus, das aus den alten Dualitäten gelöst ist und nun brauchbar wird für die Sprache der Diskriminierung. Wenn die vernakuläre Sprache durch das Absorbiertwerden von einer unterrichteten nationalen Muttersprache zerstört wird, wird ihre sprachliche Dualität reduziert auf bloße Nuancen in der Wortwahl, Intonation, der Themen und auf männliche Dominanz im grammatikalischen Geschlecht. Wo immer dieser Prozeß untersucht wurde, war dies der Fall: So wie Geldwirtschaft gemeines Genus auslöschte, so löste sich die gemeine Sprache durch Zwangsunterricht, durch Beseitigung des Analphabetentums und durch Fernsehen auf. Früher wurde Koasati (im westlichen Louisiana) mit einer delikaten und klaren Differenz zwischen weiblicher und männlicher Sprechweise gesprochen.[101] Aber nach dem Zweiten Weltkrieg blieben nur die Älteren bei dieser Unterscheidung, in der Überzeugung, daß die Sprechweise der Frauen anziehend sei, weil sie sanft, leicht und langsam war. Heute haben sich die Frauen den Männern angeglichen. Die weiblichen Formen überleben nur noch als Kuriosität, wenn Frauen aus vergangenen Zeiten in direkter Rede zitiert werden. Der Umschlag zur männlichen Dominanz hat sich in der Sprache vollzogen, unabhängig davon, wie viele grammatikalische Geschlechter die Sprache besitzt. In den neuen unisexistischen «Kommunikationsmedien», die dem industriellen Lebensstil so vollkommen angepaßt sind, ist diese Dominanz so endgültig, daß damit jede Möglichkeit, Genus darin wahrzunehmen, ausgeschaltet ist. [102]

VI
Genus durch die Zeit hindurch

Kultur entwickelt sich wie Sprache: Sie durchläuft eine Evolution sui generis. Wenn der Begriff «Kultur» überhaupt eine gleiche Bedeutung für alle Anthropologen hat, so diese: Es gibt Verhaltensformen, die nicht genetisch vorprogrammiert sind. Kultur bezieht sich auf eine Stufe des Lebens, die niemals allein mit biologischen Begriffen faßbar ist. Genetische Vererbung und kulturelles Erbe entwickeln sich nach gegenläufigen Gesetzen. Die natürliche Auswahl der Lebewesen geht durch ungerichtete Variation vor sich, die zu genetischen Divergenzen führt. Kulturelle Evolution dagegen überliefert der nächsten Generation Eigenarten, die die gegenwärtige herausgebildet hat. Biologische Entwicklung läßt immer neue Zweige sprießen, Zweige, die sich nicht mehr kreuzen, die sich, wenn sie sich verfestigt haben, nicht mehr vereinigen. Kultur entwickelt sich nach einer anderen Verlaufsform, nämlich der der Anastomose: wie ein Fluß seine Wasser teilt, mäandert und wieder vereint.[103] Biologische Evolution bleibt eingraviert; die kulturelle aber erfordert Erinnerung an die vergangenen Dinge, die nur im Mythos oder im Brauch überleben.

Im mexikanischen Nationalmuseum gibt es eine wundervolle Darstellung eines solchen «Flußsystems», den Fluß der Malacate. Malacate sind runde, tönerne Spindelgewichte mit einem Loch in der Mitte für den Schaft. Mexikanische Pflüge graben sie jährlich zu Tausenden aus dem Boden. Sie gehören verschiedenen Jahrtausenden an. In diesem Museum hat ein Archäologe diese Spindelgewichte in einem kreisförmigen

Flußsystem angeordnet: Beginnend mit den ältesten archaischen und sehr verschiedenen Formen, absorbieren die Malacate gegenseitig ihre Merkmale und werden immer ornamentaler und spezialisierter. Für Jahrhunderte scheint ein Malacate unverändert zu bleiben, und dann erwirbt es plötzlich ein Mestizo-Aussehen dadurch, daß es charakteristische Merkmale eines entfernten Tales übernimmt. Ich stehe gern vor dieser Karte und frage mich, wer es wohl war, ein Mann oder eine Frau, die die neue Form hervorbrachten.[104]

In manchen Fällen war die Veränderung sicher zufällig. Die neue Einkerbung mochte von einer Beschädigung herrühren, die sich dann als zweckmäßig erwies. Aber wahrscheinlicher ist es, daß ein Fremder aus dem Tiefland vorbeikam und sein Malacate zurückließ oder daß ein Sklave gefangengenommen wurde und seiner ihm vertrauten Form Geltung verschaffte. Die neue Kerbe des fremden Modells wurde gesehen, erprobt und beibehalten. So änderte sich die Gestalt des Spindelgewichts. Die Hand, die die Spindel hielt und drehte, lernte eine neue Bewegung, die die andere Hand mit einer neuen Drillung des Garns beantwortete. Eine neue Bewegungsfolge der einen Hand erzwang eine neue Antwort der anderen. Wenn man weiß, daß in diesen Kulturen Werkzeuge in die Hände nur eines Geschlechts gehören, weiß man auch, daß «kultureller Wandel» immer zuerst in einer Genusdomäne sich ereignet und eine korrespondierende Antwort dann in der anderen erfolgt. Wie in einem Tanz, so führt auch in der kulturellen Evolution immer ein Geschlecht an, und das andere folgt, manchmal mit einem Nicken, manchmal mit einem Wechsel in der Führung.

Vor Jahrtausenden wurde an den Südhängen der Sierra Madre mit der Pflanzung eines neuen Maiskorns begonnen, und diese ersten Körner müssen von weither gekommen sein. Das neue Korn war blau und lieferte einen viel größeren Ertrag als die alte Sorte. Es mußte viel tiefer in den Boden gesetzt werden, und so wechselte der Grabstock aus den Händen der Frauen in die der Männer über. Aber das neue

Korn, das ein neuer Gott schützte, verlangte auch einen größeren Macate, den vulkanischen Stein, auf dem die Frauen es mahlen konnten.

Kulturanthropologie könnte auf der Grundlage schon gesammelter Daten mehr über technische und kulturelle Entwicklung aussagen, wenn sie die je wechselnde Genus-Angemessenheit in ihren Untersuchungen bedenken würde.

Genus – Überschreitung und Verstoß

Die Scheide zwischen den Geschlechtern kann im Laufe der Zeit ihren Verlauf ändern, und unter gewissen Bedingungen kann und muß sie verletzt werden. Das unterscheidet die Vergehen gegen Genus von den Abweichungen des sexuell bestimmten Verhaltens der Tiere. Aber wichtiger noch als der Unterschied zwischen dem sexuellen Verhalten der Tiere und sozialem Genus ist der zwischen den Verletzungen der Genusgrenzlinie und ihrem Schwinden überhaupt. Das Geschwundensein von Genus ist das entscheidende anthropologische Kennzeichen der Industrienationen und muß sorgfältig vom Überschreiten oder Verletzen der bestehenden Genusscheide unterschieden werden.

Verletzung der Genusgrenze wird sichtbar, wenn Werkzeuge über mehrere Zeitintervalle hinweg aus männlichen in weibliche Hände überwechseln oder umgekehrt. Aber über viele Faktoren, die Veränderungen in den Konturen von Genus bewirken, können wir nur Vermutungen anstellen. Gewiß sind sie oft das Ergebnis einer technischen Erfindung: Ein Werkzeug oder Zeug, das einer Gesellschaft bisher fremd und daher nicht tabuisiert war, wird in den Wirkkreis des einen oder des anderen Geschlechts aufgenommen. So war der Esel zum Beispiel im alten Mexiko unbekannt. Er kam erst mit den Spaniern ins Land, und seine Pflege war nicht entweder dem Mann oder der Frau vorbehalten, noch gab es ein Tabu, ihn zu berühren. Aber rasch wurden die Tätigkeiten, die sich mit seiner Pflege und seiner Inanspruchnahme verbanden, in den Guerrerobergen dem Mann überantwortet, und so erwarb das Tier unter den Indios ein soziales männliches Genus und wurde kulturell entdeckt. Kulturelle Entdeckung, die oft technologischer Wandel genannt wird, ist außerhalb der Industrienationen immer ein Vorgang eines geschlechtsbezogenen Bezähmtwerdens gewesen. Unvermeidbar war der Esel mehr als eine Veränderung in der Ausstattung der Männer. Seine Indienstnahme erweiterte den Wirkbereich des einen Geschlechts und führte so eine neue Asymmetrie herbei zwischen den Lebensbereichen der Frauen und Männer; sie erleichterte vermutlich die Arbeit der Frau, minderte aber ihren öffentlichen Status.

Für diese frühen Mexikaner war der Esel etwas Überraschendes, aber kein Tabu. Diesen Begriff möchte ich nur einem Verbot vorbehalten, das beide Geschlechter, auf welch verschiedene Weise auch immer, betrifft; jenem absoluten Nein, das für die ganze Gens gilt: «Von allen Bäumen des Gartens darfst du essen. Von dem Baum der Erkenntnis des Guten und Bösen darfst du nicht essen. Denn am Tage, da du davon issest, mußt du sicher sterben» (Genesis 2; 16–17). Die Verletzung eines Tabus hat furchtbare Folgen für die Gemeinschaft: Die Wiedergutmachung erfordert das außerordentliche Opfer. In diesem Sinn ist das Überschreiten der Genusgrenze kein Tabu. Um es davon zu unterscheiden, würde ich es pané nennen. Genus sagt dem Guyaki-Mann: «Du darfst keinen Korb berühren! Er gehört zum Bereich der Frau.» Was ausschließlich ihrem Geschlecht verbunden ist, ist für ihn pané.

Tabu und pané bezeichnen beide ein Verbot, aber was sie diesbezüglich verbieten, liegt in verschiedenen Arenen. Tabu bedroht das Genus-Duo von außen, es läßt Frauen und Männer einer Gens zusammen in der ersten Person Plural «wir» sprechen. Pané dagegen bespricht die andere Seite des Mondes, die andere Hälfte der Welt, jenen anderen stummen Teil unserer Wirklichkeit. Nur durch seine Spiegelung in den Worten, Blicken und Handlungen des anderen Geschlechts können wir etwas davon erfahren.

In allen Zeiten und an allen Orten finden wir Zeugnisse dafür, daß die Barriere zwischen den Geschlechtern überschritten wurde, ohne daß ihre Form und Bedeutung sich änderten. Oft ist öffentliches Unglück der Anlaß. Während des Mittelalters war der schwere, von einem beschlagenen und angeschirrten Pferd gezogene Räderpflug praktisch das Symbol männlichen Geschlechts. Frauen nahmen Abstand, sich dem Gerät oder dem Tier zu nähern. Wir finden aber etliche Miniaturen des späten 14. Jahrhunderts im nördlichen Frankreich, auf denen Frauen diesen Pflug handhaben. Die Pest hatte die Bevölkerung dezimiert und der Krieg die meisten der überlebenden Männer weggerafft. Die Frauen mußten die Felder bearbeiten, bis ihre Söhne erwachsen waren.[105]

Nicht nur öffentliche, auch private Katastrophen können ein Individuum dazu veranlassen, von den Genuszuständigkeiten abzusehen und Arbeit zu übernehmen, die dem anderen Geschlecht zusteht. Noch bis vor kurzem durfte in Teilen des nördlichen Schwedens der Mann den Kuhstall nicht betreten. Es war der warme Platz, wo die unverheirateten Frauen in der Nähe des Viehs schliefen und in den langen Winterzeiten geschützt unter sich waren. Nur Witwer ohne Tochter wurden beobachtet, wie sie heimlich in den Stall zum Melken schlüpften, eine Tätigkeit, die sie vor dem öffentlichen Blick nicht auszuführen gewagt hätten.

Auch unvorhersehbare Notfälle können Verstöße zeitigen. Wenn die Heueinfuhr auf einer Wiese in den Tiroler Bergen durch ein plötzlich aufziehendes Gewitter bedroht ist, helfen der Bauer und seine Söhne den Frauen beim Heurechen, aber niemals können sie dies von einem Taglöhner verlangen. Es scheint, daß hoher Status in einer Gemeinschaft mehr Freiheit gegenüber den Genuseigenschaften mit sich brachte. Aber Ausnahmen bestätigen nur die Regel; sie wurden aufgezeichnet, weil sie bemerkenswert waren, und nun sind sie eine hervorragende Quelle für das Studium von Genus.

Paradoxerweise hat auch der Transvestismus die Funktion, die Genusscheide zu verstärken. Spontane gemeinsame Aktionen, durch die geschlechtsgebundene Strukturen verletzt wurden, waren selten und wurden immer als furchterregend erlebt. In den Bauernaufständen gab es für den Adel nichts Schrecklicheres als die Zusammenrottung bewaffneter Frauen. Es kam auch vor, daß Männer Frauenkleider anzogen und die feindliche Armee in die Flucht schlugen, ohne ihre Waffen zu gebrauchen.

Fast überall ist Transvestismus als Ereignis im Festtagskalender ritualisiert worden. Durch Jahrhunderte hindurch spielten im Karneval – von Sizilien bis Skandinavien – Frauen Männer und Männer Frauen, und Männer spielten Frauen, die Männer spielten. Es gibt Argumente dafür, daß solche «Travestien» gelegentlich dazu dienten, politische Leidenschaften anzufachen. Tatsächlich boten besonders im 18. Jahrhundert diese traditionellen Verkehrungen Gelegenheit, den «Prozeß der Zivilisation», der den Vorstellungen der Menge zuwider war, lächerlich zu machen und eine Taktik des Widerstands gegen Lehrer und Geistliche zu entwickeln. Auch Komödie und Satire zehrten von den Verletzungen der Genusregeln. Jüngste Untersuchungen zur Kultur des Gelächters, der Jahrmärkte, des Mummenschanzes und der Volksaufstände betonen den politischen Zweck, dem die Travestien als Schutzmantel für die moralische Ökonomie, für das Genus-Sein der traditionellen Gesellschaft, dienten.[106] Diese Umkehrungen der Genusregeln zügelten auch durch ihre Verunglimpfungen die jeweilige Dominanz eines Geschlechts. Benahmen sich bei solchen Gelegenheiten öffentlich und auf festliche Weise die Frauen wie Männer, so war das ein Weg, die Männer lächerlich zu machen, ohne das Feld, auf dem sie dominierten, ernstlich zu unterminieren. Umgekehrt leitet in einem mexikanischen Dorf, das heute noch von der Furcht vor Hexen geplagt ist, der Tanz der Männer in Hexengewändern, die dabei als Kojoten verkleidete Buben verfolgen, eine alljährliche Feier des Gelächters ein, die einen Tag lang dauert und schlummernde Ängste auflöst.[107]

Aber Travestie hat noch eine tiefere Funktion. In fast jeder Kultur finden wir, daß bestimmte Priester sich wie Frauen kleiden müssen; gewisse Zauberhandlungen sind mit homosexuellen Riten verbunden; den an den Pranger Gestellten wird das Gewand des anderen Geschlechts angezogen; der Heros einer Kultur muß es unter Umständen wagen, die Genusregeln zu brechen und pané zu sein. Der Sinn dieser travestierenden Beziehungsmuster ist es, die Genusscheide in ihrer Schärfe zu bewahren, indem ihre Eigenheiten gerade durch ihre öffentlichen Verkehrungen sichtbar gemacht werden. Ihre magische Bedeutung mag darin liegen, die Wächterdämonen zu überraschen, zu besänftigen und in Schach zu halten. Letztlich spiegeln sie das Verwurzeltsein von Genus in der Tiefe mystischer Erfahrung wider.

Das Entstehen des Heterosexuellen

Moderne Sexualwissenschaft vernebelt die Sicht des Historikers auf die traditionelle Travestie. Ihre Kategorien sind in erster Linie «sexus»- und nicht genusorientiert. Das wird am klarsten in der Sprache, die sie für «Homosexualität» gebraucht.[108]

Nur eine begrenzte Anzahl von Gesellschaften verfügt über Begriffe, um ihre Mitglieder nach der Gepflogenheit einzuteilen, von welchem Geschlecht diese sich erotisch angezogen fühlen. Unter diesen Gesellschaften ist der besondere Sprachstil, mit dem die modernen Europäer diese Einteilung handhaben, einzigartig. Die Tatsache, daß Liebe unter Männern oder unter Frauen in manchen Zeiten und Orten mehr oder weniger häufig war, erlaubt den Historikern nicht, allen Gesellschaften «die Homosexualität» als eine spezielle Existenzweise zuzusprechen. Vor der europäischen Renaissance konnte jemand sich selbst sowenig als Homosexueller verstehen wie als Autor: Er zog Knaben den Frauen vor, oder er war befähigt, Verse zu schreiben. Seine Zeitgenossen konnten von ihm als Päderasten oder Totschläger sprechen, aber keine dieser Bezeichnungen hatte die diagnostische Kraft des modernen Begriffs. Liebe zu Männern machte einen Mann nicht wesentlich «anders». Homosexuelle Akte waren bekannt, und jede Kultur wertete sie anders – als Kinderspiel, als rituelle Umkehrung, als Strafe für den Guyaki, der den Korb einer Frau berührt hatte, als Laster, das lächerlich gemacht oder gewaltsam unterdrückt wurde. Aber als eine besondere Identität konnte «der Homosexuelle» in einer Genusgesellschaft nicht begriffen werden. Der moderne europäische Deviant ist so einzigartig wie der heterosexuelle konjugale Partner.

In der letzten Zeit haben sich zwei größere Studien mit der Geschichte der Homosexualität befaßt, so wie sie sich als sozial wahrgenommene Neigung darstellt und nicht als Geschichte des homosexuellen Verhaltens. D. S. Baily weist nach, daß Homosexualität als sexuelle Desorientiertheit, die manchen Leuten eigentümlich ist, von der vorscholastischen christlichen Tradition nicht zur Kenntnis genommen wurde. Gesetzgeber, Theologen und Moralisten befaßten sich mit den Liebespraktiken zwischen Leuten gleichen Geschlechts und drückten, dem Apostel Paulus folgend, ihren Abscheu gegenüber Gruppen aus, die diese Praktiken öffentlich zur Schau stellten. John Boswell hat mit kritischem Blick reiches Material gesichtet und gesiebt, das uns gestattet, die Konkretisierung der Homosexuellen als einer durch eine Abweichung von der Natur gekennzeichneten, gesonderten Gruppe zu verfolgen. Es scheint offensichtlich, daß diese neue Art der konstitutionellen Abweichung das simultane Auftauchen der heterosexuellen Norm verlangt, in der auch die ökonomische Umwandlung zur konjugalen Gütererzeugung gründet. Aber bis jetzt ist keine Geschichte «der Heterosexualität» geschrieben worden. [109] Deshalb muß «der Homosexuelle» als Beispiel dienen, um die Einvernahme des Westens durch das heterosexuelle Regime in den Blick zu bekommen.

Die vielfältigen Verknüpfungen zwischen der Kirche und dem Prozeß der Umwandlung von Genus in «Sexus» kann ich auf diesen Seiten nur andeuten. Das Gespräch zwischen Arnaud, dem Subdiakon, und dem Inquisitor von Montaillou kann als Ausgangspunkt dienen. Ihre Diskussion über Sodomie (wie Homosexualität damals bezeichnet wurde), deren Arnaud beschuldigt worden war, offenbart zwei scharf getrennte Positionen. Arnaud sieht sein Verhalten in der Perspektive von Genus, der Inquisitor jedoch von der gerade entstehenden Auffassung einer unnatürlichen Geschlechtlichkeit aus. [110] Des letzteren Versuch, den Päderasten als einen Häretiker zu behandeln, löst bei Arnaud große Bestürzung aus: «Ich glaubte, . . . in der Einfalt meines Herzens, daß Sodomie und gewöhnliche Unzucht allerdings Todsünden seien, aber doch weit weniger schwerwiegende als die Defloration von Jungfrauen, Ehebruch oder Inzest.» Dieser Arnaud war von adeliger und städtischer Herkunft. Er war weltläufig und literarisch gebildet. Zu einer Zeit, da der Besitz eines Buches noch selten war, lieh er seine Bücher an Freunde aus. Unter diesen Büchern fanden sich nicht nur die Bibel, die Evangelien und Kalender, sondern auch Klassiker, unter ihnen Ovid, ein Autor, der detaillierte Kenntnisse in der Theorie und Praxis der Liebeskunst vermittelte, die die Kirche schon seit einem Jahrhundert tadelte. Obwohl Arnaud als Priester nie ordiniert worden war, erfüllte er seine geistlichen Aufgaben mit offenkundiger Hingabe. Seine verwirrten Antworten reflektierten noch den genusgebundenen Gesichtspunkt. Sodomie, vom Inquisitor, dem zukünftigen Papst Benedikt, als eine Abweichung von der natürlichen Geschlechtlichkeit interpretiert, war noch jenseits seiner

Vorstellungswelt. Für Arnaud war und blieb sie nur einer von mehreren Wegen, Fleischeslust zu stillen.

Die Geschichte des englischen Wortes «bugger» kann diesen Konflikt illustrieren. Ursprünglich war es ein kirchlicher Begriff, der sich auf die Bulgaren bezog, die im 9. Jahrhundert Christen wurden und sich der Kirche von Konstantinopel anschlossen, die zu dieser Zeit vom Papst getrennt war. Später wurde dieser Begriff für «separierte» Christen auf die Bogumilen übertragen, eine gnostische Sekte, die sich von Thrakien aus nach Bulgarien und die ganze Balkanhalbinsel verbreitete und als Spuren ihres Daseins große, einfache Sarkophage hinterließen. Zuerst für die Benennung administrativ getrennter Christen geprägt, galt der Begriff nun für eine fremde, nichtchristliche Gruppe. Dreihundert Jahre später wurden die Vettern Bogumils «bugger» genannt, die gnostischen Konvertiten rund um Albi in Südfrankreich, die im Herzland des Christentums geboren waren und sich an den nördlichen Hängen der Pyrenäen angesiedelt hatten, Europas Bollwerk gegen den Islam. Hier wurde ein Haushalt nach dem anderen vom Geist des Gnostizismus angezogen; der Glaube, die Rituale und Sitten dieses Haushalts wurden nun unterschiedslos «Ketzerei» («buggery») genannt.

Zu ebendieser Zeit hatte die Kirche guten Grund, die Verbreitung spiritueller Opposition zu fürchten. Erst in den unmittelbar vorangegangenen Jahrhunderten hatte sie sich mit der Lehre, dem Personal, der Organisation und den Methoden gerüstet, die für die «Seelsorge» von Haushalten, die aus individuellen «Seelen» bestanden, nötig waren. Die Umwandlung der Kirchen aus Stätten der öffentlichen Andacht und Unterweisung in Agenturen für individuelle Seelsorge hatte unter Karl dem Großen begonnen und war nun vollendet. Ein Schlüsselelement dieser neuen pastoralen Tätigkeit war die Pflege und Reglementierung von auf neue Weise geschlechtsgebundenen, konjugalen Haushalten. Wir vergessen oft, daß die Ehe erst im Hochmittelalter allmählich als Sakrament betrachtet wurde und damit den kirchlichen Anordnungen zu unterliegen begann. Dieser Vorgang brachte unzählige Konflikte zwischen den alten vernakulären und den neuen katholischen Genus-Vorbildern mit sich.[III] Die kirchliche Seelsorge schwächte den Halt des örtlichen, selbstbegrenzenden Genus und erzeugte zugleich eine Widerstandsbereitschaft gegen die kirchliche Normsetzung eines katholischen Genus. Die Zeit war deshalb der Ausbreitung einer Ketzerei günstig, die dem Dorfbewohner einen «katholischen» Glauben bot ohne die bevormundenden geschlechtsbezogenen Kontrollen aus Rom.

Ziel dieses Kreuzzuges im 14. Jahrhundert gegen die Ketzer in der Languedoc war das Netzwerk von Haushalten rund um Albi, die sich dem anziehenden lokalen orthodoxen Glauben in die Arme geworfen hatten. «Katharer»-Haushalte wurden als ansteckende Krebsgeschwüre im Körper der Kirche betrachtet. Die Inquisition spähte in jeden Haushalt, um herauszufinden, ob sich das Gift durch die Kanäle der Verwandtschaft von einer Domus aus weiterverbreitet hatte. Bis zu dieser Zeit mußten die Haushaltsmitglieder in die Kirche kommen; jetzt drang die Kirche in die Haushalte ein. Die Abweichenden wurden zum Gegenstand der inquisitorischen Diagnose und Seelsorge. Im Inneren des häretischen Haushalts schnüffelte der Theologe nach dem «bugger», der Person, die im Geruch der Häresie stand. In diesem Kontext wurde das Wort «bugger» in einer zweifach neuen Weise gebraucht: Es meinte Unnatur und nicht kriminelles Vergehen, eine widernatürliche Monstrosität und nicht natürlichen, wenn auch sündhaften Lustgewinn außerhalb der von Gott gesetzten Grenzen.

Diese mittelalterliche Verlagerung vom rechtmäßigen Glauben zum katholischen Verhalten, die Umwandlung der Priester von Männern, die dem liturgischen Dienst geweiht waren, in Hirten und Beichtväter einer Herde, standardisierte die zwei Geschlechter und unterstützte die Gleichsetzung von sexueller «buggery» mit theologischer Häresie. Für den Seelsorger, repräsentiert im zölibatären Hahn auf dem

Kirchturm, der über eine Herde von zweifachem Geschlecht herrschte, war der «bugger» der unverbesserliche Feind, der schließlich verbrannt werden mußte.

Der plebanus, der von seinem Turm auf sein Volk schaut, auf die Schafe, die seiner Sorge anvertraut sind, ist der Prototyp des Dienstleistungsberufenen. Er ist bevollmächtigt, ihr Seelenheil zu erwirken, und der Sprache mächtig, in ihrem Gewissen zu lesen. Alle diese Seelen unter seiner Verantwortlichkeit, so wurde ihm beigebracht, sind von gleicher Würde und besitzen Gewissen, die zu prüfen und zu formen sind.

Der bischöfliche Inquisitor von Avignon spricht im Namen einer neuen und aufsteigenden Kirche, die, später säkularisiert und gespalten, die Form einer professionellen Institution annimmt. Er gehört zu einer Kirche, die aus dem gemeinsamen Bußritual einen jährlichen Bekenntnisakt macht, einer Kirche, die erst vor kurzem – auf dem Laterankonzil von 1215 – all ihren Gläubigen die Pflicht auferlegt hat, ihre Sünden einmal im Jahr, und jeder allein, dem Priester ihrer eigenen Pfarre zu bekennen. Dieses neue Kirchengesetz wurde ursprünglich mit einer neuen Formel eingeleitet, in der sich eine neue Perspektive kundtat, nämlich die Homogenisierung des Geschlechts: Omnes utriusque sexus fideles – die Gläubigen beiden Geschlechts sind hinfort gehalten, jedes Jahr einmal zum administrativ bestellten Seelenhirten zu gehen und ihm ihre Sünden zu bekennen. Um den Priester für diese Einzelbeichte zu schulen, entstand während des folgenden Jahrhunderts eine neue Literatur, die Arnaud noch nicht kannte. Bußmanuale wiesen dem Beichtiger die Fragen zu, die er den Gläubigen zu stellen hatte. Zunehmend definierten diese Manuale, was nun als allgemein menschliches Vergehen betrachtet wurde, unabhängig von und manchmal entgegengesetzt den Regeln örtlicher Genusbereiche. Daß das Kirchenrecht Macht, Privilegien und Ordination dem Mann vorbehielt, machte es nicht sexistisch, sondern war Ausdruck seiner Tradition. Aber das Kirchenrecht war insofern ein Vorreiter des Sexismus, als es gleicherweise unsterbliche

Seelen für dieselben Sünden maßregelte. Indem es die beiden Geschlechter hinsichtlich ihrer Sünden vor dem Gesetz gleichmachte, legte es den Grundstein für spätere sexistische Denkformen.

Der Zwang zum Sündenbekenntnis in der Intimität des Beichtstuhls war etwas radikal Neues, der erste und bei weitem wirkungsvollste Schritt auf dem Weg zur Annahme des geschriebenen Gesetzes und allgemeiner Erziehung. Es war fast das Gegenteil der alten öffentlichen Buße, die als beschwerliches und langwieriges Ritual auferlegt wurde und die häufig vor der Kirche zu vollziehen war, wie es die Iren und Schotten zur Zeit ihrer Bekehrung während des frühen Mittelalters lernen mußten. Die alte Bußordnung war Männersache, Ausdruck der öffentlichen und freiwilligen Unterwerfung von jüngst erst Bekehrten unter das neue Gesetz des Missionars. Ranulf tötete den Mörder seines Stiefvaters. Er tat seine Sohnespflicht; denn keine Rache zu nehmen wäre unter den alten Gesetzen des Clans unverzeihlich gewesen. Aber unter der neuen Herrschaft Christi hätte er vergeben müssen. Ranulf stand siebzehn Jahre draußen vor der Kirchentür, in der Hitze des Sommers wie in der Eiseskälte des Winters. Die neue Beichtordnung verlegte die Buße vom Außen- in den Innenraum und zwang jede «Seele», diesen neuen Raum in sich selbst zu schaffen, und zwar in Übereinstimmung mit den architektonischen Regeln des Kirchengesetzes. Während öffentliche Buße einmal für eine Spanne von Jahren für das unbeglichene Verbrechen eines Lebens auferlegt wurde, war Beichte die jährliche Rechenschaftsablage über die geheimen Vergehen gegen Gesetze, die durch eine katholische, das heißt eine universale Institution formuliert worden waren, die Mutter Kirche. Die Beichte schafft ein «inneres Forum». Einmal im Jahr öffnet der Sünder den innersten Raum seiner Seele einem öffentlichen, von der Kirche ernannten Richter, der, unter absoluter Geheimhaltung, die Selbstanklage des Schuldigen anhört. Der geweihte Mann, der priesterliche Richter, lauscht jedes Jahr einer geschlechtslosen Seele und bemißt deren Überschreitungen eines geschriebenen Gesetzes, das geschlechtsspezifisches Verhalten normiert.

Das Beispiel des Ehebruchs zeigt, was geschah. In jedem Verwandtschaftssystem ist Ehebruch etwas anderes, und für die Frau ist er ein anderes Verbrechen als für den Mann. Unter dem Kirchengesetz wurde es für beide dieselbe Sünde, obwohl sie als Männer und Frauen unterschiedliche Vergehen begangen hatten. Sexualität als genuslose Vorstellung nahm erst im Sündenkatalog der Kirche Gestalt an, und zwar im sechsten Gebot: Du sollst nicht ehebrechen. Es wäre falsch, diesen seelischen Vorgang, durch den kirchlichen Erlassen in einem Forum Geltung verschafft wurde, mit dem Sinn für Anstand und Rechtschaffenheit (honnêteté) zu verwechseln, der die Genusgrenze intakt hielt. Das Gewissen wurde geläutert durch die Verinnerlichung eines positiven Gesetzes für den Menschen, während Anstand und Rechtschaffenheit beim Hineinwachsen in Genus ausgebildet wurden. Gewissen ist das Ergebnis von Erziehung; Genus beruht auf dem Gegenteil von Erziehung.

Seit dem 13. Jahrhundert entwickelte sich der Beichtspiegel, der dem Beichtvater erlaubte, die Seele des Beichtkindes mit Hilfe der richtigen Fragen zu prüfen. Durch die jährlichen korrekten Antworten wurde vernakuläre Rechtschaffenheit fortschreitend durch die Forderungen des Gewissens überschattet. Während für ein Jahrtausend die Frauen in einer von Männern regierten Kirche stumm geblieben waren, wurden sie nun als Beichtkind dem Mann ebenbürtig und sprachen mit gedämpfter Stimme zum Seelsorger eines sexistischen Regimes. Das Unisex-Gesetz ließ den Beischlaf sexistisch werden: Es bestimmte, daß Mann und Frau in der Sünde des Ehebruchs gleich seien, darüber hinaus aber, daß sogar in der Sünde der natürliche Platz des Mannes oben sei. Die amtlichen Schriftstücke, die als Kirchengesetz die Häufigkeit, die Umstände und Positionen des Geschlechtsverkehrs vorzuschreiben versuchten, offenbaren einen starken

Kontrast zur Tradition von Ovids ars amatoria, von der der angeklagte Subdiakon Arnaud, nach den Gerichtsakten, noch kurz vor Prozeßbeginn einem Kollegen ein Exemplar geliehen hatte.

Als die pastorale Kirche ihre missionierende Geistlichkeit ermächtigte, in das Haus, das Bett und die Seele einzudringen, unterdrückte sie Genus durch die Pflege eines heterosexuellen Ehebandes und Rechtschaffenheit durch die Erziehung des Gewissens.

Die Zeit zwischen dem 12. und dem späten 18. Jahrhundert könnte in Mitteleuropa als eine Epoche betrachtet werden, in der gemeine Rechtschaffenheit in den wachsenden Schatten des Gewissens trat. Wie zu erwarten ist, brachte das Eindringen des Gewissens in Gesellschaften, die bisher allein von Genus-Anstand geregelt wurden, eine Veränderung des Bildes von «Frau und Mann» mit sich. Eine Ahnung von dem, was vor sich ging, erhält man durch das Studium kultureller Typen. Die Dame, der der Minnesänger sein Lied widmete, war sicher eine neue Erscheinung: seine Herrin. Sie stand für ihn jenseits von Heirats- und Verwandtschaftsbanden. Sie ist wieder und wieder erforscht worden und repräsentiert doch bestenfalls ein Frauendasein, das nur eine Minderheit sich überhaupt vorstellen konnte. Daß diese Minderheit nicht winzig war, sieht man daran, daß einige einfache Leute aus Montaillou zwischen Frauen unterschieden, die sie geliebt (amare), und solchen, denen sie sich leidenschaftlich ergeben hatten (adamari). Aber der beste Prüfstein für eine ganz neue Verehrung der Frau, die über Genus steht und die sublimsten Formen der Geschlechtlichkeit anspricht, ist die Ausbreitung eines neuen Marienbildes.

Die Ikonographie der Geschlechtlichkeit

Marina Warner hat aus dem ungeheuren Reservoir an Marienbildern und Vorstellungen einige herausgepickt und durch die Untersuchung der Attribute einer Frau versucht, etwas über das Frauenbild allgemein zu erfahren. Offensichtlich war die Jungfrau Maria im späten Mittelalter nicht mehr die «Gebenedeite unter den Frauen», sondern sie wurde zur «Einzigen ihres Geschlechts».

Die wechselnden Stile und Stimmungen der bildlichen Darstellungen drücken für mich eine Entwicklung aus, die sich nicht nur durchs Mittelalter, sondern durch zweitausend Jahre hindurchzieht, von der Theotokos in der griechischen Apsis bis zum Kitsch im Schlafzimmer eines katholischen Ehepaares.[112]

Niemals ist Maria dargestellt worden ohne eine starke Emphase für ihren Leib. Vom frühesten Beginn ihrer Abbildung in den Priscilla-Katakomben bis zu den Tausenden romanischer Bilder, die sich erhalten haben, unterscheidet sie eines von allen anderen Frauen, die gemalt oder skulptiert wurden: des Künstlers Verlangen, eine historische Frauenfigur darzustellen, die durch ein unvergleichliches Schicksal ausgezeichnet war; denn sie ist die eine Frau, die auserwählt wurde, jungfräuliche Mutter zu sein und Gott zu gebären. Da die Frucht ihres Leibes das Menschengeschlecht noch einmal neu erstehen ließ, war sie die neue Eva. Aber schon die gotischen und erst recht die späteren Darstellungen wurden von dieser Vorstellung nicht mehr bestimmt. Schritt für Schritt wurde Maria vom Genus losgelöst; es schwand die Aura des Mythischen, die vom Bild der Göttin herrührte, und sie verlor die Reihen streng theologischer Beinamen, mit denen die Kirchenväter sie verehrt und geschmückt hatten. Sie wandelte sich in das Bild «Unserer gnädigen Frau», in einen Frauentyp, der das Gewissen des geschlechtslosen Gläubigen ansprechen sollte. Diesen Gedanken hat Dante im 33. Gesang des «Paradieses» formuliert, wo er die Jungfrau anspricht als «umile et alta piu che crea-tura».

Geschichten können erzählen, was Geschichte nicht beschreiben kann: Wie die Mutter Gottes «Unsere Frau» wurde, ist solch eine Geschichte. Als sie sich zum Prototyp des Frauenbildes wandelte – nicht Göttin mehr, noch Ikon und noch nicht die Modellierung des Gefühlsüberschwanges im Barock –, begannen auch die anderen Figuren, die die romanischen Kathedralen bevölkerten, ihre eigenen Wege zu gehen.

Viele von diesen Heiligen und Ungeheuern waren mit ihrem «Volk» in die Kirche gekommen, als es getauft wurde, mit ihrer Gens. Die pelzigen Wächter des örtlichen Genus wurden gelegentlich bei ihrer Ankunft im Presbyterium in die Togen der Märtyrer gehüllt und mit den Insignien kirchlicher Heiliger geschmückt. Andere fanden ihre Nischen im Blattwerk aus Stein, mitsamt ihrem Hörnerschmuck und Schuppenpanzer. Die Jungfrau, in der Legende dem Drachen vorgeworfen, erschien nun im Gewand der heiligen Margareta über dem Altar, den Drachen an der Leine haltend.[113] Die Flußgötter und Satyrn, die Kobolde und personifizierten Winde fanden alle ihren Platz, die einen in den Kapitellen, die anderen in den Tierfriesen und manche als Ecksteine oder Träger von Torbögen und Bischofsstühlen. Zottige Monster aus dem Norden teilten ihren Platz auf ein und derselben Säule mit sassanidischen Löwen, phantastischen Pfauen, die eben erst einem Buchtext entstiegen waren, und einer Fülle von biblischen Gestalten. Die Kirche fühlte sich stark genug, Himmel, Erde und Hölle zu umarmen, mit allem, was da kreuchte und fleugte. Für fünfhundert Jahre blieb ihre Faustregel: «Ecclesia omnia benedicat» – die Kirche heiligt alles; alles, was Menschen tun, sehen und herstellen. Im 11. Jahrhundert war sogar der Teufel mehr ein Scherz als eine Bedrohung. Örtliche Mythen und Bräuche bereicherten das katholische Ritual und ließen die Kathedrale zum Gehege des Altüberlieferten werden. Die Gegenwart dieser Fülle von getauften heidnischen Symbolen bezeugte die Kraft der kirchli-

chen Botschaft und die Möglichkeit einer unendlichen Varie-
tät von vernakulärem Dasein unter dem Schild des Glaubens.[114]

Diese Verbrüderung in der romanischen Kirche von kaum
gezähmten lokalen Geistern, «getauften» Heidengöttern,
von Gorgonenhäuptern, denen eine neue Bedeutung verliehen wurde, und von «legitimen» Propheten und Aposteln
muß man sich klar vor Augen halten, um verstehen zu können, was der Exodus dieser «jüngst» erst Angekommenen,
als er unvermeidlich sich begab, bedeutete. Als erster begann
Bernhard von Clairvaux, der strenge und unbeugsame Re-
former des Mönchtums, Klöster anzugreifen, die in ihren
Räumen Bildnisse duldeten, die einfachere Seelen für die
Hinführung zum reinen Licht des Glaubens benötigen moch-
ten, die aber den Kontemplativen nur von der Reinheit seiner
Liebe ablenkten. Dann, ein Jahrhundert später, als die Kirche
inquisitorisch wurde und sich mehr um das Gewissen als um
das Glaubensbekenntnis kümmerte, zerstörten ihre neuen
pastoralen Anstrengungen die Umwelt dieser Gäste, die sich
gerade eingerichtet hatten. Die alten Wächter der Rechtschaffenheit schickten sich nicht mehr für die strengen Spitzbögen gotischer Moralität. Die Jagd auf alle möglichen Dissi-
denten vertrieb die alten Götter von Stützen und Nischen,
wo sie durch Generationen hindurch über die Rechtschaffenheit der Pfarrkinder unter dem Obdach des katholischen
Glaubens gewacht hatten.

Die Drachen und Kobolde, die Basilisken und wilden
Männer wurden aus den Innenräumen ausgestoßen, als die
gotischen Spitzbögen und Fenster die geschlossenen romanischen Wände und Gewölbe ablösten. Es war kein Raum
mehr für sie auf den eng gebündelten, schmalen und überho-
hen Pfeilern. Für ein Jahrhundert und länger klammerten sie
sich wie Fledermäuse noch an die Außenseiten der Kirchen.
Als Wasserspeier ragten sie in die Luft hinaus, als wären sie
im Begriff abzuheben, während es noch aus ihren Rachen
und Eingeweiden regnete. Die Theologen, eingewickelt von

ihrem Gewissen, konnten sie nicht länger segnen. Mit Anbruch der Renaissance wurde diese Schar von Harlekinen als
Ansammlung von Emblemen, Symbolen und Typen der
Kabbalistik interpretiert. Nun stießen sich die Wasserspeier
wirklich ab und strichen für drei Jahrhunderte übers Land als
Kreaturen, wie man sie nie zuvor gesehen hatte: entsprun-
gene Heilige, Märtyrer mit Klumpfüßen und Drachen mit
gestutzten Schwingen. Sie benahmen sich wie Rudel wieder
wild gewordener Haustiere, wie streunende Katzen in den
kriegsverwüsteten Städten. Diese seltsamen Geister riefen
nach einer neuen Art von Priester, gemeinhin «Hexe»
genannt.

Teil einer Geschichte des Genus wären die Geschichten, die
der eine oder andere dieser nun in Dämonen oder Teufel verwandelten Geister über seinen Exodus aus der Kirche erzählen könnte. Hockende zum Beispiel sind rund um die Erde
bekannt: In der Ikonographie heißen sie «obszöne Hocker»;
teils sind sie männliche, häufiger weibliche Figuren, und
diese zeigen ihre offene Vulva in einer Position, die ihre
Macht offenbaren soll. «Beset» war der Name einer solchen
Hockenden in Ägypten. Sie war eine sudanesische Göttin,
die den Nil herunterkam, um in allen späteren Dynastien an
allen Mittelmeerküsten über ihresgleichen zu herrschen. Pli-
nius bezeugt in seiner «Naturgeschichte», daß der Hagel von
einem reifenden Feld abgewendet werde, wenn eine men-
struierende Frau sich rücklings auf das Feld lege und ihre
Scham entblöße. Manchmal wirke auch schon ein entspre-
chendes Amulett. Er berichtet weiter, daß die Anwesenheit
einer Frau an Bord eines Schiffes an jedem Tag des Monats
hinreiche, um einen Sturm abzuwenden. Beset ist uns in
Hunderten von Darstellungen überliefert. In den spätroma-
nischen Kirchen vermischt sie sich mit einer Schwester, die
ebenfalls aus dem Mittelmeerraum kommt: der doppelschwänzigen Sirene.

Von den nördlichen Inseln dringt eine andere Hockerin
nach Frankreich ein. Sie trägt das Gewand Evas, unser aller

Mutter. Sie ist Shela-na-gig, eine schottische Hockerin, die schon sehr früh den Segen der Kirche erhalten haben muß, als ein irischer oder schottischer Clan bekehrt wurde. Auch sie ist ursprünglich eine Wächterin lokalen Genus, ein mächtiges Gegengift gegen das Böse. Als sie in den christlichen Kosmos eintrat, wurde sie zum Symbol des Lebens auf Erden und so zur Urmutter Eva. Als Eva meißelte man sie in den Mittelpunkt des zentralen Pfeilers vom Westportal der Kirche. Sie hockt oben in der Mitte des Tierzeichenkreises, der das Letzte Gericht an der Kathedrale von Autun umrahmt. Sie weist ihre Nacktheit dem Westen, dem Sonnenuntergang, der Richtung, aus der die bösen Geister und Mächte das Volk Gottes bedrohen. Sie allein ist machtvoll genug, die Menge der Gläubigen und der Tiergestaltigen zu schützen.

Manchmal bewachen das Westportal auch zwei Hocker, dann ist einer von ihnen phallisch, und zugleich erscheinen oben im Tympanon die ersten menschlichen Eltern. Als Eva kann Schela-na-gig als eine Verdichtung traditioneller, von der Kirche mitgetaufter Hierophanie interpretiert werden. Alle Hockenden sind Hierophanten, Darstellungen sakraler Macht und sakralen Schutzes. Als Eva ist die Hockerin zur genusbezogenen Schutzgestalt einer katholischen Gens geworden.

Shela-na-gig im Schleier Evas bedeutet den Höhepunkt der Macht heidnischer Geister, ihre Verbannung von der Kirchentür raubt ihr den Nimbus des Heiligen. Wenn die Hockenden von humanistischen Gelehrten zu Emblemen umfunktioniert werden, so werden sie zu Zeichen, aber sie sind keine Hierophanten mehr; kein Dämon würde mehr erschreckt werden von den doppelschwänzigen Sirenen, die Raphaels Loggia zieren. Die Theologen machen aus der Sirene eine Allegorie der Fleischeslust, die sie als verführerisches Laster darstellen. Als eine der sieben Todsünden quält sie nun das Gewissen und ist weit entfernt von der geheiligten Grenze, die sie früher schützte. Bedeutsamer aber ist, daß sie – entfernt von Evas Apfel, dem Gespräch mit der Schlange

114

und Adam, der Diaphanie beraubt, durch die sie sakrale Kraft offenbart hatte – dennoch als Hockerin überlebte und ihre Verbannung von der Kirchentür überstand. Mit ihrem gebrochenen, aber nicht vernichteten Genus wird sie zu einer der prototypischen Haltungen der Hexe und überlebt als solche in Küche und Winkeln des Hauses.

Während des halben Jahrtausends, da sie gehorsam Säulen, Portale und Bischofsstühle stützten, verloren die Hocker, der Ziegenbock, die Drachen, die Riesen und Zwerge die Schärfe ihrer geheiligten Geschlechtlichkeit. Die unterschiedslosen Segnungen der Kirche hatten sie ausgezehrt. Nun lernten die Theologen sorgfältig zwischen den universalen, für das Heil notwendigen Sakramenten – nicht mehr und nicht weniger als genau sieben – und den alten Segnungen zu unterscheiden, die nun den eindeutig zweitklassigen Katalog der Sakramentalien bildeten. Für diese neue Geistlichkeit waren die alten Hüter des örtlichen Anstandes allenfalls Symbole, vor allem aber Eindringlinge, wenn nicht sogar Gewürm. Als die alten Kobolde aus dem Dickicht der Klostergärten schlüpften, von den Kirchtürmen vertrieben wurden und ungebunden umherschweiften, verwandelten sie sich. Da sie nicht mehr länger pagane Gottheiten, unerlöste Wächter, doppeldeutige Hierophanten waren, sondern christliche Teufel, abtrünnige, nach Schwefel stinkende Geister, machten sie sich auf die Wanderschaft. Sie hatten die Macht verloren, vernakuläre Ängste auszutreiben – aber sie konnten das Land heimsuchen. Verjagt durch eine Kirche, die sich auf Avignon gründete, kehrten die domestizierten Schatten der Vergangenheit auf den Dorfanger zurück, an die Flüsse und auf die Berggipfel, als bleiche und verkrüppelte Dämonen mit christlichen Namen, die sich zu einer Bedrohung verdichteten für eine Geistlichkeit, die im Dienste einer neuen Ordnung stand.

Delumeau hat die Merkmale der neuen Angst nachgezeichnet, die im ausgehenden Mittelalter entstand. Die Verwirrung, Angst und der Schrecken von Leuten, die beides zugleich verloren hatten: die ruhige Unentwegtheit ihres

Glaubens und die vernakulären Symbole der Anständigkeit, denen sie vertrauen konnten, ließen eine ganz neue religiöse Situation entstehen. Die Tradition der Priester und Wahrsager, die der Genus-Seinsweise ihre rituelle Sanktion erteilt hatten, war abgebrochen, und die römischen Priester, die sie ersetzt hatten, wandelten sich zu Seelenhirten, mit der Aufgabe, Genus zu verwalten und zu normieren. Eine Leere entstand, die nach einem neuen Ritus verlangte. Er wurde von der Hexe zelebriert, der Priesterin dieser Epoche des gebrochenen Genus. Vielleicht war sie so einzigartig, wie die noch nicht genusgereinigte Konjugalität für diese Periode charakteristisch war, so neu wie der Homosexuelle, und so absonderlich, wie ihre Verfolger es behaupteten.[115] Auf jeden Fall einte der Kampf gegen sie den weltlichen und den geistlichen Arm des neuen Staates.

VII
Vom gebrochenen Genus zum ökonomischen «Sexus»

Es ist nicht Zweck dieses Essays, eine Geschichte über Genus zu schreiben, sondern Konzepte herauszuarbeiten, die es uns ermöglichen, innerhalb einer Geschichte der Knappheit Genus und «Sexus» auseinanderzuhalten. Ich wollte zeigen, wie im ausgehenden Mittelalter den «Seelen» mit dem Gewissen eine neue ökonomische Ordnung eingepflanzt wurde. Dieses überprüfte Gewissen schwächte die Wächter des gemeinen Genus etliche Jahrhunderte hindurch, bevor «Sexus» es ersetzen konnte. Eine lange Periode des gebrochenen Genus liegt zwischen der Verbindung von Mann und Frau im Ehejoch und ihrer industriellen Polarisation in Lohn- und Schattenarbeiter.[116]

Diese Zeitspanne des gebrochenen Genus zeigt von Ort zu Ort große Unterschiede, und man kann sie sehr verschieden benennen. Bezeichnet man sie als die Epoche «des Krieges gegen die Subsistenz», so rückt der Nationalstaat, der ihn führte, in den Mittelpunkt der Betrachtung. Spricht man von ihr als dem Zeitabschnitt, in dem sich die Zerstörung der Gemeinheiten (commons) ereignete, so wird die Umwandlung der gemeinen Genusbereiche in geschlechtslose Produktionsquellen zentral. Um den vielfältigen Prozessen, die sie durchdringen, gerecht zu werden, müßte man diese Ära, «das Zeitalter der Hexerei», die Periode der Geburtswehen nennen, die Sexus hervorbringen. Sie begann mit der Einpflanzung des Gewissens und endete, als der Sexismus trivial wurde.

Genusblinde Historiker beschreiben sie als «Übergang zu

einer kapitalistischen Produktionsweise» und verschleiern dadurch die Tatsache, daß eine ganz neue Art von Lebewesen dabei entstand: ein vom Verbrauch abhängiger Produzent, der notwendigerweise sexistisch ist.

Vorkapitalistische Gesellschaften gründen in Genus. Subsistenz ist ein neutraler Begriff für eine genusgebundene Überlebensform. Der Wandel zum Kapitalismus fällt, anthropologisch gesehen, mit der Auflösung des gebrochenen Genus unter der Herrschaft des Sexismus zusammen. Gesellschaften, in denen Genus zusammengebrochen ist, sind kapitalistisch; ihre geschlechtslosen Subjekte sind individuelle Produzenten. Es ist sonderbar, daß diese entscheidende Transformation noch nie als die wesentliche anthropologische Bedingung identifiziert wurde für den Übergang von der vorkapitalistischen Ökonomie in die wachsende Warenabhängigkeit von Jedermannsbedürfnissen, die man «Kapitalismus» nennt.

Kapitalismus ist ein merkwürdiges Wort. Es war Marx nicht bekannt, als Engels es 1870 zum erstenmal gebrauchte. Proudhon hat es gelegentlich verwendet, aber erst Sombart gab ihm seine geläufige Bedeutung. Selbst Fernand Braudel [117] hält es noch für nötig, sich für seinen Gebrauch im Titel seines Werkes «Materielle Zivilisation, Ökonomie und Kapitalismus vom 15.–18. Jahrhundert» zu entschuldigen. Braudel, ein ökonomischer Breughel, bemalt eine riesige Leinwand mit den materiellen, institutionellen und politischen Lebensformen dieser Jahrhunderte. Er läßt ein nachmittelalterliches Europa lebendig werden, in dem es von Jahrmärkten, Messen und Werkstätten, expandierenden Handelswegen und -gesellschaften nur so wimmelt. Er will zeigen, wie langsam das, was er Kapital, Kapitalist und Kapitalismus nennt, in einen Bereich eindringt, in dem es um Vorsorge, Güterherstellung und Austausch der primären Lebensnotwendigkeiten ging. Braudel erforscht sorgfältig die Veränderungen, die diesem Vordringen zugrunde lagen, und warum die exponentiale Anhäufung von Kapital ein Faktor wurde, der im alltäglichen Leben der meisten Leute vor dem Beginn des 19. Jahrhunderts schon spürbar war. Er benennt die wachsende Marktabhängigkeit, die legalen Maßnahmen zum Schutz langfristiger Akkumulation und die Ausdehnung der Wirtschaftsräume nach Übersee als konvergierende Voraussetzungen, ohne die die kapitalistische, industrielle Produktion sich nicht hätte durchsetzen können. Aber in dieser umfassenden Analyse übersieht er ständig die Universalität des geschlechtsgebundenen Daseins in vorkapitalistischen Gesellschaften und den Verlust von Genus im Übergang zum Kapitalismus. Für ihn ist Genus kein wesentlicher historischer Faktor.

Es ist ein großer Unterschied, ob man die Geschichte dessen schreiben will, worauf unsere Welt aufbaut, oder die Geschichte dessen, was verlorengegangen ist, erzählen will. Für den Historiker, der durch einen Rückspiegel auf die Vergangenheit blickt, sind Sichel und Sense nur lokale, bei der Ernte verwendete bäuerliche Werkzeuge, die mit der Modernisierung von Maschinen abgelöst wurden. Sofern diese Geschichtswissenschaft überhaupt ihr Augenmerk auf Denk- und Gefühlsweisen richtet, tendiert sie dazu, die mit der neuen Technik einhergehende charakteristische Entfremdung, Einsamkeit und Ausbeutung zum zentralen Punkt zu machen. Sie untersucht das Elend, das den Leuten durch die neue Marktökonomie, die Mechanisierung und den Hunger zugefügt wurde. Die Verletzung jedoch, die der Verlust des traditionellen Genus den Menschen zufügte, das nun durch die neuen Rohrleitungen der Geschichte fortgespült wurde, ist die bis heute ungeschriebene Seite der Geschichte. Was verlor *sie* mit der Sichel? Was bedeutet das Unnützwerden der Sense für *seinen* gesamten Lebensbereich? Um die Geschichte dieser vielfältigen Verluste zu schreiben, muß man die spezifischen vernakulären Gefühle aufspüren und suchen, die kaum Spuren hinterlassen haben.

Um solch eine Aufgabe vorzubereiten, habe ich versucht, den Hintergrund meiner theoretischen Überlegungen auf der historischen Bühne mit einigen Kreidestrichen zu markieren. Mit einigen dieser Skizzierungen wollte ich den Zusammenbruch von Genus in verschiedenen Gesellschaften schildern. Nun muß eine Geschichte genügen, um die Geburtswehen von ökonomischem «Sexus» zu illustrieren: Ein lutherisches Dorf in Württemberg legt Zeugnis davon ab, wie Männer und Frauen auf die Unterwerfung unter geschlechtslose Arbeit reagiert haben.

Zwischen 1800 und 1850 ist in Württemberg die ungewöhnliche Anzahl von vier Dutzend Ehescheidungsprozessen aktenkundig. David Sabean versuchte, die bei diesen Scheidungsverfahren angegebenen Beweggründe, die anders lauteten als die früher angegebenen, zu interpretieren.[118] Um zu verstehen, was da geschah, mußte er die ökonomischen Veränderungen dieser Gegend in diesem Zeitraum betrachten. Eine Eisenbahn war gebaut, die Pachtverträge verändert worden, und die meisten Familien waren unter den Zwang geraten, Obst- und Gemüseanbau für den Markt und für den Handel zu betreiben. Pflaumen- und Apfelzucht zusammen mit dem Großanbau der Zuckerrübe verdrängten den gemischten Anbau und die Küchengärten. Das Rübenhacken und die Betreuung der neuen Kulturen erwies sich als sehr viel arbeitsintensiver als die vorherige Gemischtbewirtschaftung, die großenteils der Selbstversorgung gedient hatte. Dieser Wechsel vollzog sich innerhalb einer Generation. Die Frauen waren plötzlich gezwungen, die Arbeit der Männer zu teilen, um genügend Familieneinkommen zu erzielen, damit sie nun kaufen konnten, was vorher im Küchengarten gewachsen war. Sie mußten länger und schneller auf den Anbauflächen arbeiten. Die Scheidungsprozesse spiegeln wider, welches Ausmaß an Verstörung diese Neuerungen für Männer und Frauen mit sich brachte, wie hilflos sie sich fühlten, wie unfähig, die Auswirkungen ihrer Entscheidungen, die ihnen zweckdienlich erschienen, zu begreifen. Die Frauen beklagten sich, daß die Männer ihnen plötzlich Anweisungen bei ihrer Arbeit geben würden, eine gänzlich neue Erfahrung für sie. War auch die Frauenarbeit teilweise der der Männer untergeordnet, so war es doch unvorstellbar, daß Männer in den Tätigkeitsbereich der Frauen anordnend eingreifen durften. Die Frauen nahmen diesen Verlust ihrer Eigenständigkeit übel. Sie beschwerten sich auch, daß sie – während die Männer nach der Arbeit am Pflug Zeit hätten, sich im Wirtshaus zu erholen – zwischen der Hackarbeit auf dem Feld und der Arbeit in der Küche hin und her hetzen müßten. Eine neue Art von Neid, der Neid auf den anderen Zeitverlauf und Rhythmus einer Arbeit, tauchte auf, der, undenkbar in Genusbereichen, ein Hauptmerkmal modernen Lebens werden sollte. Die Männer andererseits bedauerten, daß ihre Frauen an Tüchtigkeit ihren Müttern so nachständen; denn früher hätten sie ausgiebiges und abwechslungsreiches Essen gehabt, jetzt müßten sie sich täglich mit Spätzle begnügen.

Der Vorhang fiel nach dem langen Auftritt des gebrochenen Genus und der konjugalen Koproduktion. In diesem Mikrokosmos wird uns eindringlich vorgeführt, wie der Text für das neue Industriezeitalter aussehen wird. Für den neuen dramatischen Akt bevölkerte sich die Bühne mit heterosexuellen Akteuren, die zugleich ökonomische Neutra in der Arbeit zu sein hatten.

In den meisten Versionen des modernen Dramas trennt ein kurzes Zwischenspiel das Reich des Genus (wo der Haushalt seine Subsistenz erhält durch verteilte Aufgaben, die durch die Tätigkeiten nicht austauschbarer Hände erfüllt werden) von der Herrschaft der industriellen Ökonomie (wo geschlechtslose Hände Waren gegen Lohn produzieren). Während dieses protoindustriellen Intermezzos wurde Unisex-Arbeit dem Haushalt als Heimarbeit aufgezwungen.[119] So verwandelte sich dieser in eine Mühle, in der Genus zermahlen wurde, bis nur noch «Sexus» übrig blieb. Die Leiden, die dieses Zermalmen von Genus Frauen und Männern zufügte, werden kaum je erwähnt. Dafür gibt es zwei Gründe: Zum einen wurde die neue Erfahrung wirtschaftlichen Elends zum Kitt für die Vereinigung der Proletarier. Die Lohnarbeit brachte eine neue Form der Peinigung mit sich, die Männer und Frauen aufrieb. Alle Lohnarbeiter fielen derselben Epidemie der Desorientierung, Einsamkeit und Abhängigkeit anheim, die politische Interpreten und die Elite einer neuen Klasse hervorbrachte. Die Diagnose dieses Elends wurde die Karriereleiter neuer Berufe: Erzieher, Ärzte und andere Sozialingenieure. Sie gediehen durch die Produktion von Politik, Führung und Therapie. Das Eigeninteresse, sowohl der revolutionären Führer wie der Sozialisationsverkäufer, schloß von vornherein jeden Versuch aus, den genusspezifischen Schmerz über diesen Verlust zu verstehen. Auf der anderen Seite brachte dieser Schmerz über die Verarmung, die mit der Zerstörung von Genus entstand, in jeder Region etwas ganz anderes hervor, und nur wenige verfügten über eine Sprache, um die subtilen vernakulären Variationen dieser schmerzhaften Empfindungen in Worte umzusetzen.

Während die Bühne für die Fabrikarbeit aufgebaut und das moderne ökonomische Bühnenbild entworfen wurde, konzipierte man schon die neuen kritischen Theorien für dieses Avantgarde-Theater, obwohl das Manuskript für die neuen unbekannten Sexrollen noch gar nicht geschrieben war. Das Genie von Marx und Freud kann nur der begreifen, der sieht, wie früh sie in der Entwicklung dieses modernen Dramas schon seine Regeln festlegten. Sie trieben die Formulierung der endgültigen Konzepte, die nötig waren, um den neuen Darsteller, den industrialisierten «Menschen», zu beschreiben und in Szene zu setzen, auf die Spitze.

Siebenhundert Jahre vorher hatte die Kirche begonnen, geschlechtslosen Seelen auch geschlechtslose Sünden zu unterstellen. Nun wurde die genuslose Macht von genuslosen Menschen in einem genuslosen Kosmos zur transzendentalen Schlüsselkategorie einer neuen Metaphysik. Um die Mitte des vorigen Jahrhunderts gaben ein Dutzend Naturwissenschaftler gleichzeitig, aber unabhängig voneinander der vis viva universi (der Lebenskraft des Universums) eine neue Definition: Sie wurde jetzt zur teils freien, teils gebundenen

Energie. Gewöhnlich wird es Helmholtz zugeschrieben, die Gesetze formuliert zu haben, nach denen psysikalische Energie hinfort als knapp anzunehmen war, eine Annahme, die dann für die formalen Ökonomien konstitutiv wurde. In diesem Jahrzehnt wurde die Arbeitskraft zum Schlüsselbegriff, durch den der menschliche Beitrag zum menschlichen Existierenkönnen als eine knappe Ressource betrachtet werden konnte. Schließlich sprach, eine Generation später, Freud, der die Helmholtzschen Formulierungen nahezu wörtlich übernahm, dem Menschen eine ebenfalls teils freie, teils gebundene psychische Energie zu, die er Libido nannte. Die neuen Kanoniker fertigten ihre Theorien über den säkularen Menschen und seine Errettung auf den Grundlagen der Chemie und der Mechanik von Flüssigkeiten an. Sie glaubten eine geschlechtslose Kraft entdeckt zu haben, die als Kapital durch soziale Kanäle und als Libido durch ein psychisches kommunizierendes Röhrensystem zirkuliert. So wurden während der ersten drei Viertel unseres Jahrhunderts Energie, Arbeitskraft und Sexualität zu «Tatsachen des Lebens». Jetzt, wo das Codewort «Krise» in Umlauf ist, können wir vielleicht öffentlich die Realität dieser «Fakten» in Frage stellen.

Gesellschaft braucht Vergangenheit. Um die Gegenwart zu spüren, bedürfen die Lebenden einer Vergangenheit, die zu ihnen gehört. Es gibt keine erste Person Mehrzahl, kein «wir», ohne seinen besonderen Schöpfungsmythos. Das «wir», das die zwei Geschlechter vereint, wurde zu allen Zeiten durch die Rituale, Feste und Tabus einer Gesellschaft am Leben gehalten. Auch die Industriegesellschaft braucht einen Mythos, der ihren Ursprung legitimiert und ohne den sie nicht existieren könnte. So brachte sie eine besondere Institution hervor, die jeden Haushalt mit neuen «Nachrichten» und einer beständigen Imagination von «Vergangenheit» versorgt. Die Vergangenheit wurde Anliegen eines industriellen Unternehmens.

Das Rezept, nach dem die industrielle Gesellschaft ihre

Vergangenheit zusammenbraut, wurde Geschichte genannt. Ein Jahrhundert lang wurde eine Kontinuität zwischen der geschlechtslosen Gegenwart und der genusgebundenen Vergangenheit hergestellt, um die Abkunft von «Sexus» aus Genus zu legitimieren. Mit einer in steigendem Maße verfeinerten Methodologie hat die Geschichtswissenschaft diese Geschichte in sexistischen Kategorien interpretiert, um unserer ökonomischen Welt eine Vergangenheit zu geben. Ohne solche ökonomische Rekonstruktion einer Genus-Vergangenheit wäre die gegenwärtige Welt der sexistischen Ökonomien nicht attraktiv genug gewesen, besonders nicht für die, die sie anhaltend diskriminiert. Die Geschichtswissenschaft hat ungezählte künstliche Bande der Sentimentalität an das Reich des Genus geheftet, das die gegenwärtige Welt in Wirklichkeit längst aufgegeben hatte, um sich auf ihre verrückte Reise zu machen. Die Historiker haben Wandteppiche gewebt, um unsere sexistische Umgebung behaglicher zu machen, aber wenn auch von Hand, so sind diese doch aus Kunstfasern hergestellt. Mit krampfhafter Anstrengung wurde versucht, das Vergangene als Keim, als unentwickelte Form der Gegenwart erscheinen zu lassen; als ob seine Sprachen und Sprechweisen, seine Gebräuche und Einrichtungen die genetischen Ahnen der gegenwärtigen und uns bekannten Formen, ihre embryonalen Vorstufen gewesen wären. Unsere Bibliotheksregale sind voll von Werken, die den griechischen Stadtstaaten eine Klassenstruktur zuschreiben, die den Sophisten, der mit seinen Tricks hausieren geht, zum Vorläufer moderner Erziehung machen und die über das Sexualleben (sic!) in Mesopotamien zu berichten wissen. Ich schreibe diesen Essay gegen eine solche zentralistische Sicht der Geschichte und verzichte auf das Etikett eines Geschichtswissenschaftlers, weil ich das Vergangene weder mit Schlüsselwörtern noch mit Entwürfen, die aus Utopia stammen, rekonstruieren will. Dagegen denke ich, daß man durch eine öffentliche, disziplinierte, dokumentierte und kritische Forschung die Toten ehren sollte.

Ich habe versucht, die Aufmerksamkeit auf den Bruch zwischen Genus und «Sexus» zu lenken, auf die tiefe Kluft hinzuweisen, die das Gegenwärtige und das Vergangene trennt, und die gefälschte Genealogie von «Sexus», die der Geschichte der Ökonomie zugrunde liegt, aufzudecken. Sie ist eine Fiktion, deren eine sexistische Gesellschaft bedarf, die ihren Mangel an legitimen Ahnen nicht zur Kenntnis nehmen will. Sowohl «Sexus» wie Genus sind sozialen Ursprungs, aber sie stammen von gesonderten Mutterböden. Die Matrix von «Sexus» ist die Alma mater – die von Genus kann nur viel tiefer gefunden werden, nämlich jenseits «der Höhlen der Sieben Schläfer ... die sich in Felsenklüften, unter den Zweigen riesiger hohler Eiben verbergen» (Robert von Ranke Graves: «Die weiße Göttin», Berlin 1981).

Ob sie in das Reich von Genus hineingeboren sind oder, von ihm entbunden, in die Matrix von «Sexus» hineinerzogen werden – Frauen müssen Männern gegenüberstehen. Jeder dieser Mutterböden stattet sie mit einer verschiedenen relativen Macht aus. Unter der Regentschaft von Genus hängen Männer von Frauen und Frauen von Männern ab; ihre gegenseitige Abhängigkeit begrenzt Kampf, Ausbeutung und Niederlagen. Gemeine Kultur bringt Waffenruhe zwischen den Geschlechtern mit sich, wenn auch manchmal eine grausame. Wo Männer den Leib der Frau verstümmeln, weiß die Gemeinschaft der Frauen oft Mittel, die Männer zu peinigen. Im Gegensatz zu diesem Waffenstillstand hat die Herrschaft der Knappheit unaufhörlichen Krieg zur Folge und immer neue Arten von Niederlagen für die Frau. Mögen Frauen unter der Regentschaft von Genus untergeordnet sein, unter jeder ökonomischen Herrschaft sind sie nur das zweite Geschlecht, das ständig benachteiligt ist im Spiel mit geschlechtslosen Einsätzen, wo man nur gewinnen oder verlieren kann. Beide Geschlechter kämpfen entblößt und als Neutra: Der Mann gewinnt immer. Deshalb ist es kein Wunder, daß es Frauen sind, die jetzt die Verunstaltung des Geschlechts durch die Ökonomie «entdecken», und daß sie es sind, die klagen, daß sie unsichtbar seien, für andere wie für sich selbst. Sie können sich im Regime der Ökonomie weder als gleichberechtigte Partnerinnen wahrnehmen, noch können sie sich einer Genussphäre zugehörig fühlen. Die pompösen Szenarien der politischen Wissenschaften, die auf dem Axiom der Gleichheit aller Menschen errichtet werden, sind auf sie nicht anwendbar. Das sexistische Utopia eines Frauenlandes bietet nicht einmal den schäbigen Trost einer Latrinengemeinschaft, und die Versuche, die Vergangenheit der Frauen mit Schlüsselwörtern zu rekonstruieren, karikieren bestenfalls das Unternehmen der Geschichtswissenschaft. Nun haben die Forschungen der Frauen durch ihr passioniertes und beharrliches Fragen innerhalb dieser Beziehungsfalle (double bind) den Drehpunkt ausgemacht, von dem aus sich der wissenschaftliche Apfelkarren umstürzen läßt.

Ich habe hier nicht zu klären versucht, warum die Gesellschaft den Mann begünstigt und die Frau benachteiligt. Ich habe meine Neugierde gezügelt, um dem Bericht der Verliererinnen aufmerksamer zuhören zu können, nicht, um etwas über sie zu lernen, sondern über den Kampfplatz, das heißt über die Ökonomie. Industrielle Gesellschaft schafft zwei Mythen, einen um ihre Abstammung von «Sexus», den anderen, um ihr Streben nach Gleichheit zu legitimieren. Beide Mythen sind als Fälschungen entlarvt worden durch die persönliche Erfahrung der Neutra des «zweiten Geschlechts».

Ich habe am Anfang behauptet, daß der Kampf gegen den Sexismus mit den Bemühungen einhergeht, die Zerstörung der Umwelt einzuschränken und die radikale Monopolherrschaft der Warenproduktion und Dienstleistungen über die Bedürfnisse anzugreifen. Ich habe behauptet, daß diese drei gegenwärtigen Bewegungen zusammenmünden, weil ökonomisches Schrumpfen die gemeinsame Bedingung für alle drei ist. Die Erkenntnis, daß die Begrenzung wirtschaftlichen Wachstums, aus Gründen, die für jede der drei Bewegungen spezifische sind, nicht nur eine negative Notwendigkeit, sondern eine positive Bedingung für ein besseres Leben ist, kann von der theoretischen Übereinstimmung zur gemeinsamen öffentlichen Aktion führen. Ich habe weiterhin behauptet, daß diese drei Bewegungen drei Aspekte eines Versuchs sind, die Gemeinheiten (commons) wiederzuentdecken, die Gemeinheiten in jenem Sinn, der das genaue Gegenteil von ökonomischen Ressourcen bedeutet. Für dieses Unterfangen wollte ich eine Theorie anbieten, um die für eine Geschichte der Knappheit notwendigen Grundüberlegungen zu klären.

Der geschichtliche Übergang von der genusbezogenen Subsistenz zur Abhängigkeit von knappen Produkten ist die Grundlage meiner Ausführung. Knappheit ist so historisch bedingt wie Genus und «Sexus». Das Zeitalter der Knappheit konnte nur dadurch entstehen, daß der «Mensch» als individuell, possessiv und in bezug auf das materielle Überleben geschlechtslos – als raffgieriges ökonomisches Neutrum – betrachtet wurde. Diese in Institutionen wie Ehe und Schule verkörperte Annahme verwandelte das Subjekt der Geschichte. Das Subjekt sind nicht länger die Gens oder die Laren, die den doppelsinnigen und asymmetrischen Schlagabtausch einer Gruppe von Frauen und Männern meinen, die sich als Gemeinschaft selbst ihre Grenzen setzen. Zum geschichtlichen Subjekt wird jetzt das Konstrukt einer Ideologie im jeweiligen modischen Gewand eines falschen «Wir», ein Konstrukt wie Klasse, Nation, Korporation oder partnerschaftliches Paar. Für eine Theorie, die die Gemeinheiten wiederentdecken will, halte ich es für wichtig, die Ätiologie dieser Verwandlung des historischen Subjekts zu erforschen.

Ich habe keine Strategien anzubieten. Ich weigere mich, Spekulationen über mögliche Rezepte anzustellen. Ich will verhindern, daß die Schatten der Zukunft auf die Entwürfe fallen, mit denen ich zu erfassen suche, was war und was ist. Wie der Asket und der Poet sich mit dem Tod auseinandersetzen und dann dankbar sich der fordernden Lebendigkeit der Gegenwart erfreuen, so müssen wir den unwiederbringlichen Verlust von Genus wissend zur Kenntnis nehmen. Die Kunst des Lebens kann, so wage ich zu vermuten, zurückgewonnen werden, solange uns das vorbehaltlose und klare Eingeständnis, daß wir im Doppelgetto ökonomischer Neutra gefangen sind, dazu bewegt, auf die Annehmlichkeiten des ökonomischen Sexus zu verzichten. Der Anspruch auf Leben-Können setzt die Überwindung von Sentimentalität und die Offenheit für Überraschung voraus.

Thematische Anmerkungen

So wie der gesamte Text sind auch die Fußnoten in erster Linie für meine Studenten an der Universität von Kalifornien in Berkeley verfaßt worden. Sie sollen ihnen beim unabhängigen Weiterstudium des Themas meiner Vorlesungen im Herbst 1982 helfen. Wenn möglich habe ich – neben Berichten zum Forschungsstand – deshalb jene Bücher gewählt, die mir wichtig und anregend erscheinen. Die Fußnoten in diesem Buch haben nicht die Aufgabe, meinen Beweisgang zu unterstützen, sondern sie sollen dazu beitragen, dessen Thematik zu entwickeln. Sie sind Marginalien, Kontrapunkte zum Text, und stehen zu diesem in einem Verhältnis wie vormals *questiones disputatae* zur *summa*. Die Fußnoten der deutschen Ausgabe habe ich überarbeitet und mir bekannte deutsche Literatur eingefügt. Bei der Literaturangabe habe ich von französischen Originalen oft die englische Übersetzung genannt.

1   *Industrialisierung der Sprache:* In *Vom Recht auf Gemeinheit*, Reinbek 1982 habe ich unter anderem zwei Aufsätze veröffentlicht, die den Unterschied zwischen «gemeinem Sprechen» und «unterrichteter Muttersprache» klären sollten. Ich fasse hier die Einsichten meiner Gespräche mit Prof. Pattanayak zusammen, unter dessen Anleitung ich am *Central Institute of Indian Languages,* Manasagangotri, Mysore 570006, Indien, studierte. Zur Einführung siehe Devi Prassad Pattanayak, *Aspects of Applied Linguistics,* New York 1981. Zum Studium des Gegensatzes zwischen gemeiner und unterrichteter Sprache können die Papiere des Internationalen Seminars: «In Search of Terminology» (Januar 1981) vom Central Institute direkt angefordert werden, (zu *vernakular,* siehe Fn 51).

2 *Schlüsselwörter:* Raymond Williams, *Key Words: A Vocabulary of Culture and Society,* New York (Taschenbuchausg.) 1976 hat mich zur Untersuchung von Schlüsselwörtern angeregt. Williams' Buch ist etwas Besonderes: Jedes Stichwort erzählt uns von der Überraschung und leidenschaftlichen Betroffenheit eines älter werdenden Mannes angesichts der schillernden Bedeutungsverschiebung von Worten, auf denen seine persönliche Integrität beruht hatte. Raymond Williams verdanke ich erstens die Anregung, Arten von Schlüsselwörtern zu untersuchen und zweitens den Entschluß, die Bedingungen zu analysieren, unter denen ein Spinnennetz von Schlüsselwörtern in die Alltagssprache eingewoben ist. Die eingängigsten Schlüsselwörter sind weder Fremdwörter noch Neubildungen. Sie wurden seit dem späten 19. Jahrhundert von den verschiedenen Wissenschaften aus dem tradierten Sprachschatz geholt und so dem gemeinen Sprachsinn entfremdet. Wenn so ein Wort heute in der Umgangssprache verwendet wird, weist es immer auch auf einen Sinnzusammenhang hin, von dem der Sprecher häufig nicht einmal ahnt, in wie geringem Maße dieser ihm in seinem ursprünglichen Kontext zugänglich ist. Zu dieser Einsicht kam ich in Gesprächen mit Uwe Pörksen, nach dem Studium seines Aufsatzes: «Zur Terminologie der Psychoanalyse», in: *deutsche Sprache* 3 (1973), S. 7–36, und ders., «Zur Metaphorik naturwissenschaftlicher Sprache», in: *Neue Rundschau* 89 (1978), S. 63–82, sowie seine Untersuchung des wissenschaftlichen Sprach- und Denkstils der ‹Neuen Linken› und ihrer Wirkung auf die Studenten «Vom pseudowissenschaftlichen Jargon», in: *Neue Rundschau* 85 (1974), S. 214–222. Mein Nachdenken über die Methode, in der diese moderne Sprachverwüstung erklärend begriffen werden kann, ist beeinflußt von Peter Berger, Brigitte Berger, Hansfried Kellner, *Das Unbehagen in der Modernität,* Frankfurt / M. 1975.

Als Einführung in die spezifisch deutsche Tradition der Ideen- und Begriffsgeschichte für Amerikaner: Irmline Veit-Brause, «A Note on Begriffsgeschichte», in: *History and Theory 20,* Nr. 1 (1981), S. 61–67. Im Studium der charakteristisch modernen Sprachstrukturen hat mich Michel Foucault, «Macht-Wissen», in: F. Basaglia und F. Basaglia-Ongaro (Hg.), *Befriedigungsverbrechen,* Frankfurt / M. 1980, S. 63–80, beeinflußt, ebenso Foucaults *Archäologie des Wissens,* Frankfurt / M. 1981, zuerst Paris 1969.

Zur vergleichenden Semantik von Schlüsselwörtern in den

westeuropäischen Sprachen: Johann Knobloch, u. a. (Hg.), *Europäische Schlüsselwörter,* 3 Bde., München 1963–67.

3 *Wortfelder:* Wortfelder werden abgesteckt und aufgezeichnet in Monographien und Wörterbüchern. Eine internationale, kritische Bibliographie mit ausführlichen Erläuterungen zu Wortfeldstudien bietet: H. Gipper, H. Schwarz, *Bibliographisches Handbuch zur Sprachinhaltsforschung; Schrifttum zur Sprachinhaltsforschung in alphabetischer Folge nach Verfassern, mit Besprechungen und Inhaltshinweisen,* Köln 1961. Der bisher erschienene erste Teil reicht bis einschließlich Buchstabe L, für den schon zwei thematisch geordnete Indices gesondert herausgekommen sind. Das alltägliche Denken des 20. Jahrhunderts, das Schlüsselwörter als Sprachfertigteile wie ein Brennglas auffängt, überschreitet die Grenzen der einzelnen Sprachen. Das Studium dieser modernen, mit dem Schein des Selbstverständlichen versehenen Denkmuster bedarf des Vergleiches. Im Englischen ist das beste Arbeitsmittel: *A Supplement to the Oxford English Dictionary,* (Hg.) R. W. Burchfield, 4 Bde., Oxford seit 1972, (Band 4 noch nicht erschienen). «Das aufgenommene Vokabular besteht aus Wörtern, die während der Bearbeitung und Herausgabe des Hauptwörterbuches (OED) in Umlauf kamen, d. h. zwischen 1884, als die erste Faszikel von Buchstabe A, und 1928, als der letzte Teil des Werkes publiziert wurde, und aus Wortschöpfungen des Englischen in Großbritannien und anderen Ländern von 1928 bis heute.» Siehe auch: William Little, H. W. Fowler, Jessie Coulson (Hg.), *The Shorter Oxford English Dictionary on Historical Principles,* 2 Bde., Dritte vollst. neubearb. Fassung von G. W. S. Friedrichsen, Oxford 1973. Dies ist eine Miniaturausgabe mit allen wesentlichen Merkmalen des großen OED, sie enthält u. a. ältere englische Umgangssprache, außer Gebrauch gekommene, veraltete und mundartliche Wörter und Wendungen. Nützlich ist auch: H. L. Mencken, *The American Language: An Inquiry into the Development of English in the United States,* Vierte neubearbeitete Fassung von Raven I. McDavid, Jr. unter Mitarbeit von David W. Maurer, New York 1980. Eine gekürzte, einbändige Paperback-Ausgabe ist erhältlich. Für das Französische sehr handlich: Paul Robert, *Dictionnaire alphabétique et analogique de la langue française* (Petit Robert), Paris 1967, eine glänzend gearbeitete und auf den neuesten Stand gebrachte, gekürzte Fassung des sechsbändigen Hauptwerkes. In Frankreich

bemüht man sich derzeit um ein dem OED und seinen Ergänzungs-
bänden vergleichbares Wörterbuch mit: Paul Imbs (Hg.), *Trésor de
la langue française. Dictionnaire de la langue du XIXe et du XXe siècle*
(1789–1960), Paris 1971 ff. Allerdings wurde der Umfang dieses
umfassenden historischen Wörterbuches von Band 3 ab drastisch
eingeschränkt. Im Spanischen scheint mir am besten: J. Corominas,
Diccionario critico etimologico de la lengua castellana, Madrid 1954–57.
Erweiterte *«adiciones, rectificaciones y indices»* befinden sich im 4.
Band des Nachdrucks Bern 1979. Die meisten Eintragungen enthalten eine Bibliographie der kritischen Studien zum jeweils behandel-
ten Wort. Im Deutschen unvergleichlich, auf den neuesten Stand
gebracht und überarbeitet, allerdings (wegen seines Umfangs) häufig nicht zugänglich: Jakob und Wilhelm Grimm, *Deutsches Wörterbuch* 1854–1954, neubearb. Leipzig 1965 ff. Handlich zugänglich:
Hermann Paul, *Deutsches Wörterbuch*, 5. vollst. neubearb. und erw.
Aufl. von N. Werner Betz, Tübingen 1966. Dem spezifisch deutschen Interesse an Ideen- und Begriffsgeschichte verdanken wir
zwei Hilfsmittel, die es in anderen Sprachen nicht gibt und die häufig auch zum Studium von Schlüsselwörtern in anderen europäischen Sprachen nützlich sind: Joachim Ritter (Hg.), *Historisches
Wörterbuch der Philosophie*, Basel, Darmstadt 1971 ff. Bisher sind
sechs der geplanten zehn Bände erschienen. Und: Otto Brunner,
Werner Conze, Reinhart Koselleck (Hg.), *Geschichtliche Grundbegriffe. Historisches Lexikon zur politisch-sozialen Sprache in Deutschland*, Stuttgart 1972 ff. Die vollständige Ausgabe soll 130 monogra-
phische Aufsätze zur Entwicklung einzelner sozio-politischer Begriffe enthalten. Im Italienischen: Salvatore Battaglia, *Grande dizio-
nario della lingua italiana*, bisher 8 Bde., hg. von Giorgio Bárberi
Squarotti, Turin 1961 ff. Die Ausrichtung ist wortgeschichtlich, zitiert viele, auch moderne Sprachwendungen. Der Gegensatz zwischen vernakularen Synonymen und dem modernen Einheitsbrei
von Sprachfertigteilen (Schlüsselwörtern) erschließt sich mit: Carl
Darling Buck, *A Dictionary of Selected Synonyms in the Principal Indo-
European Languages: A Contribution to the History of Ideas*, Chicago
1949.

4   *«The Human» (Mensch und menschlich):* Im Deutschen gibt es den
Menschen, im Englischen nicht – «man» (Mann oder Frau) ist nicht
einfach «a man». Dadurch läßt sich am Bedeutungswandel von «hu-

man» die Geschichte des Genusverlustes ablesen. Vor dem 18. Jahrhundert verwendete man «humane» als Bezeichnung für wesentliche Eigenschaften der «human species». Alle ihre Mitglieder waren «humane», aber alle «humans» waren entweder Männer oder Frauen oder Kinder. Erst im späten 18. Jahrhundert nahm das Wort «humane» seine heutigen Bedeutungsumrisse an: menschenfreundlich, gebildet, verfeinert, humanistisch. «Humanity» hat sich auf einem anderen Weg entwickelt. Seit dem 14. Jahrhundert hat es ähnliche, aber keineswegs identische Bedeutung mit dem italienischen *humanitá* und dem französischen *humanité,* alle drei sind synonym mit Liebenswürdigkeit, Höflichkeit und gebildeter Artigkeit. Dann im 16. Jahrhundert wird «humanity» gleichbedeutend mit Güte und Großzügigkeit. Bis ins 18. Jahrhundert kann «humanity» kaum neutral verwendet werden, um abstrakt eine Klasse von Eigenschaften zu bezeichnen, die der Species zugeschrieben wird, wie das heute geschieht. «Human» hat heute diesen selben abstrakten Sinn, und zusätzlich bezeichnet es geduldete Fehlbarkeit, «human error», eine «menschliche Seite» an Mann und Frau: «he/she has a human side to him/her». Siehe Williams (*op. cit.* S. 133, in Fn 2). Eine Bibliographie zu Begriff und Verwendungsformen von Mensch, d. h. «Man» bei Michael Landmann, *Philosophische Anthropologie. Menschliche Selbstdeutung in Geschichte und Gegenwart.* 5. Aufl., Berlin 1982. Das moderne *Menschen*bild und der Begriff der Politik bedingen sich gegenseitig. Uns ist der Begriff der Politik so vertraut, daß wir uns gar nicht mehr klarmachen, daß dieses Wort im Vokabular der Herrscher, Kanzleien und Gelehrten vor der Mitte des 13. Jahrhunderts überhaupt nicht vorkam: Walter Ullmann, *Individuum und Gesellschaft im Mittelalter,* Göttingen 1974 und John Figgis, *Studies of Political Thought from Gerson to Grotius,* original 1900, Nachdruck AMS Press, N.Y.

5   *Geschlechtsneutraler Individualismus:* Selbst jenen Historikern, die direkt eine Ideengeschichte der Ökonomie im Blick haben, ist es bisher entgangen, daß das Subjekt der formalen Wirtschaftswissenschaft erst durch den Verlust von Genus erzeugt wird. Es war wohl Marcel Mauss, der als erster feststellte, daß «unsere westliche Gesellschaft erst in jüngster Zeit den Menschen zu einem *ökonomischen Tier* machte» (1909). Der westliche und verwestlichte Mensch definiert sich als *homo oeconomicus.* In meiner Argumentation be-

schränke ich die Bezeichnung «Westen» auf eine warenintensive Gesellschaft, deren Institutionen einer verselbständigten Warenproduktion unterworfen sind, die der Befriedigung der sogenannten Grundbedürfnisse dienen soll. Zur Bezeichnung dieser sonst beispiellosen Existenzweise hat Polanyi den Begriff der «*disembedded* economy» geprägt, vgl. die Beiträge zu dem von ihm geführten entscheidenden Seminar 1941: Karl Polanyi, *Ökonomie und Gesellschaft*. Einleitung von S. C. Humphreys. Frankfurt / Main 1979, und Karl Polanyi, *The Great Transformation: Politik und Ökonomie. Ursprünge von Gesellschaften und Wirtschaftssystemen,* Frankfurt / Main 1978. Zur Rezeptionsgeschichte von Polanyi bis 1968 siehe die Einleitung von C. S. Humphreys, in *Ökonomie und Gesellschaft* (s. o.).

Zur Ideengeschichte des *homo oeconomicus* siehe die Serie textkritischer Analysen von Louis Dumont, *From Mandeville to Marx: Genesis and Triumph of Economic Ideology,* Chicago 1977. Die Herausbildung eines mit Arbeitskraft ausgestatteten und produzierenden Egos, dessen Überleben vom Zugang zu warenhaften Leistungen abhängt, stellt einen Bruch mit allen uns sonst bekannten Formen des Bewußtseins dar. Was aber die präzisen Charakteristika dieses radikalen Umbruchs in der Geschichte des Denkens ausmacht, bleibt weithin umstritten. Marshall Sahlins, *Kultur und praktische Vernunft,* Frankfurt / Main 1981 z. B. sieht den Unterschied zwischen damals und heute in jener «einzigartigen Weise symbolischer Produktion, die nur den westlichen Gesellschaften eigen ist». Ähnliches bei Alfred Sohn-Rethel, *Warenform und Denkform,* Frankfurt / Main 1978 und bei Rudolf Wolfgang Müller, *Geld und Geist. Zur Entstehungsgeschichte von Identitätsbewußtsein und Rationalität seit der Antike,* Frankfurt / Main 1977. Mir geht es hier nicht darum, an der Diskussion über den Umbruch der institutionellen Struktur bei der Durchsetzung des Kapitalismus teilzunehmen. Mir geht es darum, in diesem Kontext die These zu vertreten, daß dieser Umbruch ohne den Verlust von Genus unverständlich bleibt. Und eben dieser Verlust von Genus ist bisher in der Geschichte des Individualismus nicht zum Thema gemacht worden. Zur Vorgeschichte des Individualismus, siehe Fn 4. Die Historiographie des ökonomischen Individualismus setzt mit Elie Halevy ein: *The Growth of Philosophical Radicalism,* Clifton N. J. Nachdruck 1972 (gekürzte Ausgabe). Ausführlich und genau zeichnet der Autor

1906 die divergente Wirkung, die Bentham auf seine Schüler gehabt hat. Er nennt sie und den Meister «Radikale», weil sie bewußt alle Fäden zu früheren philosophischen Traditionen zerrissen haben. Halevy zeigt, wie Benthams Einfluß auf seine Schüler polarisierend wirken mußte. Sein Utilitarismus konnte in zwei Richtungen führen: einmal zum Glauben an bürokratischen Paternalismus, der sich der legislativen Intervention bedient, zum anderen zum Postulat des liberalen Individualismus, der sich mit unsichtbarer Hand regelt. Material zur Geschichte dieser Aporie bei Leszek Kolakowski, *Die Hauptströmungen des Marxismus. Entstehung, Entwicklung, Zerfall*, 3 Bde., München 1977/79. Im Spiegel des Marxismus unseres Jahrhunderts kann die moderne politische Sozialgeschichte im wesentlichen als ein Konflikt gelesen werden zwischen den beiden Richtungen, die prinzipiell in Utilitarismus verwurzelt sind. Wie Dumont (s. o.) an Texten von Quesnay, Mandeville, Locke, A. Smith und besonders Marx nachweist, gestalten alle diese Denker das Menschenwesen als ein Individuum, dessen «Bedürfnisse» unter der Annahme einer neuen, spezifisch ökonomischen «Knappheit» befriedigt werden müssen. Noch genauer arbeitet C. B. MacPherson einen Wesenszug dieses Individuums heraus, siehe besonders *Die politische Theorie des Besitzindividualismus von Hobbes bis Locke,* Frankfurt 1974, ergänzt durch *Vergangenheit und Zukunft der liberalen Demokratie,* Frankfurt/Main 1979, und *Demokratietheorie. Beiträge zu ihrer Erneuerung,* München 1977. Der Autor weist in vorsichtiger Textdeutung nach, daß das Denken des 19. Jahrhunderts von der Ineinssetzung individueller Freiheit mit der individuellen Fähigkeit zur *Besitzergreifung* durchzogen ist. Alle Formen der Rechtfertigung von Demokratie beruhen auf der Annahme dieser konstitutionellen Hab-Sucht. Die Freiheit selbst wird als Besitz beschrieben: als Besitz der ökonomischen Unabhängigkeit in bezug auf andere. In diesem Essay geht es mir darum, auf eine komplementäre und ebenso konstitutive Charakteristik des Subjekts moderner Theorie und Praxis hinzuweisen. Das besitzergreifende Individuum konstituiert sich anthropologisch als ein «ne-utrum», im Besitz von Arbeitskraft und Ansprüchen. Ich versuche nachzuweisen, daß nur jenes Individuum, das sowohl *besitzergreifend* wie *genus-los* ist, dem Knappheitspostulat entspricht, auf dem jede politische Ökonomie beruht. Die institutionelle «Identität» des homo oeconomicus schließt Genus aus. Es ist ein *neutrum oeconomicum,* jedes zweite dieser Individuen allerdings aus dem behinderten Geschlecht. Der Genusschwund sollte deshalb ein Grundthema der Wirtschafts- oder Knappheitsgeschichte sein.

6 *Neidtreibende Strukturen:* Das Subjekt der Ökonomie, das zeitgenössische, genuslose, possessive Individuum lebt von Entscheidungen, die durch Überlegungen des Grenznutzens bestimmt sind. Jede wirtschaftliche Entscheidung ist durchdrungen von einer Vorstellung der Knappheit und impliziert damit eine Art von habsüchtigem Neid, den es in der Vergangenheit kaum gab. Moderne *produktive* Institutionen fördern und verschleiern gleichzeitig neidischen Individualismus, den die *subsistenzorientierten* Institutionen aller anderen Gesellschaften zu vermindern und bloßzustellen suchten. So argumentieren: Paul Dumouchel und Jean-Pierre Dupuy, *L'enfer des choses: René Girard et la logique de l'économie,* Paris 1979. Die Verfasser suchen den typologischen Unterschied herauszuarbeiten zwischen modernen Institutionen, die Neid erst erzeugen, dann verbergen und verwalten, und jenen anderen, die genau Entgegengesetztes anstrebten und abgelöst wurden. In zwei gesonderten Aufsätzen wenden die Autoren Ergebnisse auf den Bereich des Ökonomischen an, die René Girard durch Literaturanalyse gewonnen hatte: René Girard, *Deceit, Desire and the Novel: Self and Other in Literary Structure,* Baltimore 1976. Siehe auch *Violence and the Sacred,* Baltimore 1977. Girard findet im Roman des 19. Jahrhunderts Beweise für eine historische Transformation des Begehrens in «Bedürfnisse», zunehmend erwachsen aus dem scheelen Vergleichen mit den Wünschen des anderen. Girard untersucht die Figuren von Dostojewsky nicht mit Freudschen Kategorien, sondern er entmystifiziert Freud und Marx dadurch, daß er sie durch die Brille der Brüder Karamasow mustert. Aus dieser Perspektive erscheint, was üblicherweise als ökonomischer Fortschritt angesehen wird, als institutionelle Ausbreitung eines triangulären oder «mimetischen» Begehrens. Die Geschichte des ökonomischen Individualismus geht mit der Modernisierung des Neides ineins. Ich möchte in diesem Essay die Entstehung einer neuen Art von Neid zur Diskussion stellen, die die Beziehung zwischen den Geschlechtern bestimmt, eine Art von Neid, die erst wächst, wenn Genus in einer Gesellschaft verblaßt. In der Literatur zur Geschichte des Neides ist dieser Aspekt nicht gesehen worden. Grundlegend zur Anthropologie des Neides immer

noch: George M. Foster «Peasant Society and the Image of Limited Good», in: *American Anthropologist* 67, no. 2 (1965), S. 293–315, und vom selben Verfasser «The Anatomy of Envy: A Study in Symbolic Behavior», in: *Current Anthropology* 13, no. 2 (April 1972), S. 165–202. «Weil der Mensch die allgegenwärtige Bedrohung spürt, die Neid für ihn und die Gesellschaft darstellt, hat er Angst: er fürchtet die Konsequenzen des eigenen wie die Konsequenzen des Neides der anderen. Deshalb benutzen die Menschen in allen Gesellschaften symbolische und nicht-symbolische kulturelle Formen, deren Funktion es ist, die Gefahren, die sie aus dem Neid befürchten, zu neutralisieren, zu vermindern oder irgendwie unter Kontrolle zu bringen; insbesondere ihre Furcht vor dem Neid.» Zur Sichtweise des Neides in der klassischen Antike, siehe Svend Ranulf, *The Jealousy of the Gods and Criminal Law at Athens: A Contribution to the Sociology of Moral Indignation,* 2 Bde., London 1933–34. Zur Hybris, die Nemesis nach sich zieht: David Grene, *Greek Political Theory: The Image of Man in Thucydides and Plato,* Chicago 1965, und E. R. Dodds, *The Greeks and the Irrational,* Berkeley 1968. Zum Verständnis der Wahrnehmung des Neides in der Spätantike mag die Kenntnis seines Gegenteils hilfreich sein: R. A. Gauthier, *Magnanimité: L'idéal de la grandeur dans la philosophie païenne et dans la théologie chrétienne,* Paris 1951. Zur christlichen Sicht des Neides als Laster Edouard Ranwez, Artikel «Envie», in: *Dictionnaire de Spiritualité,* 4, 1, Paris 1958–60, Sp. 774 ff., auch Lester K. Little, «Pride Goes Before Avarice: Social Change and the Vices in Latin Christendom», in: *The American Historical Review* 76 (1971), S. 16–49. Zur Ikonographie des Neides im Mittelalter Mireille Vincent-Cassy, «L'envie au Moyen Age», in: *Annales, ESC* 35, no. 2 (1980), S. 253–271 und dies, «Quelques réflexions sur l'envie et la jalousie en France au XIVème siècle», in: Michel Mollat (Hg.), *Études sur l'histoire de la pauvreté* (Moyen Age-XIVème siècle) 8, Serie Études, Paris 1974, S. 487–503. Für den unhistorischen Versuch, allen Gesellschaften unseren Neid anzudichten, sind typisch Melanie Klein, *Envy and Gratitude,* New York 1975, die von der Freudschen Annahme ausgeht, daß Frauen schon immer scheel das Ding begehrt hätten, das im anderen Geschlecht so prominent ist, und Helmut Schoek, *Der Neid und die Gesellschaft,* Freiburg 1974, der Sozialismus als Neid «entlarvt». Mißgünstige Zänkerei zwischen Männern und Frauen ist kein neues soziales Phänomen, die Institutionalisierung eines lebenslänglichen, neidischen Messens zwischen geschlechtsneutralen Individuen dagegen ist historisch ohne Vorläufer.

7 *Sex und Sexismus:* Sex gibt es im Deutschen und in jeder Sprache der Nachkriegszeit. Es ist aus dem lat. «sexus» gebildet, beruht auf *«seco»* und sec-, der Wurzel für Teilung: seg-ment. Im Lateinischen verlangt das Wort nach Begleitung, entweder virile / männlich oder muliebre / weiblich. Als «Menschlichkeit» zum aufklärerischen Ideal wurde, wurde Sex zur Seg-regation der Frau, *«le sexe»* verdient zehn Zeilen in Diderots *Encyclopédie.* «Le sexe absolument parlant, ou plutôt le beau sexe, est l'épithète qu'on donne aux femmes ... les plus chères délices du citoyen paisible ... (dont) l'heureuse fécondité perpétue les amours et les grâces ...» Erst im letzten Viertel des 19. Jahrhunderts begann Sex jenes paradoxale genuslose Etwas zu bedeuten, das sowohl Männer wie auch Frauen treibt und an das unser Jahrhundert unter dem Namen «Sexualität» glaubt. Um die Jahrhundertwende wurde der psychische Organismus, wie Erich Fromm sagte, zu einer Art Installation und Erziehung zu dessen Klempnerei mit der Aufgabe, die *Sexualenergie* (nun auch «Libido» genannt), in die «der Sexualität des Individuums entsprechenden Bahnen» zu leiten. Nicht mehr die Vernetzung von Mann und Frau in den sich entsprechenden Hälften des vernakulären Kosmos, sondern die männliche und weibliche Polarisation der neutralen Sexualenergie stehen sich jetzt gegenüber. Ich spreche also bewußt von gemeinem Genus und ökonomischem Sexus als konträren gesellschaftlichen Strukturprinzipien – beide soziale Realitäten mit nur dürftigen Fäden zur Anatomie. Ich spreche von *Genus* und von *Sexus* als Bezeichnungen für die Axiome, aus denen zwei entgegengesetzte Gesellschaftstopologien und Menschen-Gestalten entstehen. Für beide ist der anatomische Befund nur das Rohmaterial, beide gestalten die Genitalien erst zu sozialen Wirklichkeiten. Genus gibt der «Ruthe» eine der vielen kulturellen Gestalten des Phallus oder Lingams, Sexus produziert monoton den menschlichen Penis. So wie Sexus das Glied industriell homogenisiert, so vereinheitlicht es auch die weibliche Scham, den yoni, zum Reproduktionsapparat: In einem einflußreichen Beitrag arbeitet Gayle Rubin (siehe in Fn 76) heraus, daß Genussysteme fundamental für alle Gesellschaften sind, auch wenn ihre Konfiguration fast unbeschränkt variieren kann. Sie behauptet, daß jede Gesellschaft die ihr eigenen Genuska-

tegorien – so einzigartig sie sein mögen – immer für unveränderlich hält. Diese Überzeugung habe ich übernommen, ich stelle aber fest, daß eine sexualisierte Gesellschaft auf einer Ideologie aufgebaut ist, die Genus für uneinholbar passé hält. Über weiteres zum Unterschied von genus-bezogenem Patriarchat und knappheitsbezogenem Sexismus siehe Fn 21. Beispiele zur symbolischen Verweisung auf den Phallus in Gebärden und Gesten in: Lenz Kriss-Rettenbeck, «Feige»: Wort, Gebärde, Amulett, München 1955 und Liselotte Hansmann, Lenz Kriss-Rettenbeck, Amulett und Talisman, München 1966, S. 203 ff.

8 *Ökologie:* Das Wort Ökologie erscheint zum erstenmal 1866 bei E. Haecker, um tierische Morphologie auf Darwins Entwicklungstheorie zu beziehen. Als eine politische Wissenschaft ist Ökologie viel jünger. Eine reichlich dokumentierte Einführung zu ihrer Geschichte gibt P. McIntosh, «The Background and Some Current Problems of Theoretical Ecology», in: *Synthèse* 43 (1980), S. 195–255. Einen Überblick zur politischen Ökologie bietet William Ophuls, *Ecology and the Politics of Scarcity: Prologue to a Political Theory of Steady State,* New York 1977. Eine der ersten Kritiken des Industriesystems aus der Sicht der politischen Ökologie leistete: André Gorz, *Ökologie und Politik,* Reinbek 1977 und ders., *Ökologie und Freiheit,* Reinbek 1980. Die Einbeziehung von ökologischen Bedingungen und Grenzen in die öffentliche Diskussion über das Wirtschaftswachstum in den 70er Jahren ist allerdings in einer Aporie gelandet: Ebenso wie die Wirtschaftswissenschaft geht die Ökologie von der scheinbar natürlichen Existenz menschlicher Individuen aus, die unter Annahme universaler Knappheit in einem institutionellen Wettstreit um den als Ressource begriffenen Kosmos stehen. Sie ist daher die Wissenschaft von einer Raum-Art, in die traditionelle, genus-bestimmte Gesellschaft gar nicht paßt. Jener Oikos (siehe Fn 85), jener Raum (siehe Fn 78), jener Individualismus, die axiomatisch vorausgesetzt werden in der Konstruktion technisch-ökologischer Begriffe, geht von der Topologie des Sexus aus. Der Oikos, der von der Ökologie angenommen wird, ist deshalb genusfeindlich, die Umwelt, die angenommen wird, ist nicht die immer genus-geteilte *Gemeinheit,* sondern eine Ansammlung produktiver Ressourcen für genuslose Agenten.

9   *Kontraproduktivität:* Als Kontraproduktivität bezeichne ich einen Sozialindikator, mit dem sich gruppen-, klassen- oder geschlechtsspezifische Frustration bemessen läßt, die als Resultat des Zwangskonsums auftritt. Sozialer Zeitverlust durch die Beschleunigung des Verkehrs, strukturell iatrogene (kränkende, krankmachende) Medizin, sozial-verdummende Zwangserziehung, ein Nachrichtenwesen, dessen Informationsflut Bedeutungen untergräbt und Sinn überschwemmt, wachsende Abhängigkeit, die durch Bewußtmachung zementiert wird, sind Beispiele für paradoxale Kontraproduktivität. Kontraproduktivität kann als Anzeiger verwendet werden, um das proportionale Überhandnehmen der institutionellen, technisch-strukturell bedingten Zweckwidrigkeit industriezeitalterlicher Institutionen zu bewerten. Diese Art von Zweckwidrigkeit verweigert der Mehrzahl von Klienten eines modernen Produktionssystems (Schule / Medizin / Verkehrssystem) genau jene Vorteile, um derentwillen die entsprechende Institution ausgedacht, verwirklicht und finanziert wurde. Ich spreche von Kontraproduktivität nur dann, wenn die Zweckwidrigkeit ein Wesensmerkmal der vollentwickelten Institution selbst ist. So unterscheide ich paradoxale Zweckwidrigkeit nicht nur von Externalitäten (Sozialkosten), sondern auch von der Verstopfung (Kongestion) in allen ihren Formen. Verstopfung tritt ein, wenn Produkte derselben Art einander in den Weg kommen, Automobile, Curricula oder Therapien, von Kontraproduktivität hingegen spreche ich nur dann, wenn die Enttäuschung der Mehrheit ein Resultat davon ist, daß Gehen zwecks Wahrung der Verkehrsrechte unterbunden, Neugierde im Dienst der Belehrung gelähmt wird, die Leidenskunst im Dienst des Therapiekonsums verfällt. Zur Bezeichnung dieser umweltbezogenen Zerstörung des Gebrauchswertes von Füßen, Köpfen und Traditionen durch produktive Institutionen verwende ich das Wort «Radikalmonopol». Siehe Ivan Illich, *Selbstbegrenzung,* Reinbek 1975 besonders Kapitel 3, Teil 2 und Ivan Illich, Energie und Gerechtigkeit, in: *Fortschrittsmythen,* Reinbek 1983 und Jean-Pierre Dupuy, Jean Robert, *La trahison de l'opulence,* Paris 1976 und Jean-Pierre Dupuy, *Valeur sociale et encombrement du temps: Monographie du séminaire d'économétrie,* Paris 1975 und Ivan Illich, *Die Nemesis der Medizin. Von den Grenzen des Gesundheitswesens,* Reinbek 1981. «Die Nemesis der Medizin» wurde geschrieben als Beispiel dafür, wie Kontraproduktivität sich parallel auf der Ebene un-sinnigen techni-

schen Wachstums, immer warenintensiverer Sozialstruktur und einer Verwissenschaftlichung der kulturellen Symbolstruktur durchsetzt. Dupuy und Robert formulieren Kontraproduktivität als einen Sozialindikator, der technische Charakteristika spiegelt und im Gegensatz zu individueller Zurücksetzung oder Benachteiligung verstanden werden muß, die sich durch politische oder verwaltungstechnische Mittel überwinden ließen. Das Radikalmonopol einer Institution kann sich nur durchsetzen, wenn die Umwelt zuvor institutionell als Ressource kolonisiert wurde, dazu Wolfgang Sachs und Helmut Holzapfel, «Automobilisierung und Ungleichheit», Manuskript TU Berlin 1981. Siehe auch Wolfgang Sachs, «Die Bedeutungshaut des Automobils: Annäherung an die Kultur der Hochenergiegesellschaft», Manuskript TU 10/1981. (Siehe auch Fn 60.)

10   *Das Recht auf Gemeinheit:* Gemein entspricht dem lateinischen *communis* und stammt aus der indogermanischen Wurzel *mei*, «tauschen, wechseln». Ursprünglich bedeutete *mei* «was mehreren abwechselnd zukommt», so wie heute noch die *Alm,* die *All-me(i)nde.* Es bedeutet den Anspruch einer Gemeinde oder Gemeinschaft auf die ihr eigene Art der Umweltnutzung. Daraus hat sich dann die Bedeutung «gemeinsam, gemeinschaftlich, allgemein» entwickelt. Bis ins 17. Jahrhundert meint das Wort *Gemeinheit* ausschließlich diese Nutzungsrechte und ihre Subjekte; erst am Ende des Jahrhunderts erhält es eine abwertende Nebenbedeutung: «unheilig, gewöhnlich, alltäglich, roh, niederträchtig». Was es ursprünglich meinte, ist vergessen. Nur in dieser letzteren Bedeutung hat das Wort bis in unsere Tage überlebt. In der Bedeutungsveränderung, die das Wort *Gemeinheit* in diesem Zeitraum erfahren hat, spiegelt sich die Umwertung des Daseins.

«Ich kann kein geläufiges deutsches Wort finden, mit dem ich die umweltbezogene Grundlage der Unterhaltswirtschaft so bezeichnen könnte, daß der Gegensatz zur Umweltnutzung im Dienst der Produktivität deutlich wird. Ich finde kein Wort, mit dem ich den Weg, den ich, du und er gehen, der Autobahn gegenüberstellen kann, auf der wir fahren oder gefahren werden. Im Englischen kann ich bei solchen Überlegungen *the commons* den *public utilities* gegenüberstellen, und im Italienischen von den ‹*commons*› noch genauer als *gli usi civici* sprechen. Das deutsche Wort *Allmende* will ich dazu nicht in meinen Dienst zwingen. Es bedeutet zwar eine Art von Gemeinheit, bezieht sich aber zu sehr auf eine ländliche Form der Nutzung, auf Wald und Wiese. Vom Recht auf die Allmende zu sprechen, wenn es mir eigentlich um die Wiedergewinnung von Nutzungsrechten an verschmutzten, zersiedelten, zerwalteten Relikten von Gemeinheiten geht, wäre zu eng: unvermeidlich würde ich mit diesem Wort romantische Assoziationen auslösen. Die verschiedenen Fachwörter für das ‹sozialisierte Eigentum› und dergleichen aus der Sozialwissenschaft und der politischen Ökonomie kann ich auch nicht verwenden, denn sie vernebeln allesamt den Unterschied zwischen ‹unserem Weg› und ‹der Autostraße›, unserem Wald und der Startbahn, also zwischen *commons* und *economic utilities*. So bleibe ich also bei der *Gemeinheit*.» Ivan Illich, *Vom Recht auf Gemeinheit* (op. cit. Fn 1). Aus dieser Perspektive lassen sich zwei gegensätzliche Richtungen in jenem Denken und Tun unterscheiden, das heute weltweit als «grün» bezeichnet wird. Einem großen Teil der «Grünen» geht es um die Beziehung zwischen einem besänftigten *homo oeconomicus* und einer schonungsvoll zu behandelnden Ressourcenwelt (siehe Fn 8). Viel radikaler ist die zweite Richtung, die den Rechtsanspruch auf Gemeinheiten verteidigt. Zugang zu den Hilfsmitteln öffnet Valentina Borremans, *Reference Guide to Convivial Tools,* Special Report no. 13 (New York: *Library Journal* 1980), ein kritisches Handbuch mit mehr als tausend Bibliographien, Katalogen, Zeitschriften etc. Eine deutsche Kurzfassung findet sich in: *Technologie und Politik* 11, 12, 13, 14, Reinbek 1978 ff. Laufende Informationen und Literaturhinweise in TRANET, Trans-National Network for Appropriate Alternative Technology, P. O. Box 567, Rangeley, ME 04980 und *CoEvolution Quarterly,* hg. von Steward Brand, P. O. Box 428, Sausalito, CA 94965. Zu Experimenten in Amerika: George McRobie, *Small Is Possible,* London 1981 und Harry Boyte, *The Backyard Revolution,* Philadelphia 1980. Zum Bedeutungswandel von «gemein» siehe: Doris Schlechter, *Der Bedeutungswandel von «gemein» im 19. Jahrhundert. Eine sozialgeschichtliche Untersuchung,* Dissertation Köln 1955.

11   *Knappheit:* Ich verwende das Wort knapp in jenem Sinn, in dem es auf der ersten Seite jedes Hand- oder Lehrbuches der Wirtschaftswissenschaft verwendet wird, seit L. Walras es 1874 eingeführt hat. In diesem Sinne bezeichnet Knappheit jene Bedingung, unter der Werte formal-ökonomisch miteinander in Beziehung gesetzt wer-

den können. Ökonomische Gesetzmäßigkeiten beziehen 1. individuelle, genuslose und besitzergreifende *Subjekte* (die Personen oder Gesellschaften sein können), 2. *Institutionen* (die Umwelt als private oder öffentliche Ressource definieren) und 3. *Waren* (die Energie, Arbeitskraft oder sonst irgendein Produkt sein können) aufeinander. In diesem Sinne ist es wichtig, Knappheit nicht mit anderen Formen des Mangels zu verwechseln. Ein seltener Vogel wird deshalb noch nicht knapp, weil es nun schon drei Ornithologen gibt, die ihm nachstellen; eine dürftige Diät des Kameltreibers ist nicht knapp; ein vom Sozialarbeiter diagnostizierter Vitaminmangel besagt nichts über die Knappheit von Vitaminen, und so groß die Hungersnot auch war, die Firth (siehe Fn 105) auf der Insel Tikopia beobachten konnte, knapp in ökonomischem Sinne wurden die Knollen nicht, bis im 3. Jahr des Hungers die Bande der Gesellschaft dort zerrissen. Knappheit (scarcity, la rareté, escarcés) ist wohl ausdrücklich die Bedingung für die Anwendbarkeit formell ökonomischer Gesetzhaftigkeit, wird aber als Stichwort in keinem mir bekannten Wörterbuch der Sozialwissenschaft aufgenommen. Zu den ganz seltenen Beiträgen, in denen die «Annahme der Knappheit von Werten» nach ihrem historischen Ursprung untersucht wird, gehört Niklas Luhmann, «Knappheit, Geld und die bürgerliche Gesellschaft», in: *Jahrbuch für Sozialwissenschaft* 23, (1972), S. 186–210, der fünf Charakteristika dieser Art «sozialer Kontingenz» angibt. Die einzige ausdrückliche Monographie zum Thema ist Bálint Balla, *Soziologie der Knappheit. Zum Verständnis individueller und gesellschaftlicher Mängelzustände,* Stuttgart 1978. Die Einsicht, daß Knappheit sich erst durch den Übergang vom Gütertausch zum Warenmarkt herausbilden kann und deshalb der Begriff und die Erfahrung der Knappheit selbst ein historisches Thema darstellt, verdanken wir Karl Polanyi, *The Great Transformation. Politische und ökonomische Ursprünge von Gesellschaften und Wirtschaftssystemen,* Frankfurt / Main 1978, der auch als erster genau zwischen drei Verwendungsformen von Geld unterscheidet: Wert-bewahrung, Wertbemessung und Mittel im Austausch: Nur wenn die Geschichtlichkeit der Knappheit zum Thema wird, kann die Beziehungsfalle (double bind) von Gleichberechtigung und Umweltbegrenzung überwunden werden. Der Begriff der Ressource muß historisch relativiert werden und philosophisch und rechtlich in einen klaren Gegensatz zur Gemeinheit gestellt werden. Die «steady state society» des Nullwachstums, ja der ökonomischen Schrumpfung steht uns ins Haus. Solange Knappheit das Denken monopolisiert, heißt das wohl Verwaltung durch eine oligarchische Expertokratie im Dienst regierender Ökologen. Nur wenn Knappheit als historisch gewordenes Ideologem begriffen wird, ist es möglich, nicht nur zu fragen, wie es vor dem Verkehr und in einer nicht zersiedelten Welt aussah, sondern auch sich vorzustellen, wie es danach aussehen könnte.

12 *Dualität:* Es gehört zur klassischen Methode soziologischer Analyse, duale Begriffspaare zu benutzen. Die Dualität, von der ich spreche, läßt sich nicht auf eines der bekannten dualen Modelle reduzieren. In der hier vorgeschlagenen Dualität steht die symmetrische Komplementarität von Genus einer Polarisation von homogenen Charaktereigenschaften gegenüber, wie sie sozialer Sexus konstituiert. Wenn ich mit Topologen sprechen würde, wäre ich versucht, von zwei homomorphen Domänenpaaren zu sprechen, die aus heterogenen Räumen stammen. Zur Orientierung in der Vielschichtigkeit dieses Problemkreises empfehle ich: Lynda Glennon, *Women and Dualism. A Sociology of Knowledge Analysis,* New York 1979. An Inhaltsanalysen feministischer Literatur zeigt die Autorin, daß Feministinnen begonnen haben, die Logik von Dualitäten in Frage zu stellen und damit zugleich die «Gesetze» der klassischen Soziologie zu kritisieren, die häufig eine Vielzahl von analytischen Dualitäten mit den Geschlechtern in Bezug setzen. Sie konzentriert ihre Studie auf die seit Ferdinand Tönnies eingeführten dichotomischen Typologien, zeitlich frühere Typen erwähnt sie kaum. In ihren Augen war es Tönnies, der mit *Gemeinschaft und Gesellschaft* den Boden aufbereitete, auf dem andere, moderne Dualitäten wuchsen: Status-Gesellschaft und Vertragsgesellschaft bei Maine; militante Formen (der Auseinandersetzung) und industrielle Formen (der Kooperation) bei Spencer; Eroberungsstaat und Kulturstaat bei Ratzenhofer; natürliche und kulturelle Polarität bei Wundt; mechanische und organische Solidarität bei Durkheim; primäre und sekundäre (implizite) Gruppen bei Cooley; kommunale Beziehungen und assoziative Zusammenschlüsse bei MacIver; lokal-örtliche und kosmopolitische Gemeinschaften bei Zimmerman; staatliche Organisation (Zivilisation) und *folk society* (populare Kultur) bei Odum; die städtische Kontinuität der *folk society* bei Redfield; familienhafte und vertragliche Beziehungen bei Sorokin; heilige und weltliche

Gesellschaften bei Becker usw. Nach Tönnies entwickelten sich noch andere, nicht mit bestimmten Autorennamen verknüpfte Dualitäten wie: primitiv / zivilisiert; schreib- und lesekundig / illiterat; ländlich / städtisch; entwickelt / unterentwickelt; Vorherrschaft des Öffentlichen oder Privaten; Dominanz des Patriarchalen oder Matriarchalen (siehe auch Fn 54). In diesem Essay versuche ich, den Gegensatz von zwei Dualitäten in die Sozialanalyse einzuführen: *Genus* bezeichnet die eine, *Sexus* die andere Dualität. Abgesehen davon, daß damit eine Dualität und ein mehr oder weniger expliziter Bezug auf genitale Unterschiede angesprochen wird, haben die beiden *sozialen Paare* wenig gemeinsam.

13 *Zum Wortfeld Arbeit:* Arbeit, das bewußte Handeln zur Befriedigung von Bedürfnissen, hat eine auf früheste Überlieferung zurückgehende, noch keineswegs voll aufgearbeitete Begriffsgeschichte. Die Tradition des Wortes verändert sich im 18. Jahrhundert: bis dahin und noch weiter wirkend, war das deutsche Wort ebenso wie die entsprechenden Wörter in antiken und anderen europäischen Sprachen begrifflich mehrdeutig. Neben die ursprünglich vorwaltende passive Bedeutung im Sinne von *Mühe* oder *Qual* trat schon früh, spätestens im Hochmittelalter, die aktive Bedeutung einer bejahenden Anstrengung um eines Zieles willen. Dazu Werner Conze, «Arbeit», in: *Geschichtliche Grundbegriffe* (siehe Fn 3), Bd. 1, S. 154–215. Zum Umbruch im 19. Jahrhundert siehe Meta Krupp, «Wortfeld Arbeit», in: Knobloch, *Europäische Schlüsselwörter,* Bd. 2, S. 258–286; Hartmut Graach, «Labour and work», ebenda S. 287–316, und Walter Meurers, «Job», ebenda S. 317–354. Siehe auch Barbara von Gemmingen-Obstfelder, *Semantische Studien zum Wortfeld «Arbeit» im Französischen. Versuch einer Darstellung unter Berücksichtigung handwerklich-fachsprachlicher Texte des 13. bis 17. Jahrhunderts,* Tübingen 1973; Lucien Fèbvre, «Travail: Évolution d'un mot et d'une idée», in: *Journal de Psychologie* 41, 1948, S. 19–28; Dieter Lau, *«Der lateinische Begriff labor»,* Münchner Universitätsschriften (Reihe der Philosophischen Fakultät) 1975; Karl Wunsch, *Arbeit bei Marx und Engels. Eine Wortmonographie.* Manuskript, Dissertation der Universität Leipzig 1957; ein Versuch zur Anthropologie der Arbeit: Sandra Wallmann (Hg.), *Social Anthropology of Work.* ASA Monography 19, London 1979.

14 *Armut und Lohnunterschied:* Die Bedeutung des Lohnunterschiedes kann historisch nur an dem jeweils geltenden Armutserlebnis bemessen werden, denn nicht immer wurde Armut im Gegensatz zu Reichtum gesehen (siehe Fn 47). Verschiedene weiterführende Aufsätze, die Bedeutungsinhalte von Armut und Armutsformen untersuchen, enthält der große Sammelband von Michel Mollat (Hg.), *Études sur l'histoire de la pauvreté (op. cit.* in Fn 6); zum Verhältnis von Rechtsansprüchen und Armut im frühen Mittelalter siehe G. Couvreur, *Les pauvres ont-ils des droits? Recherches sur le vol en cas d'extrême nécessité depuis la Concordia de Gratien (1140) jusqu'à Guillaume d'Auxerre, mort en 1231,* Rom 1961 und B. Tierney, *Medieval Poor Law: A Sketch of Canonical Theory and Its Applications in England,* Berkeley 1959. Geschlechtsspezifische Lohnunterschiede gewinnen an Bedeutung erst dort, wo die Abhängigkeit größerer Bevölkerungsgruppen von Lohnarbeit wächst. Ein Beispiel dieser Entwicklung beschreiben Judith C. Brown und Jordan Goodman, «Women and Industry in Florence», in: *Journal of Economic History* 40, Nr. 1 (März 1980), S. 73–80, an Hand der Analyse zweier Bestandsaufnahmen (1561 und 1642) der Situation in Florentiner Werkstätten. Als im späten 16. Jahrhundert die städtischen Gewerbezweige wuchsen, wechselten viele Männer aus den textilherstellenden in die lukrativeren Handwerke der Luxusgüterherstellung; Frauen wurden fast ausschließlich in den Woll-, Seiden- und Bekleidungsindustrien beschäftigt, und diese Gewerbe gingen, um eine Veränderung der Nachfrage abzufangen, von der Erzeugung von Luxusgewändern zur Produktion einfacher Bekleidung über, die in standardisierten Arbeitsgängen gefertigt werden konnte. Auf diese Weise setzte sich eine Form geschlechtsspezifischer Arbeitsteilung durch, die von der Marktbezogenheit der Gewerbe gekennzeichnet war. Männer besetzten die hochspezialisierten, handwerklichen Gewerbezweige, Frauen bildeten die ungelernte Arbeitskraft zu unspezialisierten Spinn-, Web- und Näharbeiten. Mit der Ausbreitung und Generalisierung von Lohnarbeit wächst wohl grundsätzlich die ökonomische Benachteiligung von Frauen; immer mehr Frauen stecken mit minderen Lohneinkommen zugleich den fortdauernden Beweis ihres minderen ökonomischen Wertes ein. In den USA zum Beispiel waren noch in der kolonialen Zeit die Möglichkeiten für Frauen, in verschiedenen Sektoren zu arbeiten, größer als Mitte des 19. Jahrhunderts: Elisabeth Anthony Dexter, *Career Women of Ame-*

rica, 1776–1840, Clifton 1972; eine vergleichbare Entwicklung schrumpfender Möglichkeiten für Frauen sieht Alice Clark, *Working Life of Women in the Seventeenth Century,* London 1919 in England. Zum Vergleich zwischen Einkommen einerseits, geleisteten Arbeitsstunden andererseits siehe Edith Abbott, *Women in Industry: A Study in American Economic History,* New York 1916; M. J. Soltow u. a., *Women in American Labor History, 1825–1935,* Michigan 1972, ist eine gute Einführung zum Forschungsstand über das geschlechtsspezifische Bewußtsein am Arbeitsplatz; neueres Material, Tabellen, Statistiken und Literatur, siehe Valerie Kincade Oppenheimer, *The Female Labor Force in the United States: Demographic and Economic Factors Governing Its Growth and Changing Composition,* Population Monograph Nr. 5, Berkeley 1970 und Alice Kessler-Harris, «Women's Wage Work as Myth and History», in: *Labor History* 19 (1978), S. 287–307. Seit geschlechtsspezifische Lohnunterschiede in den Vereinigten Staaten streng statistisch aufgezeichnet wurden und faßbar sind, hat sich die Lohndiskrepanz im Mittelpunkt nur wenig geändert. Sie dürfte 1981 ihren bisherigen Höhepunkt erreicht haben. Sie ist heute in den USA größer als vor 20 Jahren (ca. 55 %), obwohl seit 1963 strenge Anti-Diskriminierungsgesetze bestehen. 1956 war der Mittelwert des Einkommens für ganzjährige Vollzeitarbeit von Frauen 2827 Dollar, also 63 % des entsprechenden Männereinkommens von 4466 Dollar. 1973 lag das durchschnittliche Fraueneinkommen bei 6488 Dollar, während im gleichen Zeitraum von 1956 bis 1973 das Männereinkommen auf 11 468 Dollar gestiegen war. Tatsächlich fiel so der Verdienst voll angestellter Frauen in den glänzenden Kennedy-Jahren und während des Vietnamkrieges auf 57 % des Männerlohnes. Ähnlich festgefrorene Einkommensdiskrepanzen sind auch in anderen Ländern typisch: Österreich 64,4 % (1975); Kanada 59 % (1971); Frankreich 66,6 % (1972); Schweden 86 % (1974). Diese Daten habe ich entnommen aus: Ronnie Steinberg Ratner, *Equal Employment Policy for Women: Strategies for Implementation in the USA, Canada, and Western Europe,* Philadelphia 1978, S. 20–23. Dieser Band enthält eine Reihe von Aufsätzen, die sich mit den verschiedenen institutionellen Maßnahmen beschäftigen, durch die Chancengleichheit in den Nachkriegsjahren «durchgesetzt» wurde. Soweit ich beobachten kann, hat diese «Durchsetzung» indes nichts mit einer Annäherung des durchschnittlichen Frauenlohnes an den Männerlohn oder mit einer

Annäherung von lebenslänglichen Einkommen von Frauen an die der Männer zu tun. Zur weiteren Literatur siehe die Angaben in Fn 15. Einen Überblick über die europäische und speziell deutsche Diskussion um Anti-Diskriminierungs-Gesetze siehe Marielouise Janssen-Jurreit (Hg.), *Frauenprogramm – Gegen Diskriminierung*, Reinbek 1979. Unter den industrialisierten Staaten stellt Japan eine Ausnahme dar: 1960 betrug der Frauenlohn 43 % des Männerlohnes, 1974 hingegen 54 %. Gleichzeitig aber stieg in Japan die Produktivität wie nirgendwo sonst, und die *soziale* Diskriminierung von Frauen verschärfte sich. Zum Hintergrund dieser Entwicklung siehe Kazuko Tsurumi, *Women in Japan: A Paradox of Modernization*, Tokio 1977. Einstieg in die reiche Literatur zu Frauenarbeit, Frauenlöhnen und -arbeitsbedingungen, siehe *Women at Work: An ILO News Bulletin, Nr. 2*, Genf (International Labor Organization Office for Womens Workers' Questions) 1979, und Mei Liang Bickner, *Women at Work: An Annotated Bibliography*, 2 Bde., Los Angeles 1974 und 1977.

15 *Statistische Bemessung der Lohndiskrepanz:* Zum Versuch, geschlechtssensitive Sozialindikatoren zu «zimmern» und mit deren Hilfe die Wirkung ökonomischen Wachstums auf das Verhältnis von Frauen zu Männern zu bemessen, siehe M. Buvinic u. a. (Hg.), *Women and Development: Indicators of their Changing Role,* Paris (Unesco) 1981 (*Socio-Economic Studies, Nr. 3*). Aus dem US-Zensus haben alles, was mit Sicherheit zu holen ist, zusammengetragen Robert Tsuchigane und Norton Dodge, *Economic Discrimination Against Women at Work,* Lexington 1974, eine trockene, technische, statistische Analyse der Lohn-Diskriminierung von Frauen in den Vereinigten Staaten. Die Autoren sind sich der Schwierigkeit bewußt, die darin besteht, quantitative Daten in das normative Konzept der *«Gesamtdiskriminierung»* zu übersetzen. Um den Unterschied zwischen Frauen und Männern im Gesamthaushalt zu bewerten, definiert Tsuchigane Gesamtdiskriminierung als die Summe von drei Formen der Diskriminierung: *income* discrimination, *occupational* discrimination and *participation* discrimination. «Income discrimination besteht da, wo Frauen für dieselbe Arbeit weniger Geld bekommen als Männer; insoweit der proportionale Anteil der Frauen an schlechtbezahlten Stellen größer ist als an gut bezahlten, besteht occupational discrimination. In dem Ausmaß, in

dem die Teilnahme von Frauen am Arbeitsmarkt unter der der Männer liegt, besteht participation discrimination» (dort S. 6). Im Vergleich von 1960 und 1970 zeigt sich ein geringes Abfallen der *total discrimination*, die mich allerdings nicht wesentlich tröstet, denn dieses Abfallen ist das Resultat eines geringen Abfallens in der occupational *discrimination* (einige wenige Frauen erhalten jetzt weitaus höhere Löhne) in Verbindung mit einem wesentlichen Abfallen der *participation discrimination* (ein weitaus größerer Prozentsatz von Frauen ging 1970 täglich zu einer entlohnten Arbeit). Aber diesen zwei Verminderungen der Diskrepanz zwischen Frauen und Männern steht eine «ganz wesentliche und überraschende Vergrößerung der *income discrimination* während dieser Jahre gegenüber» (ebd. S. 16). Kurz gesagt heißt das: 1. eine expandierende Ökonomie hat mehr Frauen in den entlohnten Arbeitsmarkt gezogen; 2. auch unter feministischem Druck ist der Lohnunterschied zwischen dem durchschnittlichen Gehalt von Frauen und dem Gehalt der neuen gutbezahlten Minorität von Frauen beinahe so groß geworden wie die entsprechende Diskrepanz unter Männern; und 3. für die gleiche Arbeit werden heute Frauen im Verhältnis zu Männern noch schlechter als früher bezahlt. Der wachsende Anteil von Frauen am modernen Arbeitsmarkt hat in anderen Gesellschaften zu ähnlichen Resultaten geführt. Bibliographie zu 61 Gesellschaften bei Moshe Semyonov, «The Social Context of Women's Labor Force Participation: A Comparative Analysis», in: *American Journal of Sociology* 86, no. 3 (1980), S. 534–550. Noch einen Schritt weiter im Verständnis der Einkommensdiskriminierung geht die sorgfältige und kritische Leistung eines Komitees des National Research Councils siehe D. J. Treitman und H. Hartmann (Hg.), *Women, Work and Wages: Equal Pay for Jobs of equal Value.* National Academy Press D. C. 1981. Hier wird der Frage nachgegangen, wie sich statistisch, juristisch und politisch der Zusammenhang nachweisen läßt, der offenbar zwischen dem Eindringen von Frauen in eine Sparte oder einen Beruf und dem relativen Absinken der Löhne in dieser Kategorie besteht.

16 *Bezahlte Hausarbeit:* Eine Sonderform weiblicher Lohnarbeit ist bezahlte Hausarbeit. In keiner anderen Sparte überwiegen Frauen so sehr und bekommen Frauen um soviel geringere Löhne als Männer. Eine erste, großangelegte Studie amerikanischer Dienstboten (gute

Bibliographie): David Katzman, *Seven days a Week: Women and Domestic Service in Industrializing America,* New York 1978. Zum Vergleich siehe L. Davidoff und R. Hawthorn, *A Day in the Life of a Victorian Domestic Servant,* London 1976; Pierre Guiral und Guy Thuillier *La vie quotidienne des domestiques en France au XIX* siècle; Paris 1976; Philippe Martin-Fugier, *La place des bonnes. La condition domestique à Paris en 1900.* Paris 1979; Heidi Mueller, *Dienstbare Geister: Leben und Arbeitswelt städtischer Dienstboten,* Berlin 1981; Uta Ottmüller, *Die Dienstbotenfrage: Zur Sozialgeschichte der doppelten Ausnutzung von Dienstmädchen im deutschen Kaiserreich,* Münster 1978. Es wird oft vergessen, daß die Gesamtzahl der Frauen, die ihr Leben als Dienstboten fristen müssen, heute weitaus größer ist als je zuvor; ihre Vermehrung ist auch das Resultat der schäbigen sogenannten «ökonomischen Entwicklung» in der Dritten Welt. Zur Einführung Elisabeth Jelin, «Migration and labour force participation of Latin American women: The domestic servant in the cities», in: *Signs* 3, 1, 1977, S. 129–141.

17 *Brauch versus Recht:* Kathleen Newland, *The Sisterhood of Man: The Impact of Women's Changing Roles on Social and Economic Life Around the World,* New York 1979, weist nach, daß in allen drei großen Rechtstraditionen (der römischen, englischen und islamischen) seit dem 2. Weltkrieg grundsätzliche Schritte eingeleitet wurden, um die *ökonomische* Gleichberechtigung von Frauen zu dekretieren. Der *Women's Rights Law Reporter,* (Newark, N. J.), in Rutgers Law School berichtet laufend über Fortschritte. Mir scheint es fragwürdig, ob auf diesem Weg Frauen überhaupt zu ihrem Recht kommen können. Wie in der Arena der Ökonomie kann man wohl in der Arena des Rechts die Ansicht verfechten, daß die Konstitution des neuzeitlichen genuslosen Subjektes immer zur Diskriminierung der Frauen geführt hat. Brauch ist immer genus-spezifisch (siehe in Fn 80–83). Auch dort, wo formelle Gesetzgebung den Brauch zur Quelle nimmt, ist – wenigstens in der europäischen Geschichte – das Resultat eine patriarchalische Ordnung (siehe in Fn 21). Das Gesetzbuch des modernen Staates ist in seiner Wirkung gerade dann, wenn es das Patriarchat abschaffen will, sexistisch. Genusspezifischer Brauch, patriarchale Gesetzgebung, die die Frauen als Gruppe dem Mann unterstellt, und modernes Recht, das von der Existenz des genuslosen menschlichen Subjektes ausgeht,

können nicht mit denselben Kategorien untersucht werden. Zum Übergang vom Brauch zu Recht siehe: Centre d'Ethnologie Juridique. *La rédaction des coutumes dans le passé et dans le présent*, Colloque sous la dir. de John Gilissen, Brüssel 1962. Dort eine Übersicht des Wissensstandes aber wenig zur Stellung der Frau. Mehrere Artikel in Diane Leonard Barker und Sheila Allen (Hg.), *Sexual Division and Society: Process and Change*, London 1976, bringen Studien zur gegenwärtigen Situation.

18 *Sozialistische Gleichheit:* Die relative Degradierung des ökonomischen Wertes der Frauenarbeit ist empirisch unabhängig von der politischen Ideologie, die in einem Industrieland vorherrscht. Informationen zum Vergleich bei M. P. Sacks, «Unchanging Times: A Comparison of the Everyday Life of Soviet Working Men and Women Between 1923 and 1966», in: D. Atkinson, A. Dallin und G. W. Lapidus (Hg.), *Women in Russia*, Sussex 1978 und A. Heitlinger, *Women and State Socialism: Sex Inequality in the Soviet Union and Czechoslovakia*, London 1979. McAuley, *Women's work and wages in the Soviet Union*, London 1979, hat neues Material aus der Sowjetunion zusammengetragen. Danach ist die Doppelbelastung von Frauen in der UdSSR besonders groß. Die scheinbaren Vorteile der Frau am UdSSR-Arbeitsmarkt erklären sich leicht: Frauen stellen einen Großteil der Lehrer- und Medizinerschaft (beide Zweige sind relativ schlecht bezahlt), beinahe ein Drittel der Abgeordneten sind Frauen, die dort allerdings ebenso machtlos sind wie die Männer schweigsam.

19 *Strukturelle Rezession:* Die gegenwärtige ökonomische Lage zwingt uns, zwei Zusammenhänge klar zu unterscheiden: die langfristige Veränderung in der ökonomischen Geschlechterteilung und die unmittelbare Wirkung der Rezession. Einen Zugang zur neuesten Literatur über die Wirkung der Krise auf Frauenarbeit (beschränkt auf die USA) bietet: C. Baden, *Work and Family, an Annotated Bibliography*, Boston 1981. Die ökonomische Umstellung der 70er Jahre fiel zeitlich mit dem Ende jener (in Fn 15 besprochenen) Periode zusammen, in der der Prozentsatz der erwerbstätigen Frauen in Friedenszeiten einen sonst nie erreichten Umfang angenommen hatte. Parallel zum Anwachsen der Zahl der in den Arbeitsmarkt eintretenden Frauen gibt es aber aus allen

Ländern Nordamerikas und Westeuropas Berichte von wachsender «Frauenarbeitslosigkeit», mit Ausnahme von England, wo die offiziellen Daten Frauenarbeitslosigkeit wahrscheinlich um ca. 50% unterschätzen. Dies war die Situation zu dem Zeitpunkt, an dem die gegenwärtige Arbeitsmarktschrumpfung spürbar wurde: Frauen waren mehr als Männer in einigen wenigen Industrien und einer beschränkten Anzahl von Berufen (hauptsächlich Dienstleistung) angestellt. Die Arbeitsmarktschrumpfung verschonte Frauen in einer ersten Phase mehr als Männer, die vor allem in den betroffenen Zweigen der Schwerindustrie arbeiteten. Als sich jedoch die Schrumpfung konsolidierte, waren Frauen ganz spezifisch vom Verlust des Arbeitsplatzes bedroht: Sie fanden es zunehmend unmöglicher, nach einer Entlassung wieder einen Arbeitsplatz zu finden, besonders in den Sparten, in denen Frauen erst neuerdings erwerbstätig geworden waren und in denen Männer mehr denn je um jeden Platz kämpfen. Siehe Diane Werneke, «The Economic Slowdown and Women's Employment Opportunities», in: *International Labor Review* 117, no. 1 (1978), S. 37–52. Zum internationalen Vergleich im Arbeitsmarkt siehe Marjorie Galenson, *Women and Work: An International Comparison*, Ithaca 1973.

Es darf nicht vergessen werden, daß Frauen derzeit unter allen verwendeten Methoden und Rastern der Erfassung weitgehend unsichtbar sind, weil sie, sehr realistisch, von der Jobsuche viel schneller absehen als Männer. Siehe *The Economic Role of Women in the ECE Region*, New York U. N. Publ. 1980.

20 *Notzucht und Vergewaltigung:* Die Sozialgeschichte dieses Themas ist noch nicht geschrieben. Wohl auch, weil die geschichtlichen Bedingungen, unter denen der Angriff auf das Genital der Frau stattfindet, kaum untersucht worden sind. Notzucht und Schändung im Patriarchat und sexistische Vergewaltigung können nur anatomisch aufeinander reduziert werden (siehe in Fn 21 = Patriarchat und in Fn 7 = Sexismus). In diesem Sinn ist Susan Brownmillers wichtigstes Buch *Gegen unseren Willen. Vergewaltigung und Männerherrschaft*, Frankfurt / Main 1980 ganz unhistorisch. Die Unterscheidung zeichnet sich schon ab in der Studie von Pamela Foa und Susan Roe Petersen, in: Mary Vetterlin-Braggin u. a. (Hg.), *Feminism and Philosophy*, Littlefield 1971. Hier wird festgestellt, daß ge-

nitale Gewalttätigkeit heute deutlich die gesellschaftliche Struktur des modernen heterosexuellen Geschlechtsverkehrs spiegelt (mehr dazu in Fn 109: Die Geschichte des heterosexuellen Menschen). E. Shorter, «On Writing the History of Rape», in: *Signs* 3, no. 2 (1977), S. 471–482, hat auf die Notwendigkeit einer Geschichte der Vergewaltigung hingewiesen. Siehe auch die darauf folgende Diskussion in derselben Zeitschrift. Meine im Text angedeutete Annahme wird gestützt durch Allan G. Johnson, «On the Prevalence of Rape in the United States», in: *Signs* 6, no. 1 (1980), S. 136–146. Der Autor wendet sich entschieden gegen Shorters Meinung, daß die Wahrscheinlichkeit, eine Vergewaltigung zu erleben, für die moderne Amerikanerin immer noch minimal sei. Johnson bringt Statistiken, nach denen im Mittelwert eine von zwei oder drei amerikanischen Stadtbewohnerinnen im Alter von zwölf Jahren wahrscheinlich im Laufe ihres Lebens von jemandem, der nicht ihr Gatte oder Vater ist, vergewaltigt werden wird.

21 *Patriarchat und Sexismus:* Die gängigste Erklärung für ökonomischen Sexismus ist das Patriarchat, und viele Autoren gebrauchen den einen wie anderen Begriff als austauschbar. Ich möchte zwischen beiden genau unterscheiden (siehe auch in Fn 7). Patriarchat heißt für mich eine Form der männlichen Vorherrschaft in einer Gesellschaft unter der Ägide (was im Griechischen *Schutzschild* bedeutet) von Genus. Ganz spezifisch im Kontext europäischer Geschichte ist Patriarchat jenes Machtungleichgewicht in Verhältnissen asymmetrischer Komplementarität der Geschlechter, das sich in einer einzigartigen Form in den frühen mediterranen Gesellschaften ausbildete. Julian Pitt-Rivers, *The Fate of Shechem, or the Politics of Sex: Essays in the Anthropology of the Mediterranean,* Cambridge 1977, zeigt (besonders in Kapitel 7), wie das Auftauchen von Sexualpolitik (das in westlichen Gesellschaften als «natürlich» erscheint) und die Herausbildung prähomerischer Staatlichkeit vermischt worden sind. Elementare Heiratssysteme, in denen Frauen gegen Frauen getauscht wurden, wurden hier von einem neuen System abgelöst, in dem man Frauen gegen politischen Status tauschte. Jane Schneider, «Of Vigilance and Virgins: Honor, Shame and Access to Resources in Mediterranean Societies», in: *Ethnology* 10 (1971), S. 1–24 beschreibt jenes spezifische Muster von ökologischen Zwängen, das die Hirtengesellschaften in kleinste wirtschaftliche Einheiten auf-

spaltete und die Größe und den inneren Aufbau unmöglich machte, der für die asiatischen Gesellschaften typisch ist, und damit auch die Möglichkeiten organisierter Gewaltausübung einschränkte. Unter diesen Umständen konnten Frauen zu einem Streitobjekt werden wie eine Ressource, ähnlich dem Wasser oder dem Weideland. Noch entscheidender ist wohl, daß die ständige Drohung tödlichen Streits zwischen Vätern und Söhnen von dem langfristigen Interesse in Schach gehalten wurde, das sie gemeinsam an der «Ehre» der Frauen hatten, die sie kontrollierten. Sherry B. Ortner, «The Virgin and the State», in: *Michigan Discussions in Anthropology*, 2 (1976), S. 1–16, geht einen Schritt weiter: unter diesen Umständen konnte sich ein privater Herrschaftsbereich der Männer entwickeln, der die Frauen einschließt, deren «Reinheit» sie beschützen, ein Bereich, der nicht nur mit der häuslichen (im Gegensatz zur öffentlichen) Sphäre zusammenfällt. Nach Schneider ist diese Art von männlicher privater Ingriffnahme der «Reinheit» der Frauen ein Spezifikum der Geschlechtsherrschaft des mediterranen Raumes. Sie muß von ähnlichen Formen in anderen Gesellschaften unterschieden werden. Der Aufstieg der mediterranen Staaten und der späteren Demokratien ist fortlaufend mit der Institutionalisierung dieser Aufspaltung (privat / öffentlich) verwechselt worden. Ich möchte deshalb die Möglichkeit, verschiedene Formen von Patriarchat zu unterscheiden, nicht ausschließen, insbesondere unter der Bedingung von «gebrochenem Genus» (siehe in Fn 77). Patriarchat ist für mich das Macht-Ungleichgewicht in Sozialbeziehungen von Genus (siehe in Fn 83). Es liegt auf der Hand, daß Sexismus nicht die Verlängerung dieser patriarchalen Herrschaftsformen in die modernen Gesellschaften hinein ist. Sexismus ist vielmehr die, bis dahin undenkbare, individuelle Herabsetzung der einen Hälfte der Menschheit auf Grund von soziobiologischen Kriterien (siehe in Fn 58 und 60). Man muß deshalb den Unterschied zwischen einem geringeren Ansehen der Frauen in patriarchalen Gesellschaften (des mittelmeerischen oder anderen Typus) gegenüber der persönlichen Herabsetzung jeder einzelnen Frau klar markieren, die in einer Gesellschaft von Sexus gezwungen ist, mit Männern zu konkurrieren. Einen Leitfaden durch die Literatur, die sich mit den Gründen des Sexismus in der Lohnarbeit befaßte, bietet Natalie J. Sokoloff, «Bibliography of Women and Work: The 1970s», *Resources for Feminist Research / Documentation sur la recherche féministe*, Toronto 1981, S. 57

bis 61. Die Autorin schlägt eine Reihe von interessanten Kategorien vor, mit denen sich die Erklärungsansätze für die Benachteiligung von Frauen auf dem Arbeitsmarkt klassifizieren lassen, allerdings sind ihre Kategorien überwiegend unter genus-losen Prämissen gebildet. Ihre Blindheit dem Unterschied zwischen sozialem Genus und sozialem Sexus gegenüber bringt die meisten der von Sokoloff genannten Soziologen dazu, den gegenwärtigen Konflikt zu analysieren wie die Gesellschaften der Vergangenheit: zwei Klassen von Individuen stehen einander gegenüber – die Frauen und die Männer.

22 *Die «Reproduktion»:* Der Begriff «Reproduktion» bildet mit «Produktion» ein inzwischen klassisches Paar. Diese marxistischen Elementarkategorien werden heutzutage so verschwommen gebraucht, daß sie jede präzise Bedeutung verloren haben. Sie sind zum Korrelat des Seins überhaupt geworden. Mit dieser Verwirrung in der gegenwärtigen Diskussion beschäftigt sich Agnes Heller, «Paradigm of Production: Paradigm of Work», in: *Dialectical Anthropology* 6 (1981), S. 71–79. «Die Interpreten von Marx, die den Begriff der Produktion auf alle Bereiche menschlicher Handlungen anwenden (‹künstlerische Produktion›, ‹Ideenproduktion›), vermischen zwei verschiedene Paradigmen zu einem (...) ohne sich der Bedeutungsverschiebung bewußt zu sein.» Wenn das Wort «Produktion» nicht als ideologische Beschwörungsformel, sondern als sinnvolles Sachwort verwendet werden soll, dann muß schon «Kunstproduktion» auf den Farbdruck beschränkt und «Ideenproduktion» fallengelassen werden. Ähnlich steht es wohl mit der «Re-produktion». Einen Einblick, wie feministische Theorie mit der Deutung dieses (ihr von der marxistischen Dogmatik aufgezwungenen) Wortes ringt, ermöglicht Felicity Edholm, Olivia Harris, Kate Young, «Conceptualizing Women» in: *Critique of Anthropology*, Nr. 9/10 (1977), S. 101–130. Siehe zur gleichen Widersprüchlichkeit den sonst glänzenden Aufsatz von Heidi I. Hartmann, «The Family as the Locus of Gender, Class and Political Struggle: the Example of Housework», in: *Signs* 6, No. 3 (1981), S. 366–394. Ich verwende das Wort Produktion nur als Korrelat zur Ware und gebrauche das Wort Reproduktion, um von Fotokopien, Zellteilung und – allenfalls – Schulprogrammen zu sprechen.

23 *Die verschwiegene Wirtschaft:* Fast hilflos steht derzeit unsere Sprache vor dem Schwarzmarkt. Denn wer dieses Wort noch aus der Kriegszeit kennt, bezeichnet damit einen klar umrissenen, unter den damaligen Umständen selbst für «anständige» Menschen notwendigen, verbotenen Handel. Das spezielle Phänomen, das hier benannt werden soll, ist etwas viel weiteres, was aber doch, um bezeichnet zu werden, abgegrenzt werden muß. Denn es soll die Gesamtheit der in streng ökonomischen Begriffen faßbaren, aber aus einer Vielzahl von Gründen in den Wirtschaftsstatistiken unterschlagenen Transaktionen benennen. *Verborgen, versteckt, verhehlt, verheimlicht, maskiert, getarnt, unsichtbar, unterirdisch* kann dieser die ganze Wirtschaft durchsetzende selbstverständliche Schleichhandel heute genannt werden. Selten sind auf ein neues Phänomen so viele Begriffe angewendet worden. Scott Burns, *The Household Economy: Its Shape, Origins and Future*, Boston 1975; Peter M. Gutmann, «The Subterranean Economy», in: *Financial Analysts Journal*, (Nov. / Dez. 1977), S. 26–28; Y. Friedman, «Le secteur de l'économie», in: *Futuribles* 15 (1978), S. 331–338; J. M. Delatour «Une forme de dissidence passive: le travail noir», in: *Cadres CFDT* 289 (1979), S. 26 bis 29; R. Klatzmann, «Le travail noir», in: *Futuribles* 26 (1979), S. 26 bis 29; A. Nannei, «La resurrección de la economia subterránea», in: *Le Monde Diplomatique en Espagnol* 2, no. 19 (1980), S. 4–5; D. Piel, «Das dunkle Gewerbe, Schwarzarbeiter und illegale Verleihfirmen prellen den Staat um Milliarden», in: *Die Zeit*, Dossier Nr. 38 (1981), S. 9–11; «Schwarzarbeit. Unglaublich, was da läuft», in: *Der Spiegel* 46 (1981), S. 62–81. Nach drei Seiten muß die Gesamtheit dieses wirtschaftlichen Untergrundes, des Wirtschaftssammelsuriums abgegrenzt werden: gegen die offiziell anerkannte und zugegebene Wirtschaft und den offiziellen Arbeitsmarkt, aus deren Fangnetzen sie aus einer Vielfalt von Gründen entschlüpft; gegen die Schattenwirtschaft und ihre Schattenarbeit, die im Gegensatz zur Schwarzarbeit von Wirtschaftswissenschaftlern meist dem sogenannten «Konsum» zugerechnet wird (siehe in Fn 30); und drittens gegen jene besondere Begriffstüte, die Ökonomen den «informellen Sektor» nennen, und deren Grenzen quer zu den hier vorgeschlagenen Kategorien liegen. Siehe z. B. S. Sinclair, *Bibliography on the «Informal» Sectors*, Montreal 1978. Ich habe anderorts in dem Artikel «Die gemeine Dimension der Politik», in: Ivan Illich, *Vom Recht auf Gemeinheit*, Reinbek 1982, S. 100ff. die Heterogenität die-

ser Begriffssysteme begründet: Anerkannte, Untergrund- und Schattenwirtschaft machen zusammen das Industriesystem aus und stehen deshalb im Gegensatz zur Subsistenz. «Informal sector activities» ist ein irreführender Begriff, der alle Unterschlagungen des Statistikers zusammenwürfelt.

24 *Unversteuerte Arbeit:* Seit 1978 sind offizielle Schätzungen der nationalen Finanzämter über die Höhe der Steuerhinterziehung (Nichtangabe steuerpflichtiger Einnahmen), der Steuerabwehr (Maßnahmen des Steuerpflichtigen zur manipulierten Verringerung der von ihm erwarteten Steuerbeträge) und einer wachsenden Anzahl der Formen von Steuerflucht (nicht mehr nur die Verlegung des Wohnsitzes, sondern immer öfter die Verlegung der Tätigkeit von einer Person in den Hafen einer GmbH) aus mehreren Ländern erhältlich. Siehe Richard Porter, *Some Notes on Estimating the Underground Economy*, in Board of Governors of the Federal Reserve System, 10. August 1979; M. Higgins, «Measuring the Hidden Economy», Second Report from OCPU, Bath 1980, und besonders Edgar L. Feige, «A New Perspective on Macro-economic Phenomena, the Theory and Measurement of the Unobserved Sector of the United States Economy: Causes, Consequences, and Implications» (Ms. 1980). In der Meinung des letzteren ist das Volumen der versteckten US-Ökonomie (das nur zu einem Teil prinzipiell steuerpflichtig wäre) mit dem Volumen der statistisch erfaßten Ökonomie vergleichbar.

25 *Schwarzmarkt-Tätigkeiten:* Auf dem Schwarzmarkt landen wirtschaftliche Tätigkeiten aus einer Vielzahl von Gründen; zum Beispiel Arbeit, die sich der Steuer entziehen will (frisierte Steuerabzüge); Arbeit, die sich vor der Polizei versteckt (Drogenhandel und Bestechung) oder die «unlauteren» Wettbewerb betreibt (Quacksalberei, nichtregistrierte Prostitution) oder die gewerkschaftliche Regelungen unterläuft.

26 *Streit um den rechten Maßstab:* Die Schätzungen über den absoluten und relativen Anteil dieser verborgenen Ökonomie an der gesellschaftlichen Gesamtarbeit variieren je nach Perspektive des Autors, was er als «Arbeit» bezeichnet. An einem Pol der Extreme stehen Autoren wie Gary S. Becker, *A Treatise on the Family*, Cambridge Mass. 1981 und aus Frankreich H. Lepage, *Autogestion et Ca-*

pitalisme, Paris 1978. Diese Autoren versuchen all das, was unter den verborgenen Teil der Ökonomie fällt, in Einheiten zu messen, für die sie die Maßstäbe aus der statistisch erfaßten Wirtschaft beziehen. Dies führt dann zu Konstruktionen der folgenden Art: «... der geschätzte Beitrag, den das Lernen von Schülern 1929 zum Nationalprodukt geleistet hat, beträgt 5% und ist bis 1973 auf 11% angestiegen. (...) Der ebenso bemessene Beitrag aller ehrenamtlichen Tätigkeiten ist in der gleichen Zeit sogar überproportional gestiegen von 0,6% im Jahre 1929 auf 2% 1973.» Laufende Literatur aus dieser Perspektive liefert *The Review of Income and Wealth*, siehe dort bes. John W. Kendrick, «Expanding Imputed Values in the National Income and Product Accounts», ebd. 25, Nr. 4 (1979), S. 349–363. Aus einer politischen Perspektive, die dieser finanztechnischen genau entgegengesetzt ist, argumentieren seit den frühen Siebzigerjahren Frauen aus dem englischen *Power of Women Collective*. Ihr inzwischen klassisches Pamphlet ist Mariarosa Dalla Costa, Selma James, *Die Macht der Frauen und der Umsturz der Gesellschaft*, Berlin 1973. Die Autorinnen wollen nicht, daß die verborgene Ökonomie mit dem Maß der offiziellen Ökonomie gemessen werde. Nein, die Gesamtwirtschaft soll im Spiegel jener Plage, jener Zeitverluste, jener Nachteile bemessen werden, die jenem Bevölkerungsteil aufgebürdet werden, der (und zum Großteil gehören dazu Frauen) nicht an den Vorteilen des entlohnten Arbeitsmarktes teilnehmen kann (dazu siehe Fn 49). Auf den ersten Blick mag es lächerlich erscheinen, sprachlich und inhaltlich diese beiden Extreme einander gegenüberzustellen. Der Kontrast wird nur dann sinnvoll, wenn wir hier zwei gleichermaßen fehlgehende Versuche erkennen, zwei gänzlich unvergleichbare Tätigkeiten in gleichen Kategorien zu messen: Arbeiten, die gemessen werden in den Begriffen der Warenproduktion und Mühsal, die aufgewandt wird, um Grundbedürfnisse durch den Verbrauch von Waren zu befriedigen (siehe in Fn 30).

27 *New Home Economics:* Die Vertreter der New Home Economics ringen um die Anerkennung ihrer Disziplin als Teil der akademischen Wirtschaftswissenschaft. Als Einführung in diese Disziplin siehe Burns (in Fn 23). Einen bibliographischen Überblick zum Forschungsstand gibt Richard Berk «The New Home Economics: An Agenda for Sociological Research», in: Sarah Fenstermaker-Berk

(Hg.), *Women and Household Labor*, Beverly Hills 1980. Der Autor verfolgt die Geschichte dieser Fachrichtung und konzentriert sich auf jene Arbeiten, die sich um eine «Bemessung» der unbezahlten Arbeit von Frauen im häuslichen Bereich bemühen. Parallele, mittlerweile schon modische Bemühungen gibt es, den Dollarwert der verschiedensten unbezahlten häuslichen Arbeiten in den «Entwicklungsländern» als Beitrag zum Nationalprodukt zu bestimmen. Zur Literatur, die sich auf der Grenzlinie zwischen Wirtschaftsanthropologie und «New Home Economics» bewegt, ein Beispiel: Moni Nag, Benjamin White und Creighton Peet, «An Anthropological Approach to the Study of the Economic Value of Children in Java and Nepal», in: *Current Anthropology* 19, no. 2 (1978), S. 293–306. Die «New Home Economics» werfen ein grundsätzliches Problem auf: sie zementieren eine geschlechtsspezifische Polarisierung der *angewandten Methoden*, mit denen der wirtschaftliche Wert von Menschen bemessen wird. Wenn der ökonomische Wert von Frauen veranschlagt wird, dann ist es meist ein abgeleiteter, ein imputierter Wert. Eine Einführung in die Methoden, die dabei angewendet werden, in: Harvey S. Rosen, «The Monetary Value of a Housewife: A Replacement Cost Approach», in: *The American Journal of Economics and Sociology* 33, no. 1 (1974), S. 65–73. Hausfrauen produzieren entweder Geldeinkommen oder Haushaltsgüter – so läuft das Argument. Der Wert ihrer unbezahlten Produktion im Haushalt läßt sich – nach Meinung der Autoren – als nicht-gehabtes, weil verlorenes Geldeinkommen bestimmen. Die Veranschlagung von verpaßtem Einkommen ist der einzige, wenn auch unzulängliche Weg, um der Hausfrau überhaupt Wert zuzuschreiben. Rosen skizziert drei Methoden der Ableitung dieses imputierten Wertes: 1. können die verschiedenen Arbeitsstunden der Hausfrau nach ihren unterschiedlichen Tätigkeiten eingeteilt und dann pro rata nach dem *gängigen Lohn* bewertet werden; 2. die Kalkulation ihrer Wiederbeschaffungskosten; durch Marktumfrage kann herausgefunden werden, wie hoch die Kosten wären, wenn die Hausfrau und Mutter durch eine angestellte Person ersetzt würde; 3. wird die Hausfrau als Gebrauchsware betrachtet, deren Wert sich nach ihren jeweiligen Chancen auf dem Arbeitsmarkt bemißt. Alle diese drei üblichen Methoden der Veranschlagung leiten den Wert der Hausfrau aus dem Faktor der *Lohnarbeit* ab. Ich habe anderorts ad absurdum eine vierte Methode der Ableitung vorgeschlagen: man kann den Marktwert der Investition des «Arbeitsplatzes Haushalt» als Kapitalgut betrachten, nach dem ortsüblichen Gehalt fragen, das einer äquivalenten Anlage pro Arbeitsplatz entspricht, und danach den Hausfrauenwert bestimmen. Dies wäre logisch eine vierte Art, Hausarbeit als eine durch Ableitung konstituierte ökonomische Realität zu definieren.

28 *Schwarzarbeits-Losigkeit:* Das gegenwärtige Ausufern des Schwarzmarktes hat nicht nur dazu geführt, daß viel mehr Menschen als früher ohne den Schutz durch Gesetzgeber und Gewerkschaft in ihrer Lohnarbeit benachteiligt werden. Eine große Zahl von Menschen leidet heute auch daran, daß sie ihre Schwarzarbeit verliert: sie gehören einstweilen noch in eine namenlose, illegitime Kategorie. Unter den ökonomischen Bedingungen der 80er Jahre wird die Beziehung zwischen den aus der Wirtschaft und den aus dem Schwarzmarkt Entlassenen zu einem wichtigen Problem. Denn die Schaffung neuer legitimer Arbeitsplätze wird von den Arbeitnehmern am illegitimen Sektor leicht als Bedrohung empfunden. Nicht nur ist das Einkommensvolumen am illegitimen Sektor in den USA auf 1,2 Trillionen Dollar geschätzt worden. Der illegitime Sektor wächst weit schneller als der legitime, ist oft viel arbeits-intensiver und bietet, soweit wir etwas darüber wissen, Arbeitsmöglichkeiten für die im legitimen Arbeitssektor arbeitslos gewordenen Frauen.

Im Vergleich zu dem ungeheuren Aufwand, mit dem die Diskriminierung der Frauen am gesetzlich und gewerkschaftlich überwachten Arbeitsmarkt erforscht wird, stellt der fast totale Mangel an Studien über die Einkommensdiskrepanz von Männern und Frauen am Schwarzmarkt eine skandalöse Lücke dar.

Die Ideengeschichte der Arbeitslosigkeit ist wohl notwendig, um dem neuen Phänomen der Schwarzarbeitslosigkeit *gerecht* zu werden. Das Wort «unemployment» in seinem gegenwärtigen Wortsinn war den Viktorianern unbekannt. Nach E. P. Thompson zeigt dies, wie wenig Verständnis die Schriftsprache für die Alltagswirklichkeit des neuen Proletariats aufbringen konnte. Die strikte Einteilung der Gesamtbevölkerung in drei Gruppen: arbeitende Arbeiter, Arbeitslose und jene, die weder das eine noch das andere sind, setzt sich erst im 20. Jahrhundert durch.

Die Geschichte der historischen Schritte, in denen «Arbeitslose»

zu einer Kategorie von Devianten wurden, verdient geschlechtsspezifisch untersucht zu werden. Dazu genügt es noch lange nicht zu
tun, was John Garraty, *Unemployment in History: Economic Thought
and Public Policy*, New York 1978 leistete: zu beschreiben, wie der
Ausschluß aus einem produktiven Tätigkeitsbereich in aufeinander-
folgenden Epochen erlebt worden ist.

29   *Disintermediation:* Disintermediation (d. h. ökonomische Um-
gehung institutioneller Vermittlung) ist ein Fachwort. Es wurde
geschaffen, um ein Benehmen von Kapitalinvestoren zu bezeichnen: die konjunkturelle Verlagerung von Kapitaleinlagen aus der
Bank oder den Aktien in das eigene Unternehmen. Paul Hawken,
«Disintermediation: An Economics Buzzword That Neatly Ex-
plains a Lot of the Good That Is Going On», in: *Co-Evolution
Quarterly* 29, (1981), S. 6–13 hat vorgeschlagen, dieses finanztech-
nische Fachwort auch für die Bezeichnung einer viel weiteren Tendenz im sozialen Benehmen zu verwenden. So wie der Investor die
Bank «umgeht», so umgeht der Schwarzarbeiter das Steueramt,
die Gewerkschaft, den Staat. Und dies tut nicht nur der Schwarzarbeiter, sondern auch der Vater, der weiter Steuern zahlt und doch
sein Kind in den privatgetragenen Kinderladen schickt; die Unzahl
der Amerikaner, die ihre Versicherung kündigen und lieber ein
Zimmer mehr ans Haus bauen für den, der gerade krank oder alt
ist. Dieses Umgehen der institutionellen Vermittler und einer wu-
chernden Verwaltung entspricht einem Abbau der legitimen und
einem Aufbau der illegitimen Wirtschaftsarena. In diesem Sinne ist
die konkrete, empirisch beobachtete Möglichkeit, eine Tätigkeit
institutionell zu vermitteln und deshalb sie auch wieder zu verun-
mitteln, ein Kriterium, um diese Tätigkeit am Markt anzusiedeln.
Dasselbe Kriterium ist aber auch von Nutzen, um in der Hausarbeit jene Teile, die durch Vermittlung ausgelagert werden könnten, von jenen zu unterscheiden, die einfach nicht vermittelbar
sind. Die Pflege des kranken Kindes kann (durch ein Spital) vermittelt werden: nicht so das tägliche Kochen. Dies ist ein Zeichen
dafür, daß dieses eindeutig der Schatten- und nicht der Schwarzarbeit zuzurechnen ist.

30   *Schattenarbeit:* Die Notwendigkeit, die Schattenarbeit von der
Schwarzarbeit, die Schattenwirtschaft von der Gesamtheit der ver-

hehlten formalwirtschaftlichen Tätigkeiten (siehe Fn 23) zu unterscheiden, ist für mich das Ergebnis der Gespräche mit Claudia v. Werlhof (siehe in Fn 49). Ich verwende Schattenarbeit, um jene unbezahlten Tätigkeiten zu bezeichnen, in denen der Konsument selbst die ihm zur Verfügung stehende Ware so aufbessert, daß sie für ihn/sie und den eigenen Haushalt Gebrauchswert gewinnt. Ich verwende das Wort Arbeit, um zu unterstreichen, daß diese Tätigkeit im allgemeinen als lästiger Aufwand von Zeit und Plage erfahren wird. Ich beziehe diese Arbeit auf «Schatten», nicht in erster Linie deshalb, weil sie – streng genommen – einen «Schattenpreis» hat, sondern weil sie wie ein Schatten jedwede Konsumtätigkeit begleitet. Den Sektor des Industriesystems, in dem Schattenarbeit vorherrscht, nenne ich die Schattenwirtschaft. Ich habe diese Neologismen geprägt, um jede Verwechslung dieser Konsumentenplage mit zwei anderen Typen von Tätigkeit zu vermeiden: 1. der Arbeit am Schwarzmarkt und 2. den Subsistenztätigkeiten, die durch streng ökonomische Analyse nicht erfaßt werden können. Das Verhältnis der drei Sektoren des Industriesystems (die staatlich erfaßte Wirtschaft/der Schwarzmarkt/und die Schattenökonomie) zueinander und das Verhältnis dieser Triade zur Subsistenz läßt sich am Bild eines Eisberges verdeutlichen. Nur die Spitze ragt aus dem Wasser, die erfaßte Seite ist grell beleuchtet, der Schwarzmarkt liegt im Schatten, aber der größte Teil des Eisbergs, die Schattenarbeit, liegt unsichtbar unter Wasser. Der ganze Eisberg hat sich aus dem Ozean der Subsistenz heraus kristallisiert. Zur Kritik siehe Claudia v. Werlhof, «Schattenarbeit oder Hausarbeit? Zur Gegenwart und Zukunft der Arbeit: Eine feministische Kritik an Ivan Illich», in: Th. Olk und H. U. Olk (Hg.), *Soziale Dienste im Wandel 2. Professionelle Dienstleistung und Selbsthilfebewegung*, Bielefeld 1982.

31 *Hausarbeit:* Ausgangspunkt meines Umdenkens zur kategorialen Erfassung der modernen Hausarbeit war der Aufsatz von Gisela Bock und Barbara Duden, «Arbeit aus Liebe – Liebe als Arbeit. Zur Entstehung der Hausarbeit im Kapitalismus», in: *Frauen und Wissenschaft*, Berlin 1977, S. 118–199. Ich fand hier im Gegensatz zur üblichen, «natürlichen» Ineinssetzung von Frauen und familialer Arbeit den ökonomischen Unterschied herausgearbeitet zwischen: haushälterischen Tätigkeiten von Frauen in der traditionalen

europäischen Gesellschaft und der unbezahlten Arbeit der Hausfrau an der Seite eines Lohnarbeiters. Im ersten Fall handelt es sich um geschlechtsspezifisch auf den Leib geschriebene, kulturell geformte und konkrete Tätigkeiten, im letzteren sehe ich die sexuelle Polarisation der nicht-entlohnten Arbeitskraft, d. h. eine sexistische Aufspaltung ökonomischer Funktionen. Um einen ökonomischen (und damit geschlechtsneutralen) Begriff zu prägen, mit dem die unbezahlten Tätigkeiten benannt werden können, die überwältigend seit dem 19. Jahrhundert den Frauen aufgezwungen wurden, ordnete ich die Hausarbeiten in die Kategorie der Schattenarbeit. Hausarbeit wird damit für mich zum Paradigma der Schattenarbeit überhaupt. Außerdem fällt erst in dieser Perspektive helles Licht auf ein entscheidendes Moment: die sexistische Diskriminierung, die Frauen an diese neue Art von Arbeit kettet. Im 19. Jahrhundert vollzieht sich der Übergang von einer konkreten Aufspaltung von Tätigkeiten zwischen den Geschlechtern zu einer sexistischen Polarisation der Arbeitskraft. Diese Einsicht steckt implizit in den meisten historischen Studien zu Frauen in der Vergangenheit und in industriellen Gesellschaften. Zwei englischsprachige Arbeiten können als Ausgangspunkt dienen: Sarah Fenstermake-Berk (siehe in Fn 27) und Nona Glazer-Malbin, «Housework», in: *Signs* 1, no. 4 (1976), S. 905–922. Sie untersuchen die Literatur, die zwischen 1950 und 1975 erschienen ist und Hausarbeit im Rahmen der Arbeitsteilung betrachtet, und die Literatur nach 1970, die sich mit ihrer möglichen ökonomischen Bewertung befaßt. Siehe auch Louise A. Tilly und Joan W. Scott (Hg.), *Women, Work and Family*, New York 1978, und Sandra M. Burman, *Fit Work for Women*, London 1979. Zu Modernisierung und Hausarbeit siehe C. E. Clark, «Domestic Architecture as an Index to Social History: The Romantic Revival and the Cult of Domesticity in America 1840–70», in: *Journal of Interdisciplinary History* 7 (1976), S. 33–56 und Susan J. Kleinberg, «Technology and Women's Work: The Lives of Working-Class Women in Pittsburgh, 1870–1900», in: *Labor History* 17 (1976), S. 58–72. Im Deutschen eine klare Absage an die These von der «müßigen bürgerlichen Hausfrau» des 19. Jahrhunderts bei Sibylle Meyer, *Das Theater mit der Hausarbeit. Bürgerliche Repräsentation in der Familie der wilhelminischen Zeit*, Frankfurt 1982 (siehe auch in Fn 36). Eine neue Studie, die ich erst nach Drucklegung des englischen Manuskriptes einsehen konnte, ist Susan Strasser, *Never Done: A History of Ameri-*

can Housework, New York 1982. Das erste Buch, das sich mit Hausarbeit als einer neuen sozialen Realität in den USA befaßt: sie beschreibt, was Frauen zu Hause *arbeiteten* – nicht, was sie arbeiten *sollten,* nicht, welche *soziologische Funktion* sie mit diesen Arbeiten erfüllten, noch auch die *Bedeutung* ihrer Arbeiten. Ihr Buch quillt über von konkreten und genauen Informationen, ist lebendig geschrieben, und die Autorin kann einzelne Einsichten in klassische Satzprägungen fassen.

32   *Das Erlebnis von Arbeit:* Die ökonomische Funktion der Arbeit, die ideologische Interpretation von Arbeit, die Psychologie des Arbeiters müssen unterschieden werden von der Darstellung des eigenen Erlebnisses von der Arbeit. Der Versuch, dies zu tun, wurde mit großem Erfolg von Studs Terkel unternommen, in: *Working: people talk about what they do all day and how they feel about what they do,* New York 1972. Enthält mehrere Dutzend durch Interviews mit dem Autor gewonnene Beschreibungen der Selbsterfahrung in der Arbeit von Hure, Polizeimann, Hausfrau etc. Eine Anthologie von Materialien zum Selbstverständnis der arbeitenden Frauen in den USA: Barbara Meyer Wertheimer, *We were there: the story of working women in America,* New York 1977. Wie Frauentätigkeit immer als familiale Frauen–Arbeitslosigkeit beschrieben und nie als Arbeit begriffen wird, siehe Ann Oakley, *Soziologie der Hausarbeit,* Frankfurt 1978, bes. Kapitel 7.

33   *Wirtschaftsanthropologie:* Seit 1957, als K. Polanyi, C. Arensberg und M. Pearson (Hg.), *Trade and Market in the Early Empires,* 2. Aufl. South–Bend 1971, veröffentlichten, ist die Frage immer wieder aufgeworfen worden, welche Klasse analytischer Begriffe überhaupt anwendbar sei, um das Alltagsbenehmen jener Gesellschaften zu fassen, in denen der Markt nur eine marginale Funktion hat. Auch wenn teilweise überholt, gibt George Dalton, «Theoretical Issues in Economic Anthropology», in: *Current Anthropology* 10, no. 1 (1969), S. 63–102 noch immer einen ausgezeichneten Überblick des Diskussionsstandes. Eine wachsende Anzahl von Sozialwissenschaftlern ist inzwischen davon überzeugt, daß das, was die Wirtschaftswissenschaftler als ökonomische Entscheidungen innerhalb eines ökonomischen Systems bezeichnen, in keiner Weise dazu verwendet werden kann, um das zu deuten, was Anthropologen

und Historiker uns als Verhalten von Primitiven, Bauern und frühen historischen Stadtbewohnern meist beschrieben. Denn jenes Verhalten des ökonomischen Subjektes (siehe Fn 5 und 6) unter der Annahme von Knappheit (siehe Fn 11) hat keine Entsprechung außerhalb des sich modernisierenden Westens.

34 *Mystifikation der Schattenarbeit:* Andernorts, (Ivan Illich, Vom Recht auf Gemeinheit, (*op. cit.* Fn 1) bin ich der Frage nachgegangen, wie es möglich war, daß Schattenarbeit gerade in einem Jahrhundert ihrer ständigen Expansion nicht gesehen oder thematisiert wurde. Hinter vier Masken war die Schattenökonomie bisher verborgen: 1. In der Anthropologie wurde die weibliche Hausarbeit als ein fossiler Rest aus der Vorzeit behandelt. 2. In der Ökonomie wurde alle Schattenarbeit in den informellen Sektor eingereiht und charakteristischerweise entweder als «Liebesdienst» begriffen oder als eine Art von Schwarzarbeit, die mit nicht-monetären Äquivalenten beglichen wird. 3. Marxisten stecken unbezahlte Mühe entweder in die Sklaverei und Leibeigenschaft oder in das Sammelbecken der «Reproduktionsarbeit» (siehe Fn 22), und endlich 4. färben viele Feministinnen die marxistische Optik frauenspezifisch ein; sie können nichts anderes denken, als daß Schattenarbeit Frauenarbeit sei. Dadurch verdecken sie die Tatsache, daß es sich hier um eine Kategorie menschlicher Tätigkeiten handelt, die erstens einzigartig und charakteristisch ist für die Moderne, und zweitens strukturell verschieden von Lohnarbeit und noch fundamentaler als diese.

35 *Die Valium-Ökonomie:* Die Medizinsoziologie stellte fest, daß es geschlechtsspezifische Charakteristika des «Medizinkonsums» gibt: Frauen zwischen Pubertät und Menopause konsumieren mehr und kostspieligere Dienstleistungen und verwenden mehr Zeit darauf als Männer; an Frauen experimentieren Mediziner häufiger; Medizin wird in unverschämter Weise als Verwaltungstechnik gegen Frauen eingesetzt; Männer verwenden den Arzt, um sich durch Krankschreibung effektiv eine «Arbeitspause» zu ergattern, Frauen versuchen – und sind darin erfolgloser –, durch Krankschreibung der Schattenarbeit zu entkommen. Siehe Constance Nathanson, «Illness and the Feminine Role: A Theoretical Survey», in: *Social Science and Medicine* 9 (1975), S. 57–62 und M. Barrett und H. Roberts,

«Doctors and Their Patients: The Social Control of Women in General Practice», in: C. und B. Smart (Hg.), *Women, Sexuality and Social Control*, London 1978. (Siehe auch Fn 86 und 87.)

36 *Technologie Haushalt:* Ruth Schwartz-Cowan, «A Case Study of Technological and Social Change: The Washing Machine and the Working Wife», in: Mary S. Hartman und Lois Banner (Hg.), *Clio's Consciousness Raised*, New York 1974, S. 245–253, beschreibt, wie zwei amerikanische Frauen elektrische Hausgeräte dazu verwendeten, sich ein angenehmeres Heim zu schaffen. Erst in der dritten Generation erkannten diese Frauen die Tücke des Objekts: Die erste Folgewirkung des wachsenden Maschinenparks im Heim der Mittelkläßnerinnen war die, daß mehr und öfter gewaschen und gebügelt wurde als je zuvor außer Haus oder durch Dienstboten gewaschen und gebügelt worden war, gleichzeitig aber verschob sich das Arbeitsprogramm des Haushalts: Die Zeit, die möglicherweise beim Kochen eingespart wurde, mußte jetzt auf neu geschaffene Liebesdienste ausgegeben werden. Die Kinderaufzucht verlangte neue Kompetenzen und Zeiteinsätze. Die Mechanisierung des Haushalts machte aus dem Heim einen hochkapitalisierten Arbeitsplatz für Schattenarbeit. Empirisch läßt sich feststellen, daß insgesamt mehr und nicht weniger Stunden unbezahlter Arbeit gefordert werden und gleichzeitig der nun genuslose Betrieb der Haushaltsmaschine sexistische Diskriminierung in die unbezahlte Arbeit bringt. Zur weiteren Literatur siehe Fn 31.

37 *Quantifizierung der unbezahlten Hausarbeit:* Zum unbezahlten Zeiteinsatz siehe Kathryn E. Walker und Margaret Woods, *Time Use: A Measure of Household Production of Family Goods and Services*, Washington 1976. Haushaltätigkeiten werden nach dem Zeiteinsatz statistisch erfaßt. Nur «vollständige Familien» (d. h. mit Vater und Mutter) im Vorort einer Provinzstadt des Staates New York werden untersucht. Die auf weite Strecken empirisch reiche, aber nichtssagende Arbeit gibt keine Einsicht in die Wirklichkeit der Schattenarbeit und macht die Schwierigkeit, diese statistisch zu erfassen, sehr deutlich. Für Frankreich siehe Zeitberechnungen bei: B. Riandey, «L'emploi du temps des mères de famille en France», in: A. Michel (Hg.), *Les femmes dans la société marchande*, Paris 1978.

38 *Wachstumsrate der Schattenarbeit:* Eine theoretische Begründung für das Wachstum an Arbeit in der unbezahlten Aufwertung von Waren im Haushalt bei Jacques Attali, *Les trois mondes: Pour une théorie de l'après-crise*, Paris 1981. Der Autor entwickelt hier im großen Detail seine Überlegungen zur spätindustriellen Ökonomie der Selbstbefriedigung. Zum Vergleich meiner Position mit jener von Attali siehe Louis Puiseux, «Les visionnaires de l'après-crise», in: *Politique Hebdo* (12. April 1981), S. 8 ff. Die beste Einführung zu den Veränderungen, die das Anwachsen von Schattenarbeit schon im späten 19. Jahrhundert den Frauen brachte, siehe Susan Strasser, «An Enlarged Human Existence? Technology and Household Work in Nineteenth-Century America», in: Sarah Fenstermaker-Berk (*op.cit.* S. 25–51, Fn 27) und Cowan (*op.cit.* in Fn 36).

39 *Investition durch Schattenarbeit:* Das Zitat im Text ist von S. 451 in A. Leibowitz «Home Investment in Children», in: T. W. Schultz (Hg.), *Economics of the Family: Marriage, Children & Human Capital*, Chicago 1974, S. 432–451. Frank Stafford (im gleichen Band S. 453–456) drängt darauf, daß diese Art von Überlegung vom Gesetzgeber ernst genommen werden sollte. «Der Effekt öffentlicher Anstrengungen, die Einkommensverteilung zu verändern, ist begrenzt. Wenn, wie behauptet wird, der Einfluß des häuslichen Milieus der eigentlich entscheidende Faktor für die Einkommenschancen ist, nützt es wenig, zusätzliche Schulen etc. einzurichten: bessere Schulung wird nicht den gewünschten Effekt für die Einkommenschancen derer haben, die in ärmeren Familien geboren werden. Müssen aus dieser Perspektive nicht andere Formen von finanzieller Unterstützung, die den Müttern mehr Zeit im Haushalt (statt Lohnarbeit) lassen, zu einer größeren häuslichen Investition in die Kinder führen?» Mit anderen Worten: die häusliche «Investition» in Kinder über die Schattenarbeit der Mütter ist immer noch die billigste Lösung. Weitere Literatur siehe in Fn 26 und 27. Voraussehbar sind viele Wohlfahrtsstaaten auf dem Weg einer Metamorphose ins Beziehungsdickicht des erzwungenen, unbezahlten gegenseitigen Sichkümmerns. Schweden ist schon sichtbar dabei, sich als eine solche Gesellschaft zu entpuppen: Das Büro für Zukunftsforschung sieht für das Jahr 2006 den Beginn einer Entwicklung voraus, in der alle Staatsbürger im Alter von fünf bis fünfundsiebzig für sechseinhalb Stunden wöchentlich zur gegenseitigen Dienstleistung rekru-

tiert werden. Siehe die Arbeitspapiere *Care in Society* aus dem Büro für Zukunftsforschung (Box 6710, S-11385 Stockholm, Schweden).

40 *Verwaltete Schattenarbeit:* Für eine Phänomenologie der möglichen Verwaltungsstile totaler gegenseitiger unbezahlter Dienstleistung, siehe Valentina Borremans, *The inverse of managed health,* in: Social Development Issues 1, Nr. 2, Uppsala 1977, S. 88–103. Es scheint mir sehr wichtig, jene Kriterien zu finden, nach denen eine solche Ausrichtung der Gesellschaft von der diametral entgegengesetzten Ausrichtung auf verantwortliche Konvivialität unterschieden werden kann. Ein Jahrbuch «Means Versus Ends in US Civilization» ist brauchbar zur Übersicht über das Thema, siehe S. H. Cutliff u. a., *Technology and Values in American Civilization: A Guide to Information Sources,* Detroit 1980. Mit Fragen dieser Art beschäftigt sich seit zwei Jahrzehnten der kleine Kreis von Lesern der Zeitschrift *Manas* (Box 32112 El Sereno Sta. Los Angeles Ca 90032, USA)

41 Meine Überlegungen zur Selbstkapitalisation sind weitgehend abhängig von Jean Robert, *Le temps qu'on nous vole: Contre la société chronophage,* Paris 1980. Der Autor liefert eine solide und vielseitige Analyse des Pendelns (commuting) als typische Form der Schattenarbeit.

42 «Der Sozialismus der Zukunft wird entweder nach-industriell und antiproduktivistisch sein, oder es wird ihn nicht geben», so André Gorz in: *Les chemins du Paradis: L'agonie du Capital,* Paris 1983, S. 23; analog: R. Bahro, *Die Alternative. Zur Kritik des real existierenden Sozialismus,* Reinbek 1980.

43 *Die Selbstbedienungsökonomie:* Attali (*op.cit.* in Fn 38) hat die letzte Phase des Industriesystems so beschrieben, daß sie als die Industrialisation jener Dienstleistungen erscheint, die jede Konsumenteneinheit (Haushalt) sich selbst leistet. Die Organisation dieser unbezahlten und dezentralisierten Produktion mit Hilfe hochstandardisierter Maschinen im eigenen Haushalt war in den 60er und 70er Jahren der Motor für einen wachsenden Prozentsatz aller Lohnarbeit: z. B. Waschmaschinen-produktion, -verkauf, -installation,

-reparatur waren Wachstumssektoren. Die Organisation dieser ökonomischen Sektoren aber zielte darauf ab, die Erfordernisse an unbezahlter Arbeit im Haushalt aufzublähen. In dieser Perspektive lassen sich also drei Epochen unterscheiden: der vorindustrielle Haushalt, in dem Wirtschafts- und Lebensraum zusammenfallen, der industrielle Haushalt (nämlich der Ort, an dem Gehalt über Waren durch unbezahlte Frauenarbeit zu Gebrauchswerten aufgewertet wird) und 3. der heutige Self-service-Haushalt: der Ort, an dem Industriegüter angelegt werden, damit sie durch die Schattenarbeit der ganzen Familie jene Dienstleistungen produzieren, die die Familie zusammenhalten sollen. Dieses neue Modell beruht nicht mehr auf der traditionellen heterosexuellen Verkuppelung, es kann neuen ökologischen, linken und dezentralisierungsinteressierten Idealen angepaßt werden. Der spätindustrielle Haushalt ist nicht mehr notwendigerweise um die Lohnarbeit eines oder mehrerer Familienmitglieder organisiert, sondern um die genuslose Beziehungswirtschaft in sexistischer Schattenarbeit. Allerdings ist bisher die Bedeutung dieses Übergangs zur self service economy nur selten auf Diskrimination hin untersucht worden.

44 *Diskriminierung in der Selbsthilfe:* Gerda R. Wekerle, «Women House Themselves», in: *Heresies* 11, Bd. 3, no. 3 (1981), S. 14–16 untersucht gemeindliche und städtische Häuserprogramme und stellt Benachteiligung von Frauen bei der staatlichen finanziellen Hilfe zur selbstorganisierten Instandsetzung von Häusern fest; sie plädiert dafür, Anti-Diskriminierungs-Gesetze auch auf *Selbst-hilfe* auszudehnen, um die beobachtete Diskriminierung von Frauen durch die verwaltenden Instanzen, die Selbsthilfeprojekte betreuen, zu unterbinden. Werkgroep Kollektivering, *Kollektivering van Huishoudelijke Arbeid*, Amsterdam 1981, vergleicht mehrere Versuche, Hausarbeit selbstverwaltet zu kollektivieren und stellt unvermeidlich nach einiger Zeit eine eindrucksvolle Diskriminierung der Frauen fest.

45 *Frauenstudien:* Mit dem Wort Frauenstudien bezeichne ich ein «Fach» und auch eine Literatur, die über das «Fach» hinausreicht, weil diese Studien die Grenzen aller universitären Wissenschaften überspringen und eigentlich keinem Gebiet ausschließlich zuzuordnen sind. Der Fachzusammenhang hat sich explosiv in den siebziger

Jahren an den US-amerikanischen Universitäten herausgebildet. Eine betont soziologische Einführung ist Ann Oakley, *Subject Women: Where Women Stand Today – Politically, Economically, Socially, Emotionally*, New York 1981, eine historisch-soziologische Gesamtschau der industriellen Gesellschaft in der zweiten Hälfte des 20. Jahrhunderts mit dem Blick auf Frauen, ihre Welt und Erfahrung. Die Autorin versucht dort (S. 317–341), die verschiedenen Strömungen von Frauenstudien und Frauenbewegung taxonomisch zu ordnen. Als Ergänzung zu diesem Überblick in einer anthropologischen Perspektive, siehe Rayna Rapp, «Review Essay: Anthropology», in: *Signs* 4, No. 3 (Frühjahr 1979), S. 497–513, und für die neueste Literatur siehe Jane Monning Atkinson, «Review Essay: Anthropology», in: *Signs* 8, No. 2 (Winter 1982), S. 236 bis 258. Um den Beginn einer feministischen Kritik an Frauenstudien zu verfolgen, siehe Margrit Eichler, *The Double Standard: a Feminist Critique of Feminist Social Science*, New York 1980, sowie die beiden Aufsätze von Marcia Westcott, «Feminist Criticism of the Social Sciences», in: *Harvard Educational Review* 9, Nr. 4, (1979) und Michelle Z. Rosaldo, «The Use and Abuse of Anthropology. Reflections on Feminism and Cross-Cultural Understanding», in: *Signs* 5, 1980, S. 389–417. Schließlich sind die folgenden Handbücher wichtige Hilfsmittel, um an die Literatur heranzukommen: Marie B. Rosenberg (-Dishman) und Len V. Bergstrom, *Women in Society: a Critical Review of the Literature with a Selected Annotated Bibliography*, New York / London, Bd. 1, 1973 und Bd. 2, 1977 ist wichtig, weil auch aus nicht-englischsprachigem Material und aus einem ganzen Jahrhundert geschöpft wird; Jane Williamson, *New Feminist Scholarship. A Guide to Bibliographies*, Old Westbury 1979, ist eine kritische Auswahl der bibliographischen Schlüssel zur wissenschaftlichen Frauenliteratur; Mary Anne Warren, *The Nature of Women: An Encyclopedia and Guide to the Literature*, New York 1980 ist ein Überblick, der den Bezug zu Richtungen innerhalb der Frauenbewegung herstellt; Cynthia E. Harrison, *Women in American History: A Bibliography*, Santa Barbara 1979 gibt rund 3400 *Abstracts* (Inhaltsangaben) von Aufsätzen aus 550 Zeitschriften zwischen 1963 und 1976 plus Monographien; ein zweiter Band ist soeben erschienen.

46 *Der stereoskopische Blick:* In ihrer Einführung zu einem Sammelband über Frauen in Lateinamerika, den sie und Helen I. Safa her-

ausgegeben haben: *Sex and Class in Latin America: Women's Perspective on Politics, Economics, and the Family in the Third World,* New York 1980, sagt June Nash: «Wir stehen in den Sozialwissenschaften an einer neuen Schwelle. Die Werte, auf denen unsere selektiven Kriterien beruhen, werden von Leuten in Frage gestellt, die bisher *in* der *Profession* noch nie genug Gewicht hatten, um kritisch mitsprechen zu können. Dazu gehören Frauen und die ‹Eingeborenen› der wissenschaftlich untersuchten Kulturen» (S. 15). Die Autorin spricht in diesem Zusammenhang von der Entwicklung einer neuen *stereoskopischen Wissenschaft.* Mir scheint es angemessener, mit Beispielen dieses Bandes drei deutlich unterscheidbare Typen zu bestimmen, in denen sogenannte «Frauen»-Studien die klassische Zentralperspektive der etablierten Sozialwissenschaften mit dem bewußten und systematischen Blick auf die Frauenwirklichkeit verbinden: 1. *komplementäre Forschung,* d. h. eine Forschung, die nun die konventionellen Begriffe und Methoden auch auf Subjekte anwendet, die bisher selektiv verdrängt worden sind (z. B. wird der Anteil von *mestizo*-Frauen mit abgeschlossener *High School* am Arbeitsmarkt sichtbar gemacht); 2. *kompensatorische Forschung,* d. h. eine Forschung, in der die theoretischen Vorurteile der Forscher (männlich / weiß / kapitalistisch / nordamerikanisch etc.) aufgedeckt und kompensiert werden. Charakteristischerweise verwendet diese kompensatorische Forschung die abgenutzten Standardkategorien der etablierten Geschichtsschreibung oder Sozialwissenschaft («Produktion», «Produktivität», «Ausbeutung»), allerdings aus einer Perspektive «von unten». 3. *kontrastive* oder überkompensatorische *Forschung,* die ihre Untersuchungen kräftig mit dem eigenen Vorurteil einfärbt. Das Ergebnis ist meist eine modische Einäugigkeit, ein Spiegelbild oder eine Karikatur der nun verketzerten Fachwissenschaft: Zum Beispiel wird aus dieser Sicht die unbezahlte Plage moderner Schattenarbeit (siehe in Fn 30) nur mehr dann als «Arbeit» wahrgenommen, wenn sie von Frauen ausgeführt wird. In allen drei Formen zeigt es sich, daß der wissenschaftlichen Zentralperspektive, sei sie nun mon-okular (rechts / oder linksäugig) oder bin-okular, die Genuswirklichkeit entschlüpft; was diese Forschung erbringt, ist komplementärer, kompensatorischer oder kontrastiver *epistemologischer Sexismus* (siehe Fn 54).

47 *Modernisierung der Armut:* Ebenso amöbenhaft wie das Wortfeld
«Arbeit» (siehe Fn 13) benimmt sich im Laufe der Geschichte des
Westens auch das Wort «Armut», und es ist bezeichnend, daß beide
Worte in Westeuropa (z. B. England) seit der Wende zum 18. Jahrhundert, in außereuropäischen Ländern (z. B. Brasilien) erst in der
Mitte des 20. Jahrhunderts eine semantische Diskontinuität erfahren. Armsein war nicht immer das Gegenteil von reich. Literatur
zur Geschichte der westlichen Armut, siehe Ivan Illich, *Vom Recht
auf Gemeinheit (op.cit.* Fn 1) S. 130–132. Der Arme konnte z. B.
kulturell im Kontrast zum *Mächtigen* erscheinen, siehe Karl Bosl,
«Potens und Pauper: Begriffsgeschichtliche Studien zur gesellschaftlichen Differenzierung im frühen Mittelalter und zum Paupe-
rismus des Hochmittelalters», in: *Festschrift O. Brunner,* Göttingen
1963, S. 601–687; oder als Pilger im Diesseits im Kontrast zum An-
sässigen, siehe Gerhard Ladner, «Homo Viator: Medieval Ideas on
Alienation and Order», in: *Speculum* 42, Nr. 2 (1967), S. 233–259;
oder als Nachfolger Christi, siehe die «Convegni del Centro di
Studi sulla Spiritualità Medievale», in: *Povertà e Richezza nella Spiritualità del Secolo XI–XII,* Bd. 3 (Todi 1969) und Lester Little, *Religious Poverty and the Profit Economy in Medieval Europe,* London 1978;
oder vielerorts als Taglöhner im Kontrast zum Hausvater oder
Knecht; oder als Bettler zur Zeit des Absolutismus, siehe Florian
Tennstedt, *Sozialgeschichte der Sozialpolitik in Deutschland vom
18. Jahrhundert bis zum Ersten Weltkrieg,* Freiburg 1981. Gegenüber
diesen Bedeutungsverschiebungen stellt die Modernisierung der
Armut im sogenannten Entwicklungsprozeß einen radikalen Bruch
dar. Armut in der waren-intensiven Gesellschaft ist ein neuzeitliches
Erlebnis. Armut bezeichnet jetzt Ansiedlung auf einer niedrigeren
Stufe der Konsumpyramide. Moderne Armut setzt Knappheit voraus, und was seit Truman «Entwicklung» genannt wird, ist in dieser
Perspektive Ausdehnung der Knappheit auf andere (Außenseiter)
und damit die einzigartige Armut des Westens (siehe Fn 11 Knappheit).

48 *Feminisierung der Armut:* Wohl als erste hat Esther Boserup, *Women's Role in Economic Development,* New York 1974, beschrieben,
was der sogenannte Entwicklungsprozeß zwangsläufig für Frauen
bedeutet. Ihre Untersuchung beschäftigt sich mit der Umformung
vor allem traditionell ländlicher, aber auch städtischer Kulturen

durch die moderne Ökonomie in Lateinamerika, Asien und Afrika. Im Gegensatz zur politischen Rhetorik bewies Esther Boserup, daß die Frauen in allen von ihr untersuchten Fällen durch die Ausweitung des Geldumlaufs ungleich stärker als Männer von jeder Form materieller Wertschöpfung abgedrängt und zugleich mit mehr Arbeit belastet wurden. Entwicklung besagt für Frauen meist Degradierung. Die entsprechende Verwandlung des afrikanischen Haushalts beschreibt Jane Guyer, «Household and Community in African Studies», in: *African Studies Review* 24, Nr. 2/3, (1981), S. 87 bis 137. Überall und immer stützt und verschlimmert der Einbezug von Frauen in den Geldumlauf, der in Wirklichkeit tatsächlich ein relativer Ausschluß vom Geld ist, ihre vormalige kulturell eingebundene Segregation. Denise Paulme, *Women in Tropical Africa*, Berkeley 1971, untersucht die Position von Männern und Frauen im Entwicklungsprozeß in vier Gesellschaften und findet in jeder vorher unbekannte Kluften und Formen der Statusdistanz. In Mona Etienne und Eleanor Leacock (Hg.), *Women and Colonization: Anthropological Perspectives*, New York 1980, sind Aufsätze von Anthropologinnen zusammengestellt, die versucht haben, in einem Dutzend von Gesellschaften die Lebenssituation von Frauen bei Anbruch der kapitalistischen Transformation historisch zu rekonstruieren. Das Schwerpunktheft von *Signs* Jg. 7, No. 2, (1981) *Women and Development* mit einzelnen Fallstudien aus verschiedenen Ländern versucht, *erstens* die Hypothese und Leistung von Esther Boserup auf kleinlich feministisch-akademische Weise zu schmälern, *zweitens* Boserups Hypothese im Rahmen institutioneller Frauenstudien mit einer Fülle von Details weiter auszubauen, enthält aber im übrigen umfassende bibliographische Fußnoten. Valentina Borremans, «La technique et le fardeau des femmes», in: *Les Temps Modernes*, Nr. 437 (Dezember 1982), (dt. gekürzt in: *Die Tageszeitung* vom 24. April 1983) versucht zu zeigen, daß der Übergang von Subsistenz zu produktionsdienlicher Technologie immer zum relativen Anwachsen der Belastung von Frauen geführt hat und daß diese Tendenz nur durch Forschung der konkret Betroffenen aufgedeckt werden kann; in der Forschung, die wissenschaftliche Besucher betreiben, kann sie nicht gesehen werden.

49 *Die neo-koloniale Verteilung der Schattenarbeit:* Das Anwachsen des Nationalproduktes in Entwicklungsländern ist immer mit zwei

Veränderungen verbunden, die beide oft kaum bemerkt worden sind. Einerseits unterhalten, besonders auf dem Land, Frauen und Kinder einen vom Markt weitgehend unabhängigen Haushalt, was es den Lohnarbeitern, besonders Männern ermöglicht, ihr Gehalt nicht für das Lebensnotwendige auszugeben, sondern mit diesem Geld bisher unnötige Industriegüter zu kaufen: Fernseher, Gebrauchtwagen, Eisschränke. Siehe Carmen Deere, «Rural Women's Subsistence Production in the Capitalist Periphery», in: *The Review of Radical Political Economics* 8 (1976), S. 9–17, und Claude Meillassoux, *Die wilden Früchte der Frau. Über häusliche Produktion und kapitalistische Wirtschaft*, Frankfurt 1979. Andererseits besteht Entwicklung gerade darin, die Möglichkeiten der Unterhaltswirtschaft zu unterbinden, denn dies ist das gewaltigste Mittel, um die Gesamtbevölkerung dem Markt einzuverleiben. Meist, besonders in verstädterten Gebieten, wird diese Grundlage der Subsistenz (die «Gemeinheit», siehe Fn 10) viel schneller kulturell brachgelegt, als es möglich ist, durch Produktionssteigerung homologe «Bedürfnisse» über den Markt zu befriedigen. Millionen, denen jede Möglichkeit zur Unterhaltswirtschaft entzogen worden ist, sind fürs Überleben auf die Abfälle des Industriesystems angewiesen. Typologisch ist ihre Tätigkeit «Schattenarbeit», z. B. Aufwertung von Bierkisten zu Wohnbauten. Die Ware, auf der das Überleben in modernisierter Armut beruht, ist Müll. Die unbezahlte Aufwertung des Mülls zum Gebrauchswert – ob sie nun von Männern oder Frauen betrieben wird – ist analog zur weiblichen Hausarbeit im bürgerlichen Haushalt. An die Stelle des Proletariats tritt so eine international verhausfraulichte, genuslose Masse: die internationale «Partnerin» des gut verdienenden Nordens; dazu Claudia von Werlhof, «Hausfrauisierung der Arbeit: die Krise», in: *Courage* 3 (1982), S. 34–43, und von der gleichen Autorin: «Frauen und Dritte Welt als ‹Natur› des Kapitals, oder Ökonomie auf die Füße gestellt», in: H. Dauber, W. Simpfendörfer (Hg.), *Eigener Haushalt und bewohnter Erdkreis*, Wuppertal 1981, S. 287–314.

Brillant zur selben Sache, aber ohne das geschlechtsspezifische Element zu thematisieren: André Gorz, *Abschied vom Proletariat. Jenseits des Sozialismus*, Köln 1980.

50 Das Beispiel stammt aus Micheline Baulant, «La famille en miettes: sur un aspect de la démographie du 17ᵉ siècle», in *Annales ESC* 27, no. 4–5 (1972), S. 959–968.

51 *Vernakulär/gemein:* Vernakulär hat eine indogermanische Wurzel, die «Verwurzelung» und «Wohnsitz» bedeutet. Das lateinische Wort «vernaculum» bezeichnet all das, was im Haus geboren, gesponnen, aufgezüchtet oder gemacht wurde, im Gegensatz zu dem, was nur durch Kauf erworben werden konnte. Von vorklassischer Zeit bis zur technischen Formulierung im Codex des Theodosius wird es so verwendet. Varro unterscheidet die vernakulären Wörter, die auf dem eigenen Mist gewachsen sind, von den nur beherbergten *verba peregrina*, den streunenden Wörtern. Nur in diesem Sinn ist es im Englischen geläufig geblieben. Im Englischen und Französischen versuche ich, dem lateinischen Wort etwas von seinem alten Bedeutungshof wiederzugeben. Im Deutschen ist und bleibt vernakulär ein Fremdwort, das mir nicht recht klingen will. «Gemein» dagegen ist, wie Jakob Grimm sagt, «ein altes, hochwichtiges und edles Wort, nun aber übel heruntergekommen». Wir brauchen ein Wort, um konkrete, genusbestimmte Lebenswelten im Gegensatz zu unserer sex- und produktionsbestimmten sogenannten Gesellschaft zu bezeichnen; ob im Deutschen der Mut zur «Gemeinheit» aufgebracht werden wird oder ob, wie nun mal üblich, die Blende des Fremdwortes bevorzugt wird, wird sich zeigen.

52 *Komplementarität und Sozialwissenschaften:* Die moderne Physik hat gelernt, die Komplementarität zweier Perspektiven zu berücksichtigen. Man kann das Licht weder auf das Phänomen der Welle noch auf das Phänomen des Teilchens reduzieren. Im einen wie im andern Falle hieße das nämlich, vieles auszuschließen; zu sagen, das Licht sei beides, scheint ein Widerspruch. Die Komplementarität macht nur Sinn auf der Ebene der mathematischen Formel, in der jene Theorie ausgedrückt wird, die diese Komplementarität anvisierte. Die zugrunde liegende Idee einer epistemologischen Komplementarität ist nicht neu. In der Nachfolge von Euklid, für den das Auge Strahlen aussandte, deren Endausläufer das Objekt ertasteten, haben Ptolemäus und später die großen Scholastiker *lumen* und *lux* unterschieden: *lux* ist Licht, das subjektiv wahrgenommen wird, *lumen* dagegen ein Strom, der vom Auge ausgeht und das Objekt beleuchtet. Man kann sich vernakuläre Wirklichkeit wie einen riesigen Flickenteppich vorstellen, auf dem jeder Flecken seine eigentümliche, irisierende Farbe, sein *lux* hat. Im *lumen* der Analyse von Genus erscheint jede «Kultur» als Metapher, als eine metaphorische

Komplementarität (in Fn 55–57), die zwei gesonderte Werkzeugkästen (Fn 70), zwei Arten von Raum/Zeiten (in Fn 78 und 79), zwei Domänen (in Fn 85) aufeinander bezieht. Dieser Bezug wird in unterschiedlichen, aber bezüglichen Weisen mediiert, in denen die Welt gesehen und begriffen (Fn 89) und besprochen (in Fn 94–101) wird. Die einäugige (mon-okulare) wie die zweiäugige (bin-okulare) Wissenschaft (in Fn 46) sind ein Filter, der sich wie eine Blende zwischen das schillernde Licht von Genus und das Auge des Forschenden schiebt. Dieser Filter ist indes in beiden Richtungen durchlässig für genusloses *lumen*, das der Betrachter auf sein Objekt projiziert und mit dem er (oder sie) das Objekt sondiert. Die symbolische Asymmetrie, die die soziale Wirklichkeit jeder vernakulären Wirklichkeit ausmacht, wird durch die Zentralperspektive der Anthropologie verdunkelt. Der *Eigenwert* jeder vernakulären Wirklichkeit wird vom monochromatischen, genuslosen *lumen* ausgelöscht: von Konzepten der «Rolle» (in Fn 61 und 63/64), des «Austauschs», der «Struktur» (in Fn 76). Was sieht der wissenschaftliche Betrachter durch seine diagnostische Brille? Nicht Männer und Frauen, die in Subsistenzgesellschaften wirklich handeln, sondern personifizierte Sexual-Abweichungen von der abstrakten, genuslosen, kulturellen Norm; Abweichungen, die operationalisiert, gemessen, eingestuft und in Hierarchien geordnet werden müssen. Jede Anthropologie, die mit genuslosen Konzepten forscht, ist zwangsläufig sexistisch (in Fn 7), und mir scheint dieser Sexismus ungleich mehr in die Irre zu gehen als die ethnozentrische Überheblichkeit alten Stils.

53 *Rechts und links:* «Rechts» und «Links» ist ein altes Symbol für soziale Komplementarität, dessen Verwendung heute fast verpönt ist, seit der Gegensatz zum Symbol der populären, antifeministischen Mythisierung biologischer und neurologischer Forschung wurde. Eine gründliche Kritik dieser gröberen und feineren sexistischen Verzerrung von Begriffs- und Symbolzusammenhängen in der neuen Biologie leistet Hubbard (siehe in Fn 58). Die folgende Literatur untersucht den kulturellen Gebrauch von rechts und links gleichsam als Kurzformel, mit der nicht eine biologische, sondern eine *symbolische Dualität* angesprochen wird. Zur ethnographischen Literatur dieser symbolischen Zweiheit siehe Rodney Needham (Hg.), *Right and Left: Essays on Symbolic Classification*, Chicago 1973.

Dieser Band versammelt 17 einzelne, zwischen 1909 und 1971 ver-
faßte Artikel und eine Einleitung des Herausgebers, die in die Geschichte ethnographischer Materialien über symbolischen Dualis-
mus einführt. Zur christlichen Ikonographie von rechts und links
und ihrem Einfluß auf das westliche Denken siehe Ursula Deitma-
ringen, «Die Bedeutung von Rechts und Links in theologischen und
literarischen Texten bis um 1200», in: *Zeitschrift für deutsches Alter-
tum und deutsche Literatur* 98 (1969), S. 265–292, und Otto Nuß-
baum, «Die Bewertung von Rechts und Links in der Römischen
Liturgie», in: *Jahrbuch für Antike und Christentum* 5 (1962), S. 158–
171. Zur europäischen Körpersymbolik von rechts und links siehe
Erna Lesky, *Die Zeugungs- und Vererbungslehren der Antike und ihr
Nachwirken*, Wiesbaden 1951, bes. S. 1263–1294.

54 *Epistemologischer Sexismus:* Wissenschaftliche Sozialforschung
ist nicht nur durch ihre Praxis, sondern ihrem Wesen nach sexistisch. Sie arbeitet mit genusblinden Linsen (siehe in Fn 46) und muß
daher männlich und weiblich als Spezifikation jenes geschlechtsneutralen Menschen beschreiben, dessen Existenz ihr von ihren eigenen
Kategorien vorgegaukelt wird; so werden Mann und Frau zu Ad-
jektiven, bzw. Variablen am Forschungsobjekt. Die tastende Wahrnehmung von Genus durch Mythologen, Mircea Eliade, *Myth and
Reality,* New York 1963, oder Literaturkritiker, Carolyn V. G.
Heilbrun, *Toward a Recognition of Androgyny,* New York 1973, hat
bisher wenig daran ändern können, daß Soziologen und Anthropologen weiterhin den genuslosen Rollenträger zum Subjekt nehmen.
Dieses immanente sozialwissenschaftliche Vorurteil nenne ich epistemologischen Sexismus. Um epistemologischen Sexismus zu
präzisieren, möchte ich den Unterschied zu jenem Sexismus herausarbeiten, den ich pragmatisch oder auch empirisch nennen würde.
Er gründet in der Person der Forschenden, sei es individuell oder
kollektiv. Feministinnen haben hinreichend Beweise dafür ans Licht
gezogen, z. B. im Wissenschaftsbetrieb: wo Männer die Wissenschaft unter sich ausmachen; Männer definieren, was als wissenschaftlich gilt; wo die meisten Wissenschaftlerinnen Schülerinnen
dieser Männer sind; wo fast alle wissenschaftlichen Kategorien von
einer männlichen Perspektive durchtränkt sind, so daß (um ein Beispiel zu geben) dort, wo allein Frauen als forschende Ethnologinnen
in den Urwald ziehen, männliche Begriffe mitgeschleppt werden,

bzw. deren bloße feministisch-sexistische, spiegelbildliche Verkehrung. Die Aufdeckung dieses «pragmatischen» Sexismus in den Wissenschaften stellt wohl den wichtigsten Durchbruch in den Sozialwissenschaften der Siebzigerjahre dar. An seiner Untersuchung beteiligen sich zunehmend, ja konkurrierend immer mehr Männer. Diesem «pragmatischen» Sexismus, der in Benachteiligung, Zuschreibung von Minderwertigkeit und Ausschluß besteht, kontrastiere ich *epistemologischen Sexismus*, der Genus aus allen Begriffen filtert, also nur de-generierte Analyse für legitim hält. Dieser epistemologische Sexismus ist grundlegend für wissenschaftliche Legitimität und durch die Verwendung von genus-losen Schlüsselwörtern (siehe in Fn 2) zur Selbstverständlichkeit in der Alltagswahrnehmung geworden.

Der «pragmatische» Sexismus im Wissenschaftsbetrieb ist hinreichend kritisiert worden, paradoxerweise hat aber diese Kritik häufig den epistemologischen Sexismus im Denken der Kritikerinnen noch vertieft. Zur Erläuterung: ein krasses Beispiel pragmatischen Sexismus war offenbar die weit verbreitete, zählebige Tendenz, alle geschlechtsspezifischen Differenzen (wie z. B. rechts / links), die in irgendeiner Weise mit der Biologie verbunden schienen, als angeboren, d. h. «naturgemäß» zu definieren. Eine Denkverbindung, die derart vorherrschend war, daß sie in den späten 70er Jahren zur Trivialität abzusinken drohte, während die Sehnsüchte männlicher Wissenschaftler im wissenschaftlichen Vokabular (rechts = männliche Dominanz, links = weibliche Anpassung) erfüllt wurden. «Rechts / Links» wurde in der Soziobiologie (siehe in Fn 58) als Symbol für die eingefleischte, sich anpassende Unterordnung von Weiblein an Männlein verwendet. Diese Naivität hat die Kritik der Feministinnen in den 70er Jahren nicht überlebt. Diese Kritik in ihren zwei möglichen Argumentationsmustern war aber selbst einem epistemologischen Sexismus verhaftet: 1. als oberflächliche Kritik auf der Basis feministischen Sexismus, derzufolge z. B. Fußnote 53 hätte «links und rechts» betitelt sein müssen; 2. als tiefgreifende Kritik, die wohl anerkennt, daß rechts / links eine Dualität benennt, aber dies doch nur als Abstraktum zuläßt. Im Folgenden wird dann die Zweiheit männlich / weiblich als nur eine von vielen möglichen Dualitäten begriffen und in der Methode des Strukturalismus die Nicht-Existenz von Genus als einer Dualität *sui generis* festgeschrieben (zum Strukturalismus siehe Fn 76). Einen Überblick über For-

men feministischer Versuche, aus dem impliziten Sexismus sozial-
wissenschaftlicher dualer Kategorien herauszukommen, gibt Lynda
Glennon (*op.cit.* in Fn 12).

55   *Dissymmetrie:* Roger Caillois, *Cohérences aventureuses. Esthétique
généralisée au Coeur du fantastique, la dissymétrie*, Paris 1976, S. 197 bis
272 versucht das Anwachsen der Dissymmetrie als Korrelat dem
2. Prinzip der Thermodynamik gegenüberzustellen und die
menschliche Existenz durch den Höchstpunkt in der Spannung zwischen Symmetrie und Asymmetrie zu bezeichnen. Seine Ausfüh-
rungen sind grundlegend für ein ästhetisch-philosophisches Verständnis von Genus. Eine eindrucksvolle Illustration dissymmetrischen Verhaltens gibt der Sinologe Marcel Granet, «Right and Left
in China», in: Rodney Needham (Hg.), *Right and Left* (*op.cit.* S. 43
bis 58, Fn 53). Das Gegenüber von Links und Rechts wird nie zum
absoluten Gegensatz: Rechts ist nicht rechthaberisch und links ist
nicht linkisch. Eine Vielzahl von Regeln bestimmt, wann und wo
rechts oder links den Vorrang haben. Zart aber streng setzt sich Yin
oder Yang durch nach kohärenten und doch immer zweideutigen
Vorschriften. Rechts muß öfter handeln – was wohl die Prädomi-
nanz der Linken erklärt. Ähnlich zweideutig ist der Alltag und die
Symbolwelt bei den Dogon geregelt; siehe Marcel Griaule,
Schwarze Genesis. Ein afrikanischer Schöpfungsbericht, Frankfurt/
Main 1980. Diese, jede Identität ausschließende Zweideutigkeit
vernakulärer Gesellschaft fordert Bezeichnungen, die nicht in das
Repertoire der Sozialwissenschaften passen. In der neueren Litera-
turkritik wird dafür öfters «androgyn» eingesetzt, siehe N. T. Ba-
zin, «The Concept of Androgyny: A Working Bibliography», in:
Women's Studies 2, (1974), S. 217–235. Ramon Pannikkar spricht
von homeomorphischen Äquivalenten, die ähnliche, aber nie inte-
grierbare Funktionen erfüllen.

56   *Metaphern für das Gegenüber:* Die Fähigkeit der Umgangssprache, das andere durch Analogie zu bezeichnen, hat Geschichte. Dieser Geschichte geht nach: Northrop Frye, *The Great Code: The Bible
in Literature*, London 1981. Der Autor beschreibt einen gigantischen
Bogen, der von Homer bis in unser Jahrhundert reicht. Er unterscheidet drei Sprachszenen, die einander folgen und in denen Analogie grundlegend verschiedenartig wirkt. Die Unterscheidung

scheint mir wichtig, weil ihr drei Grundformen der Wahrnehmung von Genus entsprechen. Frye betont den Gegensatz der metaphorischen Sprache einer polytheistischen Welt (in der das andere immer immanent ist) zur Metonymik der Sprache, in der eine als kontingent begriffene Schöpfung letztlich immer auf einen transzendenten Schöpfer verweist. Der letztere Sprachgestus ist am reinsten ausgebildet in der Bedeutungslehre der mittelalterlichen Exegese. Dann, mit der Renaissance setzt nach Frye jenes Ringen zwischen Worten und Sachen ein, das letztlich zum Sieg des Sachgebietes über die Sprache geführt hat. Versachlichte Wirklichkeit prägt die Aussage. Nach Frye ist die wesentliche Funktion von Literatur und besonders von Poesie, die Metapher der ersten Phase in die von Sachlichkeit beherrschte, moderne Sprache zurückzuholen. Zur Historiographie der Metapher siehe Warren A. Shibles, *Metaphor: An Annotated Bibliography and History*, Whitewater, WI 1971, S. 10–17. Eine glänzende Einführung ist William Empson, *Seven Types of ambiguity*, New York 1947. Eine Sonderstellung nehmen jene Metaphern ein, die für die metaphorische Beziehung selbst stehen, wie es die religiösen Symbole wesentlich tun. Ludwig Wittgenstein, «Bemerkungen über Frazers *The Golden Bough*», in: *Synthèse* 17, (1967), S. 233–252 sagt dazu: «(...) In der Substanz die Magie in Klammern zu setzen, ist die wahre Magie. (...) Die Metaphysik wird selbst zu einer Art Magie.» Der Nabel, der Zwilling werden metaphorisch so gebraucht, siehe dazu Aidan Southall, «Twinship and Symbolic Structure», in: J. S. La Fontaine (Hg.), *The Interpretation of Ritual*, London 1972, S. 73–114. Oft lähmt diese Art von Metapher das Denken, z. B. ist das *Gorgonenhaupt* eine solche Begegnung mit dem «Gegenüber». Seine leeren Augenhöhlen saugen deinen Blick auf, und du starrst in die Maske, die auf dein eigenes Gesicht paßt, so: Jean-Pierre Vernant, «L'autre de l'homme: La face de Gorgo», in: *Le Racisme: Pour Léon Poliakov,* herausgegeb. von Maurice Olender, Paris 1981, S. 141–156; vom gleichen Autor: «Figuration de l'invisible et catégorie psychologique du double: le colossos», in: *Mythe et pensée chez les Grecs*, Bd. 2, Paris 1971, S. 65–78. So wie der Sinn für Metonymik ist uns auch das Zeichen für die Metapher in der sachgeprägten Sprache abhanden gekommen. Das genuslose Menschenbild verstellt die Sicht auf Gorgo, die *Frau* muß sich als *Mensch* verstehen. Ich kenne kein anderes Buch, das so intensiv darum ringt, diese Kulisse zu beseitigen wie Luce Irigaray, *Spekulum. Spiegel des anderen Geschlechts*, Frankfurt / Main 1980. Im Deutschen: Eva Meyer, «Zum Phantasma der Selbstgeburt», in: *Zukunft als Gegenwart*, ZETA 01, Berlin 1982, S. 156–190. Zur Darstellung des Spiegelbildes in der Kunst, siehe G. F. Hartlaub, *Zauber des Spiegels: Geschichte und Bedeutung des Spiegels in der Kunst*, München 1951. Zur Geschichte dessen, was Spiegeln historisch bedeutet, wenn bis in unser Jahrhundert der Spiegel immer verzerrend und trüb war, siehe: J. Baltrušaitis, *Le miroir: essai sur une légende scientifique*, Paris 1978.

Wenn ich in diesem Buch von «Genus» spreche, bewege ich mich auf drei verschiedenen Bedeutungsebenen: 1. verwende ich Genus deskriptiv, um eine der zwei symbolischen Hälften jeder gemeinen (vernakulären) Lebenswelt (Sprechen, Zeug, Raum, Rhythmus, Zeichen) zu beschreiben, die mit der männlichen oder weiblichen genitalen Eigentümlichkeit in einem mehr oder weniger engen Verhältnis steht; 2. um die grundlegende Art von Komplementarität in der jeweils spezifischen Lebenswelt zu bezeichnen; 3. epistemologisch bin ich mir bewußt, daß «Genus» in der zweiten Bedeutung selbst eine Metapher ist, um die zweideutige, symbolische Komplementarität zu fassen, in der jedes «Genus» (der ersten Ebene) zugleich Metapher ist für das Gegenüber, d. h. jener Spiegel sui generis, in dem sich Männer und Frauen als Metapher sehen können.

57 *Doppelsinnige Komplementarität:* Was in den Sozialwissenschaften zum Austausch geronnen ist, stelle ich in Gegensatz zur Komplementarität, die zweideutig und unstimmig ist. Es soll nicht vergessen werden, wie es zur Zentralstellung von Austausch in der Anthropologie kam. 1911 veröffentlichte Robert Hertz seinen später klassischen Aufsatz, der inzwischen englisch in Rodney Needhams Sammelband (*op.cit.* in Fn. 53, S. 3–31) zugänglich ist: «The Pre-Eminence of the Right Hand: A Study in Religious Polarity», in dem er versuchte, den Begriff der Komplementarität in die Sozialwissenschaften zu einem Zeitpunkt einzuführen, als er in der Physik gerade fruchtbar geworden war. Hertz hatte herausgefunden, daß Polarität im Sozialgeschehen sowohl asymmetrisch wie zweideutig ist. Leider starb dieser geniale Forscher im Schützengraben des Ersten Weltkrieges, und seine grundlegende Einsicht ist in der Folge mißverstanden worden. Zuerst war es Marcel Mauss, sein Herausgeber, der die beunruhigende Asymmetrie und Zweideutigkeit, die

Hertz' Konzept enthielt, auf seine Weise stillegte. Ihm ging es darum, die Grundlagen für sozialen Austausch herauszuarbeiten, und aus dieser Perspektive erschien Hertz' intuitive Auffassung von der stets überraschenden Zweideutigkeit der Komplementarität als etwas viel Zahmeres: Komplementarität wurde jetzt zur Entsprechung vergleichbarer Pole: siehe Marcel Mauss, *Die Gabe. Über Formen und Funktionen des Austauschs in archaischen Gesellschaften*, mit einer Einführung von Evans-Pritchard, Frankfurt / Main 1968. Später machte Levi-Strauss aus Hertz den Lehrer von Marcel Mauss und wies Mauss das Verdienst zu, der erste gewesen zu sein, der die gesamte Wirklichkeit als symbolisches Austauschsystem zwischen Individuen und Gruppen dargestellt hatte. Die *schillernde, unstimmige* Komplementarität, die nur eine Metapher, wie die der beiden Hände, vermitteln kann und die Robert Hertz als die Wurzel sozialen Geschehens zu begreifen begonnen hatte, wurde in kaum zwei Generationen durch operationelle Begriffe verdrängt, die, so wie Rolle, Klasse und Austausch, letztlich in ein «System» passen (siehe in Fn 76). Mir geht es darum, den Anwendungsbereich dieser Begriffe in jene Grenzen zu verweisen, in denen sie nützlich sein können, um die moderne soziale Wirklichkeit im Regime der Knappheit zu bezeichnen. Die *Beziehung im Austausch* muß klar von jener *komplementären Bezogenheit* unterschieden werden: dissymmetrische und immer zweideutige Komplementarität (ambiguous complementarity) begründet das Genus-Verhältnis und steht im Gegensatz zu jedem Austauschsystem zwischen vergleichbaren Partnern. Komplementarität beruht auf sozialer gegenseitiger Zuwendung, die einen metaphorischen (also unstimmig und doch bedeutenden) *nicht antithetischen* Bezug begründet; Austausch, hingegen, besteht in der gegenseitigen Abhängigkeit zwischen Sozialpartnern, deren Individualität dem so hergestellten Band vorausgeht. Austausch treibt die Partner dazu, sich *eindeutig* aufeinander zu beziehen, macht sie ähnlich und verformt ihre Asymmetrie zu Hierarchie und Abhängigkeit, denn wo Austausch die strukturelle Relation herstellt, bestimmt ein gemeinsamer Nenner die Beziehung. Wo Zweideutigkeit und Dissymmetrie die beiden Gegenüber erst herstellt und sie wechselseitig aufeinander bezieht, dort gebiert diese Zweideutigkeit auch immer neuartige Un-Stimmigkeiten zwischen Männern und Frauen, die stets jeder Tendenz zur Hierarchie oder Abhängigkeit entgegenwirken (siehe zu Dissymmetrie und Patriarchat

Fn 21, zur asymmetrischen Dominanz Fn 83, zum symbolischen Ausdruck Fn 56 und 89).

58   *Human-Primatologie:* Wissenschaft ist in gewisser Weise immer ein intellektuelles Unternehmen, das zu seiner Zeit die Sachverhalte aufgreift, die im Schwange sind, und ihre Forschung erzählt von den Fragen, die die Wissenschaftler politisch und emotional bedrängen. Das ist besonders augenfällig in den wissenschaftlichen Versuchen, menschliche, intraspezifische organische Differenzen auf Verhalten zu beziehen. Stephen Jay Gould, *The Mismeasurement of Man*, New York 1981 untersucht die Geschichte der wissenschaftlichen Anstrengung, Intelligenz als einfache, quantifizierbare Wesenheit abstrakt zu erfassen, auf die physiologischen Hirnfunktionen zu beziehen und so die vermessenen Individuen hierarchisch zu klassifizieren. Sein Buch ist höchst nützlich, um die Wellen des biologischen Determinismus verstehen zu lernen, die sich von der deutschen Physiognomik und der französischen Craniometrie bis zu Peter J. Wilson fortsetzen. 1944 hat Gunnar Myrdal dieses weit verbreitete Denken als «Tendenz» beschrieben, naturwüchsig «von biologischen Kausalitäten auszugehen und nur im Fall eines intellektuellen Belagerungszustandes soziale Erklärungen einzuräumen»; eine Ideologie, die erlaubt, den gegenwärtigen Status von Gruppen zum Maßstab der Position zu erheben, in die normale Individuen dieser Gruppe *gehören sollten.* Nach Gould wächst der Biodeterminismus in den letzten Jahren, wie immer in Zeiten des Abbaus von liberaler, demokratischer Politik. Unter dem Einfluß popularisierender Biologen haben Millionen seit der Mitte der 70er Jahre zu vermuten gelernt, daß ihre Unzufriedenheit, ja sogar ihre Minderwertigkeit nach modernster Forschung wissenschaftlich begründet sind und daß sie politisch auf die Stufe gehören, auf die eine intraspezifische Spezialisation sie verwies. Eine Kritik des Versuchs, die Sozial- und Humanwissenschaften zu Subdisziplinen der Erbforschung (Soziobiologie) zu machen, leistet William M. Dugger, «Sociobiology for Social Scientists: A Critical Introduction to E. O. Wilson's Evolutionary Paradigm», in: *Social Science Quarterly* 62, Nr. 2 (Juni 1981), S. 221–246 und Clifford Geertz' Kritik von D. Symons, *The Evolution of Human Sexuality,* New York 1980 im *New York Review of Books,* 24. Januar 1980, S. 3–4, sowie ausführlich und umfassend Marshall Sahlins, *The Use and Abuse of Biology: An An-*

thropological Critique of Sociobiology, Ann Arbor 1976. Zur feministischen Kritik dieses Denkens siehe Helen H. Lambert, «Biology and Equality: A Perspective on Sex Differences», in: *Signs* 4, No. 1 (Herbst 1978), S. 97–117, wo viele weitere Literatur angegeben ist. Eine solide, scharfzüngige und differenzierte Analyse der sexistischen Perspektive in den humanbiologischen Wissenschaften bietet die Sammlung von Aufsätzen in M. S. Hubbard und Barbara Friend (Hg.), *Women Look at Biology Looking at Women*, Cambridge 1979. Eine kompensatorische Wissenschaftsperspektive (siehe in Fn 46), in der die Entwicklung des menschlichen Männleins der Leistung einer östruslosen Sexathletin zugeschrieben wird, zeigt Helen A. Fischer in ihrem Buch *The Sex Contract*, Granada 1981 und Nancy Tanner, *On becoming human*, Cambridge 1981. Mit diesem fem-sexistischen Biologismus nicht zu verwechseln ist Alice Rossis Versuch, den Geschlechterbegriff der Sozialwissenschaften von der modernsten Biologie her in Frage zu stellen: «A Biosocial Perspective on Parenting», in: *Daedalus* 106, Nr. 2 (1977), S. 1–31, der eine lebhafte Debatte in der Zeitschrift *Signs* 4, No. 4 (1979) auslöste.

59 *Primaten-Soziologie:* Affensoziologie und dergleichen scheint mir in eine Literaturgattung zu gehören, in der Science fiction auf den Kopf gestellt wird. Science fiction schreibt Ausgeburten der Phantasie sinnvolles Benehmen zu, Primatensoziologie stattet Affen oder Wölfe mit Gesellschaft aus. Beide haben mit der Sozialwissenschaft gemein, daß sie mit genuslosen Begriffen operieren. Die gelegentliche Verifizierbarkeit eines Phantasieszenarios sowie die Bestätigung einer behavioristischen Theorie im Tierexperiment zeigen ja nur, daß sozialwissenschaftliche Kategorien blind für jene Daseinsweise sind, die ausschließlich menschlich ist: genuslose Wirklichkeit. Zur Kritik dieser Literatur, siehe Donna Haraway, «Animal Sociology and a Natural Economy of the Body Politic», in: *Signs* 4, No. 1 (1978), S. 21–60 und die anderen Aufsätze dieses Heftes.

60 *Demokratischer Rassismus der Professionen:* Professionelle sind etwas anderes als Handwerker, ob zünftig oder Pfuscher, und auch etwas anderes als ein Stand, der einen liberalen Beruf ausübt. Moderne Professionelle besetzen ein ihnen von der Gesellschaft zugestandenes Amt, das ihnen folgende drei Verpflichtungen auferlegt:

1. zu bestimmen, welche Minimalqualifikation (an Gesundheit, Schreibfähigkeit, Verkehrszugang etc.) jeder Staatsbürger haben muß, 2. die Gesamtgesellschaft nach Kriterien, die die eigene Profession definiert, zu prüfen und zu sieben, um so die Noch-nicht-Qualifizierten zu bestimmen und 3. diesen dann mit Zuckerbrot und Peitsche die verordnete Medizin zu verabreichen.

Professionelle vereinigen so durch ihr Amt spartenhaft ein Monopol, das jene drei Gewalten totalitär zusammenschweißt, die grundgesetzlich in einer Demokratie in getrennten Händen liegen müßten: legislative, richterliche und exekutive Gewalt. Zur Entwicklung dieses dreifachen Monopols über Definition, Diagnostik und Therapie siehe Burton S. Bledstein, *The Culture of Professionalism*, New York 1976; der Verfasser zeigt, wie dienstleistende Professionen diagnostisch «Bedürfnisse» erfanden, um die Nachfrage nach den Therapien zu schaffen, die sie monopolisierten. Zur Theorie siehe Ivan Illich, *Fortschrittsmythen* (*op.cit* Fn 9) Kap. 1. In der Entstehung des Industrie-Staates konnten die neuen Professionellen auf dem Klavier der öffentlichen Angst vor Unruhe und Krankheit spielen, bewußt dazu mystifizierende Melodien pfeifen, systematisch Volkskultur und Tradition als überlebt und unwissenschaftlich verlächerlichen und so die Nachfrage nach ihren Wohltaten pilzartig aus dem Boden schießen lassen, so Christopher Lasch, *The New York Review of Books*, (24. November 1977), S. 15–18. Barbara Ehrenreich und Deirdre English, *For Her Own Good. 150 Years of the Experts' Advice to Women*, New York 1978, beschreiben, wie die Frau des 19. Jahrhunderts als professionelle Neuschöpfung, als Normierungs- und Pflegeobjekt der Mediziner geschaffen wird. In zehnjähriger Lehrtätigkeit und in seinem Buch *The Mask of Love: Professional Care in the Service Economy*, Boston und London 1982, analysierte John L. McKnight, wie wissenschaftliches Hörensagen durch professionelle Vermittlung zur Wirklichkeitsbestimmung gerinnt, Forschung zur Untermauerung dieser Meinungen dient, Diagnose zur Diskriminierung, Statistik zur Inquisition und Therapie zum Bedürfnis wird. Robert A. Scott, *The Making of Blind Men: A Study of Adult Socialization,* New York 1969 beschreibt diesen Mechanismus an Blinden. Er stellt fest, daß der Grad der optischen Behinderung unabhängig davon ist, ob einer unter Blinden anerkannt wird und wie sich einer als Blinder verhält. «Der Status der meisten Blinden heute in den USA bestimmt sich fast ganz nach ihrer je unterschiedlich erfolgreichen Klienten-Beziehung mit einer Institution, die Blindheit verwaltet.» In den USA wird der Zusammenhang professionellen Vorgehens mit dem Rassismus endlich auch richterlich anerkannt, in Deutschland ist diese Sicht verpönt; hier erlaubt die Ablehnung rassistischer Einstufung eine gutgläubige Hinnahme professioneller Einstufung, die mir sonst so nirgendwo begegnet ist. Die Subtilität der Methoden und das Pathos der Ideologie mögen z. B. in Pädagogik und Rassenkunde verschieden sein, sie beruhen immer auf soziobiologischer Diagnose (Fn 58), die soziale Einstufung legitimiert. Zum Rassismus siehe den Sammelband der Schüler von Poliakov: Maurice Olender (Hg.), *Le Racism: Pour Léon Poliakov* (*op.cit.* Fn 56) und die wichtige und neue Schriftenreihe *Le Genre Humain* (CNRS) Paris 1979 ff., die von der «Groupe d'étude d'histoire du racism» herausgegeben wird.

61   *Rollenspiel:* Wagen *rollen* schon immer. Erst seit im 15. Jahrhundert der Schauspieler auf die Bühne hinaufklettert und dort auf- und von dort abtreten konnte, wird seine Partie, die auf dem gerollten Blatt steht, eine «Rolle» genannt, siehe Richard Southern «Fourth Phase: The Organized Stage», in: *The Seven Ages of the Theatre*, New York 1967, S. 53–58. Die Rolle kann groß oder kläglich sein, und Statisten spielen überhaupt keine Rolle. Ein ganz neuer Sinn hat sich heimtückisch und epidemisch seit 1935 in «der Rolle» breitgemacht, als das Wort von der Sozialwissenschaft engagiert wurde, um das rollenspielende Individuum als Subjekt des «Austausches» zu bezeichnen (siehe in Fn 57). Seither verseucht dieser Terminus die deutsche Umgangssprache. Rolle ist ein gutes Beispiel dafür, wie plötzlich unser Zeitalter neue Selbstverständlichkeiten schafft. Für Talcott Parsons, *Structure of social action*, New York 1937, spielte «role» noch überhaupt keine Rolle; in Talcott Parsons, *The social system*, New York 1951, verweisen 17 mit «Rolle» zusammengesetzte Indexkategorien darauf, wie sehr der Text von der Rolle getragen ist. Es war Ralph Linton, *Mensch, Kultur, Gesellschaft*, Stuttgart 1979, Erstausgabe New York 1936, der den Bezug von Sozialordnung und beobachtetem Benehmen oder Eigenschaften einzelner Subjekte als «Rollenspiel» begriff und damit endgültig das Individuum als abstrakt menschlichen Rollenspieler beschrieb (siehe Fn 5 und 6).

62   *Sozialmorphologie:* D'Arcy Wentworth Thomson, *On Growth and Form*, gekürzte Ausgabe, hg. von J. T. Bronner, Cambridge 1971, hat das Wort Morphologie auch in den Dienst jener Forschung gestellt, die sich mit dem Bezug von Größenordnung und Gestalt befaßt. Wenn auch in manchen Details überholt, ist das Buch dieses Anatomikers ein vernachlässigtes Meisterwerk englischer Prosa. Selbst ohne die kausalen Zusammenhänge zwischen Materialien und Formen im einzelnen zu begreifen, wissen wir intuitiv und aus Erfahrung, daß gewisse Gestalten nur in begrenzten Dimensionen bestehen können: auf Mäusefüßen kann ein Mäusekörper sich nicht mehr weiter bewegen, wenn dieser größer wird als der einer Riesenratte: einen mäusefüßigen Elefantenkörper oder eine elefantenbeinige Maus gibt es nur im Traum, siehe J. B. S. Haldane, «On Being the Right Size», in: James R. Newmann, *The World of Mathematics: A Small Library of the Literature of Mathematics from A'h-mose the Scribe to Albert Einstein*, 4 Bde., New York 1956, Bd. 2, S. 952–957. Leopold Kohr, *The Breakdown of Nations*, London 1941, der Lehrer von E. F. Schumacher, versucht nun schon seit 45 Jahren dem Verhältnis von Gestalt und Größe in Sozialgebilden nachzugehen. Inzwischen ist im Deutschen eines seiner Bücher zugänglich mit *Das Ende der Großen. Zurück zum menschlichen Maß*, Wien–Stuttgart 1982. E. F. Schumacher hat Kohrs Axiom mit *Small is Beautiful* (dt. *Die Rückkehr zum menschlichen Maß. Alternativen für Wirtschaft und Technik*, Reinbek 1977) bekannt gemacht. In Ivan Illich, *Laudatio zum 80. Geburtstag von Leopold Kohr* (Ms 1982), deute ich Kohrs Resultate in bezug auf Genus.

In jenem eigentümlichen Sinne wohl beheimatet fühlt man sich nur dort, wo die materiellen Elemente einer Lebensweise sich auch innerhalb jenes Rahmens bewegen können, in dem die Genus-Komplementarität erhalten bleiben kann. Die Wahrnehmung der rechten Proportion nenne ich *soziale* Ästhetik. Sie wirkt als eine selbstregelnde Kraft, die die materiellen Parameter erhält, innerhalb derer der «genus loci» gedeihen kann. Soziale Morphologie könnte deshalb auch als Sozialästhetik bezeichnet werden. Eine der unendlich vielen möglichen Formen dieser ästhetischen Selbstdarstellung beschreibt Olivia Harris, «The Power of Signs: Gender, Culture and the Wild in the Bolivian Andes», in: Carol MacCormack und Marilyn Strathern (Hg.), *Nature, Culture and Gender*, Cambridge 1980, S, 70–94. Sie untersuchte die Kultur der indianischen *Laymi* im bolivianischen Hochland und beschreibt, wie die Männer dort «ihre» Muster in die Wollmützen stricken, die Frauen dagegen für den üppigen Schatz an Motiven verantwortlich sind, der die Gürtel und Taschen schmückt. «Wir müssen uns klarmachen, daß der Grad künstlerischer Gestaltung, der sich in diesen Webstücken zeigt, nicht das einzig Bedeutsame ist, denn diese Webstücke sind die Schlüsselelemente des ‹Codes›, durch den sich ethnische Gruppen in den Anden voneinander unterscheiden und erkennen. Es ist die symbolschaffende Tätigkeit der Frauen, von Müttern zu Töchtern überliefert und als handwerkliches Wissen im gemeinsamen Besitz aller Frauen, die den reichen Speicher ethnischer Identität ausmacht und herstellt» (ebd. S. 74; siehe auch Fn 92).

63 *Geschlechtsrolle:* Die Mesallianz von Geschlecht (genital) und Rolle gebiert den Sex. Gebürtig aus New York dringt die Geschlechtsrolle mit der Besatzungsmacht nach Deutschland und Frankreich, wo sie besonders von Pädagogen, Psychiatern und Frauen begrüßt wird. In der Wissenschaft geistert sie schon zwei Generationen früher herum, seit nach der Jahrhundertwende die wissenschaftliche Suche nach Maßstäben begann, mit denen sich der geschlechtsspezifische Intelligenzunterschied messen läßt. In den 20er Jahren werden die Skalen entwickelt, mit denen sich geschlechtsspezifisch die Charakteristika von Feminität und Maskulinität messen lassen; zur Orientierung über die Literatur, Ann Sherman, *On the Psychology of Women: A Survey of Empirical Studies*, Springfield 1971 und als kritische Ergänzung Joyce J. Walstedt, *The Psychology of Women: A Partially Annotated Bibliography*, Pittsburgh 1972, wo auch nicht-professionelle Studien aufgeführt sind. Dann, in den 1930er Jahren, war man so weit, zweckdienliche und geschlechtsspezifisch geschiedene Tests auszuarbeiten, die dem Therapeuten, dem Erzieher, dem Sozialarbeiter Diagnose und Behandlung ermöglichen. In den 50er Jahren wurde die Messung der Homosexualität besonders wichtig. Zur Historiographie der wissenschaftlichen Sexualdifferenzierung und -vermessung ist immer noch sehr brauchbar Eleanor E. Maccoby und Carol N. Jacklin, *The Psychology of Sex Differences*, Palo Alto 1974. Geschlechtsrollenbemessung, -zuschreibung und -therapie schafft heute Lebensunterhalt für viele Spezialisten. Einen Eindruck vom Gewicht des Geschlechtsrollenkonzeptes in den Sozial- und Humanwissenschaften

und einen Überblick über die Forschungsfächer vermittelt H. A. D. Astin, *Sex Roles: A Research Bibliography*, Rockville 1975 und die Zeitschrift *Sex Roles: A Journal of Research*, New York 1975 und folgende Jahre.

64 Melville J. Herskovits, *Economic Anthropology* (Taschenbuchausgabe New York 1965), zuerst erschienen 1935 unter dem Titel *Economic Life of Primitive Peoples*, ein Buch, dessen 7. Kapitel in den folgenden 30 Jahren für alle möglichen Handbücher der Soziologie eine Art Steinbruch abgeben sollte, dem sie fast alle Belege zur geschlechtsspezifischen Arbeitsteilung entnahmen.

65 *Polarisierung der Geschlechtsmerkmale:* Der soziale Umbruch des viktorianischen Zeitalters drückt sich in der Durchsetzung einer ganz neuartigen Menschenklassifikation aus. An Stelle von Status werden jetzt Charaktereigenschaften als Grundparameter der sozialen Klassifikation verwendet. Diese Einsicht verdanke ich in erster Linie Barbara Welter, «The cult of true womanhood, 1820–1860», in: *American Quarterly* 18 (1966), S. 151–174, und Karin Hausen, «Die Polarisierung der ‹Geschlechtscharaktere›. Eine Spiegelung der Dissoziation von Erwerbs- und Familienleben», in: Heidi Rosenbaum (Hg.): *Familie und Gesellschaftsstruktur*, Frankfurt 1982, S. 161–191. Zur ideologischen Aufwertung der Häuslichkeit im Zusammenhang mit der Herausbildung des weiblichen Menschen siehe die vielschichtige Arbeit von Ann Douglas, *The Feminization of American Culture*, New York 1977.

66 siehe Margaret Mead, *Jugend und Sexualität in primitiven Gesellschaften*, München 1970, 3 Bde., (hierzu Bd. 3).

67 *Funktionsteilung nach Geschlechtern:* Während es den Viktorianern sehr auf die Wahrnehmung der entgegengesetzten Pole ankam, für die die Natur Mann und Weib verschieden ausgestattet hatte, war es ein Jahrhundert später für die Amerikaner in der großen Depression und Arbeitslosigkeit weitaus bedeutender, in der geschlechts-spezifischen Aufgabenverteilung Gesetzmäßigkeiten zu entdecken. Emsig wurden Tausende von diesbezüglichen Beobachtungen in Hunderten von Gesellschaften tabuliert und dann kreuz und quer verglichen. So gelang es denn auch, an Hand statistisch si-

gnifikanter Ergebnisse, denen wohl beobachtete Häufungen zugrunde liegen, Vermutungen über die «normale» Frauenrolle aus inhaltlich wertlosen Hypothesen aufzubauen, wie dies beschrieben wird bei A. D. Coult und R. Haberstein, *Cross-Tabulations of Murdock's Ethnographic Sample*, Columbia, Missouri 1965. Die grundlegende Arbeit wurde von Murdock geleistet, und sie bleibt ein Bergwerk für Beobachtungen zur geschlechtsspezifischen Aufgabenzuschreibung. Eine kurze Übersicht darüber, wo Frauen «gar nicht, wenig, viel, sehr viel ...» an Tätigkeiten teilnehmen, die weltweit standardisiert wurden (z. B. Töpfern, Weben etc.) in: G. P. Murdock, «Comparative Data on the Division of Labor by Sex», in: *Social Forces* 15, 1937, S. 551–553. Eine geraffte Zusammenfassung seines Werkes gibt Murdock in: «Ethnographic Atlas: A Summary», in: *Ethnology* 6, Nr. 2 (1967), S. 109–236. Trockene, aber gelegentlich nützliche Zusatzinformationen bei seinen Schülern: J. Aronoff und W. D. Crano, «A Re-examination of the Cross-Cultural Principles of Task Segregation and Sex-Role Differentiation in the Family», in: *American Sociological Review* 40 (Febr. 1975), S. 12–20; A. Lomax und C. M. Arensberg, «A Worldwide Evolutionary Classification of Cultures by Subsistence Systems», in: *Current Anthropology* 18, Nr. 4 (1977), S. 659–708; und W. D. Crano und J. Aronoff, «A Cross-Cultural Study of Expressive and Instrumental Role Complementarity in the Family», in: *American Sociological Review* 43, Nr. 4 (1978), S. 463–471. Alle Versuche, universale Gesetzmäßigkeiten zu entdecken, wie Aufgabenfelder im Kulturvergleich immer einem oder dem anderen Geschlecht zugeschrieben werden, haben bisher nur zu anthropogenen Mythologien geführt, in denen Frauen typisch assoziiert werden mit «oft wiederholten, oft unterbrochenen, ungefährlichen, wenig Intelligenz fordernden Tätigkeiten», Aufgaben, die «wenig Risiko fordern, und nah beim Heim ausgeführt werden können», Funktionen von «geringem sozialem Wert, deren relative Bewertung Wandlungen besser widerstehen als die Technik, die bei ihrer Ausführung verwendet wird». Resultat: Hausarbeit hat einen naturhaften Normalstatus, gleichgültig ob sie mit dem Besen oder dem Staubsauger ausgeführt wird. Um die Trivialität des durch statistische Rollenanalyse gezimmerten Frauenbildes der modernen Benehmenskunde zu beschönigen, beschäftigt sich diese neuerdings mit der Analyse von ethnographischen «Ausnahmen» zum weiblichen Normalbenehmen. So wird uns beispielsweise mitgeteilt, daß Murdock eine «weltweite zwischengeschlechtliche Vertauschungsrate von Aufgabenzuschreibungen» von 16 Prozent fand, die aber bei den westlichen Bontoc Igorot auf der Insel Luzon auf 81 Prozent klettert; siehe Albert S. Bacdayan, «Mechanistic Cooperation and Sexual Equality among the Western Bontoc» in: Alice Schlegel (Hg.), *Sexual Stratification*, New York 1977, S. 270–291.

68   *Die Unterdrückung der Frau:* Die jährliche Zuwachsrate von Literatur zu diesem Thema im Laufe der letzten fünfzehn Jahre dürfte bei 12 Prozent liegen. Der größte Teil dieser Arbeiten geht davon aus, daß die Machtdiskrepanz zwischen Mann und Frau in vorindustriellen Gesellschaften ein Zeichen ihrer Unterordnung war. Zur Behandlung des Themas in der britischen und amerikanischen Anthropologie siehe: Susan Carol Rogers, «Woman's Place: A Critical Review of Anthropological Theory», in: *Comparative Studies in Society and History* 20/Nr. 1, 1978, S. 123–162; außerdem Naomi Quinn, «Anthropological Studies on Women's Status», in: *Annual Review of Anthropology* 6, 1977, S. 181–225; Evalyn Jacobson Michaelson und Walter Goldschmidt, «Female Roles and Male Dominance Among Peasants», in: *Southwestern Journal of Anthropology* 27, 1971, S. 330–352, eröffnet den Zugang zu 46 zwischen 1940 und 1965 erschienenen Monographien, die Bauerngesellschaften untersuchen und dabei auf Rollenverteilung und Statuszuweisung der Geschlechter eingehen. Ruby Rohrlich-Leavitt (Hg.), *Women, Cross-Culturally: Chance and Challenge,* Den Haag 1975, und das Schwerpunktheft: «Sex Roles in Cross-Cultural Perspective» des *American Ethnologist* 2, Nr. 4 (November 1975), enthalten eine repräsentative Auswahl von Studien zum interkulturellen Vergleich der Stellung von Frauen; zur marxistisch-feministischen Perspektive siehe das Frauensonderheft *Critique of Anthropology* Nr. 9/10 (1977). Die Mehrzahl dieser Studien benutzt epistemologisch sexistische Kategorien (dazu Fn 54), die den Unterschied zwischen Genus und Sexus, Patriarchat und Sexismus (Fn 21), asymmetrischer Dominanz und hierarchischer Machtabstufung (Fn 83) unsichtbar machen. Mit Selbstverständlichkeit wird dabei der als öffentlich wahrgenommenen Sphäre der Vorrang zugewiesen, das, was in Männerperspektive männlich ist, als überlegen verstanden und die Dissymmetrie des Einflusses auf ein hierarchisches Machtverhältnis

reduziert. Diesen Gesichtspunkt hat Louise A. Tilly klar herausgearbeitet in: «The Social Sciences and the Study of Women», *Comparative Studies in Society and History* 20, Nr. 1, (1978), S. 163–173,
einer kritischen Auseinandersetzung mit dem Sammelband von Michelle Z. Rosaldo und Louise Lamphere (Hg.), *Women, Culture and
Society*, Palo Alto 1974. Der larmoyante Ausgangspunkt der
Frauenkunde vom Weltgesetz der Unterordnung des Weibes in der
Geschichte war Mode für nur ca. 15 Jahre. Die einzigen zwei großen
Monographien zur Frau in sogenannten «primitiven Gesellschaften», die in der vorangegangenen Epoche (1945–70) erschienen waren, betonen die jeweils asymmetrische Machtbalance zwischen den
Geschlechtern: P. M. Karberry, *Women of the Grassfields*, London
1952, Nachdruck 1970 Gregg International, und Audrey I. Richards, *Chisungu, a Girl's Initiation Ceremony Among the Bemba of
Northern Rhodesia*, London 1956. Soweit ich die Literatur der frühen
80er Jahre übersehe, zeigen sich zwei ideologische Tendenzen. Einerseits geht eine neue und im Detail sehr informative Forschungsrichtung mit weinerlicher Selbstverständlichkeit von der Identifika-
tion des Postneolithikums mit Frauenunterdrückung aus; siehe
dazu die Einleitung des Sammelbandes von Sherry B. Ortner und
Harriet Whitehead (Hg.), *Sexual Meanings. The Cultural Construction
of Gender and Sexuality*, Cambridge 1981 von den Herausgeberinnen;
andererseits wird die Möglichkeit, industriezeitalterliche Macht-
begriffe auf vergangene Kräfteverhältnisse anzuwenden, immer
deutlicher in Frage gestellt.

69 *Die Genus-Scheidelinie:* Das Beispiel stammt aus Pierre Clastres, *Staatsfeinde. Studien zur politischen Anthropologie*, Frankfurt
1976, S. 99–125. Es gibt andere Kulturen, in denen die Berührungs-
punkte entlang der Trennlinien noch zögernder ausgestaltet sind,
z. B. glauben die Männer und Frauen der Siriono in Südamerika,
daß sie miteinander nur durch den Mond vermittelt sind: John
Ingham, «Are the Siriono Raw or Cooked?», in: *American Anthropologist* 73, (1971), S. 1092–1099.

70 *Genus und Werkzeug:* Methodologisch nimmt die Bindung der
Männer- oder Frauenhand an das Werkzeug in der Erforschung von
Genus eine Sonderstellung ein, schon deshalb, weil diese Beziehung
eindeutig sichtbar ist. Diese unmittelbare Sichtbarkeit fehlt in der

Verknüpfung von Genus und «Aufgabe». Denn das Werkzeug, besonders das vorindustrielle, hat materielle Konturen, die sichtbar und für jede Kultur charakteristisch sind. Das ist für die «Aufgabe» nicht so. Was eine Aufgabe (eine causa finalis) darstellt, wird meist vom Beobachter aus seiner eigenen Kultur heraus bestimmt. Das Werkzeug ist eine Sache, ein Ding, und es wird zu bestimmten Zeiten, an bestimmten Orten, mit einer sichtbaren Wirkung gebraucht. Der Beobachter kann unmittelbar festhalten, in wessen Hand es liegt. Der Mangel an Studien, die sich auf diese Verknüpfung konzentrieren, stellt deshalb eine überraschende Forschungslücke dar, denn wenn die Frage an die gesamte klassische, schöngeistige und Reiseliteratur herangetragen wird, beginnt diese nur so zu sprudeln. In die karge Literatur in englischer Sprache führt ein: Michael Roberts, «Sickles and Scythes: Women's Work and Men's Work at Harvest Time», in: *History Workshop* 7 (1979), S. 3–28. Ergiebig und voller Details ist Günter Wiegelmann, «Zum Problem der bäuerlichen Arbeitsteilung in Mitteleuropa», in: *Geschichte und Landeskunde, Franz Steinbach zum 65. Geburtstag* (Bonn 1960), S. 637–671. Vom gleichen Autor, «Erste Ergebnisse der ADV-Umfragen zur alten bäuerlichen Arbeit», in: *Rheinische Vierteljahresblätter* 33 (1969), S. 208–262. Maria Bidlingmeier, *Die Bäuerin in zwei Gemeinden Württembergs*, Stuttgart 1918, ist zu ihrer Zeit eine ganz ungewöhnliche Studie, in der die Autorin mit großer Sorgfalt die täglichen Arbeiten der Bäuerinnen in einem traditionalen und einem sich modernisierenden Dorf vor dem Ersten Weltkrieg vergleicht. Siehe auch Ingeborg Weber-Kellermann, *Erntebrauch in der ländlichen Arbeitswelt des 19. Jahrhunderts. Auf Grund der Mannhardtbefragung in Deutschland von 1865,* Marburg 1965. Für Ungarn: Edith Fél, Tamás Hofer, *Bäuerliche Denkweise in Wirtschaft und Haushalt: Eine ethnographische Untersuchung über das ungarische Dorf Átány Schwartz*, Göttingen 1972. Eine eindrucksvolle, materialreiche Studie, die sich allerdings nur implizit auf Werkzeug bezieht, ist O. Löfgren, «Arbeitsteilung und Geschlechterrollen in Schweden», in: *Ethnologia Scandinavia* 4 (1975), S. 49–72. B. Huppertz, *Räume und Schichten bäuerlicher Kulturformen in Deutschland*, Bonn 1939, bes. S. 191 ff. und 281 ff. behauptet, daß die Bindung zwischen Werkzeug und Genus und mehr noch die Bindung zwischen Tieren oder Pflanzen und Genus in einigen Gegenden Deutschlands seit dem Neolithikum unverändert geblieben seien. Zu den katholischen Heiligen, die als

Wächter über die angemessene Genus-Zuordnung von Sicheln und Sensen gesetzt waren, siehe Leopold Schmidt, *Gestaltheiligkeit im bäuerlichen Arbeitsmythos: Studien zu den Ernteschnittgeräten und ihrer Stellung im europäischen Volksglauben und Volksbrauch*, Wien 1952, bes. S. 108–177.

71 *Arbeitsteilung:* Im Englischen kann (ebenso wie im Deutschen) auch ein zusammengesetzter Begriff die Funktion eines Schlüsselwortes einnehmen. «Arbeitsteilung» (division of labour) ist so ein Wort. Auf den ersten Blick erscheint seine umgangssprachliche Benutzung unproblematisch. Sieht man sich allerdings in Fachwörterbüchern und Handbüchern die Worterklärungen genau an, wird sofort deutlich, daß drei heteronome Einteilungsprinzipien von Tätigkeiten in diesem Wort-Amalgam erstarrt sind: 1. die Funktionsteilung von produktiver Arbeit (städtisch / ländlich, Schuhmacher / Zimmermann, die siebzehn Arbeitsgänge bei der Nadelherstellung); 2. die genus-verwobene Zuschreibung von Tätigkeiten (Arbeiten) in traditionalen Gesellschaften; 3. die getrennten und entgegengesetzten Rollenzuweisungen für den Lohnarbeiter und seine Hausfrau. Der Begriff kann in der historischen und anthropologischen Analyse nicht mehr benutzt werden ohne eine Verwirrung dieser drei Bedeutungen. Siehe Barbara Duden, Karin Hausen, «Gesellschaftliche Arbeit – Geschlechtsspezifische Arbeitsteilung», in: A. Kuhn, G. Schneider (Hg.), *Frauen in der Geschichte*, Düsseldorf 1979, S. 11–31. Aus diesem Grund vermeide ich den Begriff der «Arbeitsteilung».

72 *Genus und ständische Eliten:* Aus allem bisher Beobachteten scheint es mir eindeutig zu sein, daß die Gestalt, die Genus örtlich und in einer bestimmten Periode annimmt, schichtenspezifisch untersucht werden muß. Klar erscheint das in hochmittelalterlichen Gesellschaften. Hoher Status verwischt die Genusscheide nicht. Wenn irgend macht der Rang die Scheidelinie noch sichtbarer und hebt sie ins Bewußtsein, weil Herr und Herrin die Muße hatten, ihr Genus zur Schau zu stellen. Durch diese Zurschaustellung wird auch die Übertretung von Genus bewußt thematisiert, siehe Fn 106. Zweitens kann solche bewußte Zur-Schau-Stellung geschlechtsspezifisches Benehmen der Elite über weite Gebiete homogenisieren. Und drittens erscheint so in der Elite verwaltbarer oder gebrochener Genus wohl früher als im Dorf.

73   *Genus und Rente:* Den Nachweis, daß im frühen Mittelalter je unterschiedliche ländliche Erzeugnisse als Abgabe von Männern und Frauen des gleichen Haushalts erhoben wurden, verdanke ich Ludolf Kuchenbuch, «Bäuerliche Gesellschaft und Klosterherrschaft im 9. Jh. Studien zur Sozialstruktur der Familie der Abtei Prüm», *Vierteljahresschrift für Sozial- und Wirtschaftsgeschichte*, Beiheft 66 (1978). Man weiß, daß im 9. Jahrhundert Leihegut an Leute ungeachtet ihres Geschlechts ausgegeben wurde, für das aus dem Haushalt einzeln geschlechtsspezifisch benannte Leistungen geschuldet wurden. Die Geschichte der geschlechtsgebundenen Rente und ihrer Auflösung während des Mittelalters muß erst geschrieben werden. Zur Geschichte knechtlicher Arbeit und ihres Verbotes am Tag des Herrn, siehe Otto Neurath, «Beiträge zur Geschichte der Opera Servilia», in: *Archiv für Sozialwissenschaften und Sozialpolitik* 41, no. 2, (1915), S. 438–465. Zu Arbeitstabu und Feiertagsruhe, siehe Pierre Braun, «Les tabous des Feriae», in: *L'Année Sociologique 3ᵉ série* (1959), S. 49–125. Wie Ideologie die Kategorien verzerrt, mit denen das bäuerliche Schaffen von Mann und von Frau durch die Historiker der 60er und 70er Jahre beschrieben wird, siehe: Christopher Middleton, «The Sexual Division of Labor in Feudal England», in: *New Left Review* 113/114 (1979), S. 147–168. Zu Frauen im mittelalterlichen Dorf, siehe Rodney Hilton, *The English Peasantry in the Later Middle Ages*, Oxford 1975, S. 95–110.

74   *Genus und Handel:* Zu Handel und Genus, siehe Sidney Mintz, «Men, Women and Trade», in: *Comparative Studies in Society and History* 13, (1971), S. 247–269. Mintz resümiert die wissenschaftliche Literatur zum Marktweib mit großem und kleinem Radius und stellt fest, daß Anthropologen schier unfähig sind, dieses Geschöpf mit Gleichmut zu beschreiben. Kein Anthropologe kann sich nach Mintz enthalten, sie entweder in den Verdacht der Kindesvernachlässigung oder der Prostitution zu rücken. Für die Beschreibung einer verkehrten Welt, in der die Männer vom Einkommen ihrer Frauen aus dem Fernhandel abhängig sind und auf dem Umweg des Haushalts versuchen, die Frauen zu beherrschen, siehe Gloria Marshall (unter dem Pseudonym N. Sudarkasa), *Where Women Work: A Study of Yoruba Women in the Marketplace and in the Home*, Ann Arbor 1973. Eine lebendige Beschreibung han-

deltreibender Frauen in San Juan Evangelista (Mexiko) gibt B. Chinas, *The Isthmus Zapotecs (Case Studies in Cultural Anthropology)*, New York 1973.

75 *Genus und Handwerk:* Michael Mitterauer, «Zur familienbetrieblichen Struktur im zünftischen Handwerk», in: H. Knittler (Hg.), *Wirtschafts- und Sozialhistorische Beiträge. Festschrift für Alfred Hoffmann zum 75. Geburtstag*, München 1979, S. 190–219, und vom gleichen Verfasser, «Geschlechtsspezifische Arbeitsteilung in vorindustrieller Zeit», in: *Beiträge zur historischen Sozialkunde* 3 (1981), S. 77–87.

Der rechtliche Status von Frauen in Zünften und Werkstätten des vor-industriellen Europa ist in den letzten Jahren stärker untersucht worden, man findet jedoch wenig zur Geschlechtsbindung des handwerklichen Werkzeugs. Manche Hinweise kann man der Literatur entnehmen, die Edith Ennen aufführt, siehe dies., «Die Frau in der mittelalterlichen Stadtgesellschaft Mitteleuropas», in: *Hansische Geschichtsblätter* 98, 1980, S. 1–22; Margaret Wensky, *Die Stellung der Frau in der Stadtkölnischen Wirtschaft im Spätmittelalter*, Köln 1980, bes. S. 187ff.; Luise Hess, *Die deutschen Frauenberufe des Mittelalters*, München 1940, und besonders zu den «unehrenhaften Berufen», siehe das Buch von W. Danckert, *Unehrliche Leute: die verfemten Berufe*, Bern, München 1963.

76 *Strukturalismus:* Gegenstand von Genusstudien ist die Beziehung zwischen Räumen, Werkzeugen, Tätigkeiten, Gesten und Symbolen auf der einen Seite und dem, was in einer gegebenen Kultur als «Mann» und «Frau» erkannt wird. Die empirische Erforschung dieser Zuordnung und die Darstellung der Gestalt oder Metapher, die sich als «gens» aus der gegenseitigen Komplementarität dieser beiden dissymmetrischen Domänen ergibt, ist die Aufgabe der Genusforschung, das Studium des Gestaltwandels Thema der Genusgeschichte. Eine Reduktion von Genusstudien auf den Strukturalismus ist nicht möglich, denn der Strukturalismus kann als spezifisches Bemühen verstanden werden, die Konzentration von dieser einzigartigen Beziehung und Komplementarität abzulenken, indem er sie mit einem Haufen von anderen Dualitäten – heiß / kalt, rechts / links, heilig / profan – in eine Schublade stopft; alles «strukturelle» Dualitäten, die den Regeln zugrunde liegen, nach denen

199

sich die inneren Beziehungen in einem sogenannten «System» konstruieren lassen. Nach der strukturalistischen Lehre erwächst das System von Zeichen und Symbolen, das eine Kultur ausmacht, aus einem Kern, der nicht mit dem institutionellen und wirtschaftlichen Gesellschaftsgerüst gleichgesetzt werden kann. Der strukturalistische Anthropologe versucht, durch die Analyse von Mythen und Ritualen diesen Kern, der in der soziologischen Analyse des institutionellen Rahmens der Gesellschaft verborgen bleibt, bloßzulegen. Als Einführung in den Strukturalismus, siehe den Sammelband von Roger Bastide, *Sens et usage du terme ‹structure› dans les sciences humaines et sociales*, Den Haag / Paris 1962, und die Reihe: *Qu'est-ce que le structuralisme?*, Paris 1973, vor allem dort den Band von Dan Sperber, *Qu'est-ce que le structuralisme en anthropologie?* und den kritischen Sammelband von Edmund Leach (Hg.), *Mythos und Totemismus. Zur Kritik der strukturalen Analyse*, Frankfurt 1973. In unterschwelliger, aber konsequenter Weise stützen strukturalistische Analysen die genuslosen Kategorien von *Rolle* (Fn 61) und *Austausch* (Fn 57), so daß für Lévi-Strauss schließlich «Frauen, wie Wörter, für den Austausch gemacht sind».

Einen der Gründe, weshalb der Strukturalismus Genus und Verwandtschaft nicht in Beziehung setzen kann, nennt Edmund R. Leach in seiner Studie *Political System of Highland Burma*, London 1954: Der Strukturalist sucht nach einem zentralen Verwandtschaftsalgorithmus, mit dessen Hilfe aber weder ethnologische Wirklichkeit noch soziologisches Gefüge beschrieben werden können. Das scheint für mich so zu sein, weil dem strukturalistischen Diskurs abstrakte kybernetische Polarität zugrunde liegt und damit eine Homogenisierung der männlich-weiblichen Komplementarität mit einem Dutzend anderer Polaritäten. Dem Strukturalisten geht es darum, ein Prinzip zu suchen, aus dem sich die Einheit des *Systems* verstehen läßt; der Genusforschung geht es dagegen darum, in Brauchtum und Ästhetik jene Scheidelinie zu beschreiben, in der die androgyne Gens wieder aufscheint. Wie schwierig es ist, den Strukturalismus von einem sowohl marxistischen wie feministischen Standpunkt aus zu kritisieren, zeigt der brillante Aufsatz von Gayle Rubin, «The Traffic in Women: Notes on the ‹Political Economy› of Sex», in: Rayna Reiter (Hg.), *Toward an Anthropology of Women*, New York 1975, S. 157–210, und der Aufsatz von Felicity Edholm, Olivia Harris, Kate Young, «Conceptualizing Women» (*op. cit.* Fn 22).

77 *Der produktive Ehestand:* Daß Ehe Geschichte hat, ist nichts Neues; daß aber die westliche Zweierbeziehung einen ganz a-typischen Sonderfall darstellt, ist bisher nicht zum Thema der Forschung gemacht worden. Vorläufig und um überhaupt an die Sache heranzukommen, schlage ich vier Epochen vor, die in der Geschichte dieser ökonomischen Zweierbeziehung unterschieden werden könnten: 1. das abschöpfbare Paar; 2. die verwaltete Geschlechtertrennung oder das gebrochene Genus; 3. die ökonomische Arbeitsteilung; 4. die sexuelle Partnerschaft. Zu dieser Annahme bin ich in einem Seminar mit Barbara Duden, Ludolf Kuchenbuch und Uwe Pörksen gelangt. Ausgangspunkt der Diskussionen war Ludolf Kuchenbuchs Kritik an gängigen Feudalismustheorien: «Bäuerliche Ökonomie und feudale Produktionsweise: Ein Beitrag zur Weltsystemdebatte aus mediävistischer Sicht», in: Jochen Blaschke (Hg.), *Perspektiven des Weltsystems*, Frankfurt / M. 1983, S. 112–141. Bei der Unterscheidung dieser Epochen hat es sich für mich hauptsächlich darum gehandelt, der Epoche entsprechende heuristische Begriffe zu entwickeln und nicht Weltgeschichte zu schreiben.

Zu 1: Jack Goody, J. Thirsk und E. P. Thompson (Hg.), *Family and Inheritance, Rural Society in Western Europe, 1200–1800*, Cambridge 1976 hat uns dazu geführt, den Begriff der ökonomischen Paarung zu entwickeln, in der geschlechtsspezifische Tätigkeit zur geschlechtslosen Geldrente gerinnt und so das einzelne Paar erstmals bedeutungsmäßig den Verwandtschaftszusammenhang zu überwältigen beginnt; 2. wir fanden es dann notwendig, von einer verwalteten Geschlechtertrennung oder einer Epoche des «gebrochenen Genus» zu sprechen, um die eigentümliche ökonomische Funktion des vorindustriellen westlichen Paares zu besprechen: wie Hochzeit vom lebenslänglichen Joch des Ehestandes überschattet wird; wie es zur Konstitution einer auf heterosexueller Zustimmung (Kontrakt) beruhenden, ehelichen GmbH kam und diese als Sakrament begriffen wurde; wie erst Kirche und dann Staat die Anmaßung durchsetzten, Männer- und dann Frauenarbeit festzulegen. Das Paar erschien uns so als das ursprüngliche jener aus dem Kontrakt entstandenen «gottgewollten» Subjekte, auf denen neuzeitliche westliche Existenz gründet. Es schien uns ebenso wichtig, die Verwaltbarkeit der geschlechtsgetrennten Tätigkeiten im Ancien Régime von dem sexistischen Einsatz beider Geschlechter als Arbeitskräfte im Kapitalismus zu unterscheiden.

Unter der Voraussetzung des kirchlichen Schutzes des lebens-länglichen Ehejochs, kann das Genus in Unterschichten durch Gewissenserforschung, Predigt und kirchliche Liturgie ähnlich homogenisiert werden, wie dies früher wohl nur in Oberschichten gelegentlich gemacht werden konnte: dabei wird die Geschlechterscheide bewußt, aber auch langsam von außen her bestimmbar, und der Widerstand des gemeinen (vernakulären) Genus gegen technologische Erneuerung wird abgeschliffen. Das Resultat davon scheint mir eine doppelte Frage zu erhellen, vor die der Historiker der frühen Neuzeit gestellt ist. Die neuartige, technologische Anpassungsfähigkeit des gebrochenen Genus erlaubte einen nie dagewesenen Zuwachs an Abschöpfbarkeit, während die streng bewachte Genusscheide für die Fortdauer der gemeinen Haushaltssubsistenz sorgte.

Einen Einstieg in die Problematik bieten Etymologie und Wortgeschichte: Emile Benveniste, *Le Vocabulaire des institutions indo-européennes*. Paris 1969, 2 Bde., Bd. 1, Kap. 4, und Giovan-Battista Pellegrini, «Terminologia matrimoniale», in: *Settimane di Studio del Centro Italiano di Studi sull Alto Medioevo, Il matrimonio nella società medievale*, Spoleto 1977, S. 43–102. Der soziale Geburtsakt des ökonomisch als Einheit produzierenden Ehe-Paares entspricht einer logischen und begrifflichen Neuschöpfung der Ehe, die von einigen Kirchenvätern geleistet und als solche bisher nicht genug beachtet wurde. Ein Versuch, diese Neudefinition zu verfolgen, ist das aufregende Buch von Marie O. Métral, *Die Ehe. Analyse einer Institution*, Frankfurt / M. 1981. Wahrscheinlich hat eine von Kaiser Nero erlassene Gesetzesreform entscheidend dazu beigetragen, daß sich die Doktrin der Kirchenväter von der Transformation «d'une bisexualité de sabrage à une hétérosexualité de reproduction» verankern konnte, dazu Paul Veyne, «La famille et l'amour sous le Haut Empire romain», in: *Annales E.S.C.* 33, Nr. 1 (1978), S. 35–63; zum Beitrag der Kirche an der gesellschaftlichen Durchsetzung des unauflöslichen Ehestandes im Mittelalter, siehe Georges Duby, *Medieval Marriage: Two Models from Twelfth-Century France*, Baltimore 1978, eine erste Fassung seines folgenden Buches: *Le Chevalier, la femme et le prêtre: le Mariage dans la France féodale*, Paris 1981. Meine Neugier am Prozeß des langsamen ökonomischen Zusammenschmelzens der Geschlechter in konjugaler Gütererzeugung wurde zuerst geweckt von David Herlihy, «Land, Family and Women in

Continental Europe, 701–1200», in: *Traditio: Studies in Ancient and Medieval History* 18 (1962), S. 89–113. Zur Entwicklung der Hochzeitsriten, siehe Jean-Baptiste Molin und Protais Mutembe, *Le Rituel du Mariage en France du XIIe au XVIe siècle*, Paris 1974; ein guter Einstieg in ältere und neuere Forschungen zur Geschichte der Ehe des Westens seit der römischen Antike sind die Aufsatzsammlungen: René Metz und Jean Schlick (Hg.), *Le lien matrimonial*, Straßburg (CERDIC-Publication) 1970 und Jean Gaudemet, *Sociétés et mariage*, Straßburg (CERDIC-Publication), 1980. Zum Forschungsstand Robert Fossier, *Enfance de l'Europe, Aspects Economiques et Sociaux*, Bd. 2: Structures et problèmes, Paris 1982, S. 905 bis 950. Eine hervorragende Einführung in die Literatur ist im übrigen der Sammelband von Derek Baker (Hg.), *Medieval Women*, Oxford 1978. Siehe auch Fn 109–111.

78 *Lebensraum und Genus-Bereiche:* André Leroi-Gourhan, *Hand und Wort. Die Evolution von Technik, Sprache und Kunst*, Frankfurt / M. 1980, betont: «Im Gegenteil zum Territorium des Tieres hat das menschliche Genus keine Entsprechung in der Welt der Primaten.» Diese Behauptung, die sich in erster Linie auf den geschlechts-spezifischen Zugriff, auf Werkzeug, bezieht, bedarf der Erläuterung. Der Raum, den Männer und Frauen in einer Gesellschaft einnehmen, ist nicht derselbe. Pierre Bourdieu, *Entwurf einer Theorie der Praxis*, Frankfurt 1976, Teil 1, Kapitel 2: «Das Haus oder die verkehrte Welt» beschreibt, wie nur im *haram*, dem Lager, im Innersten der Berber-Hütte die beiden Räume ineinander fließen. Jeder andere Winkel des Hauses ist genus-belastet. Der Raum, den die Männer einnehmen, ist ein anderer Raum als der der Frauen: Jeder dieser Räume verlangt die Gesten und Rhythmen, die ihm eigen sind. Räume und Zeiten sind genusbestimmt wie Tätigkeiten und Werkzeuge.

Verschiedene Kulturen schneiden unterschiedliche Trennlinien in die Landschaft. Weil gemeiner Raum durchlässig ist, können verschiedene Kulturen sich die gleiche Landschaft teilen. Im Mittelpunkt des Lebensraumes liegt das Haus, die duale Räumlichkeit, durch die Kultur weitergereicht wird. Clark E. Cunningham, «Order in the Antoni House», in: R. Needham, (*op. cit.*, S. 204–238, Fn 53). Der *gemeine Lebensraum* steht damit im Gegensatz sowohl zum *Territorium von Tieren* als auch zum gleichförmigen Raum der Öko-

nomie. Zur Entwicklung jenes Denkens, das einen homogenen
Raum für die Zirkulation der Ware konstituiert, siehe P. Dockès,
L'Espace dans la pensée économique du 16ᶜ au 18ᶜ siècle, Paris 1969. Die
gemeine Welt ist genusverwobener Raum, eine kulturelle Wirklichkeit, die aus der asymmetrischen und zwieschlächtigen Komplementarität von zwei räumlichen *Genus-Bereichen* erwächst. Diese
Tatsache scheint allerdings in der Philosophie fast völlig übersehen
worden zu sein: z. B. bei Alexander Gosztonyi, *Der Raum: Geschichte seiner Probleme in Philosophie und Wissenschaft*, 2 Bde., Freiburg 1976. Vernakulärer Raum muß als eine vieldimensionale An-
Ineinander-Unter- und Zuordnung zwieschlächtiger Bereiche gesehen werden, die in krassem Gegensatz zur hierarchischen Abstu-
fung jenes homogenen Raumes steht, in dem der «Austausch» zwischen «Rollenträgern» unserer Welt vor sich geht. Anders als der
Raum der Waren–Macht und Informationszirkulation ist der genusbezogene vernakuläre oder gemeine Raum auch immer mehr-di-
mensional und selbst-begrenzt. Asymmetrische Komplementarität
bestimmt die Reichweite, die im Gegensatz zum mechanischen Radius des Warenraumes steht. Dieser fundamentale Unterschied zwischen dem gemeinen Raum historischer Gesellschaften und dem
Weltraum, in dem der moderne Staat sich ansiedelt, ist von der
neueren Ökologie und Humangeographie kaum beachtet worden.

Kultur und Kulturraum bedingen sich: Kulturraum ist selbstbe-
grenzend – in Frankreich, vom 13.–18. Jahrhundert ist die materielle
Existenz jedes Dorfes zu 90% auf einen Radius von 9 km beschränkt, siehe Pierre Chaunu, *Histoire science sociale. La durée,
l'espace et l'homme à l'époque moderne*, Paris 1974, bes. Kapitel 2. Die
Ferne im Kulturraum ist gestaffelt, siehe C. Karnoch, «L'étranger,
ou le faux inconnu: Essai sur la définition spatiale d'autrui dans un
village lorrain», in: *Ethnologie Française* 1, Nr. 2 (1972), S. 107–122.
Noch 1950 nahmen die Leute in einem französischen Dorf den sie
umgebenden Raum in drei konzentrischen Kreisen wahr: das Dorf,
das umliegende Tal, das in drei Stunden durchschritten werden
kann, und *le pays*, die fernere Umliegenschaft, in deren Dörfern
«forains» (Fremde) leben, mit denen man aber noch in intensiven
Verwandtschaftsbeziehungen steht. Kulturraum besteht immer aus
der Komplementarität des physischen Daseins von Frauen und
Männern. Siehe dazu L. A. Roubin, «Male Space and Female Space
Within the Provençale Community», in: *Rural Society in France*,

R. Forster und O. Ranum (Hg.) , Baltimore, London 1977, S. 152
bis 180. Dieser Artikel, Auszug aus einem Buch, ist von M. Agulhon
ausführlich diskutiert worden in: «Les chambrées en Basse Provence:
histoire et ethnologie», in: *Revue Historique* 245 (1971), S. 337–368.
Seine Studie beschreibt die örtliche Männerversammlung, den
Club, der als materialer Ausdruck für den tiefen Graben gesehen
werden kann, der die Sphäre der Männer von der der Frauen trennt.
Die Weinschenken, die Vereine, die den Karneval vorbereiten, die
sonnenbeschienenen Bänke auf dem Kirchenvorplatz sind deutlich
Männer-Domaine. Obwohl öffentlicher Raum und Männer-Do-
mänen keinesfalls bedeutungsgleich sind, fallen sie doch in der Provence in rein physischer Ausdehnung annähernd zusammen. Ähnlich: Susan C. Rogers, «Espace masculin, espace féminin: Essai sur
la différence», in: *Études rurales* 74 (Jan./Juni 1979), S. 87–110.
Frauen der Unterschichten auf den Straßen beschreibt Michelle Per-
rot, «Rebellische Weiber. Die Frau in der französischen Stadt des
19. Jahrhunderts», in: *Listen der Ohnmacht. Zur Sozialgeschichte weiblicher Widerstandsformen*, hg. von C. Honegger und B. Heintz,
Frankfurt/M. 1981, S. 71–98. Eine Sammlung von neuen anthropologischen Studien, die den sozialen Raum methodisch für
Frauenforschung zugänglich machen wollen, ist Shirley Ardener
(Hg.), *Women and Space: Ground Rules and Social Maps*, London
1981. Um traditionelles Milieu zu fassen, ist Literatur häufig die
einzige Quelle. Ein grundlegender Versuch, vergangene Milieus
und damit zugleich Genus-Räume durch das Studium der Ortsbe-
zogenheit in ihrem literarischen Ausdruck zu rekonstruieren, ist
Ina-Maria Greverus, *Der territoriale Mensch. Ein literaturanthropologi-
scher Versuch zum Heimatphänomen*, Frankfurt 1972.

79 *Raum und Zeit:* Um von Raum/Zeit englisch sprechen zu können, hat Einstein aus «space/time» «spime» gemacht. Der physika-
lischen Raum/Zeit stelle ich hier den Rhythmus der vernakulären
Landschaft gegenüber. Das mehrdimensionale Bezugsnetz des genus loci. Wenn ich in meinen genusbezogenen Überlegungen mich
darauf beschränken müßte, von nur einer einzigen Fallstudie auszugehen, so fiele meine Wahl auf Yvonne Verdier, *Drei Frauen. Das
Leben auf dem Dorf*, Stuttgart 1982. Der Ort ist Minot, im Hügelland
hinter Dijon versteckt, mit seinen 360 Einwohnern. Die Erinnerung
der Ältesten reicht bis tief in die Zeit vor dem Umbruch zurück. In

Gesprächen mit Frauen, aus überlieferten Gedichten, alten Bildern und Katastern rekonstruierte Verdier aus den Worten von Frauen das Frau-Sein dort. Und in dieser Frauenwelt kreist das Gespräch um drei: der Frau, die wäscht: das Neugeborene, die Wäsche und die Toten; der Frau, die näht und die Mädchen über die Schwelle zur Erotik begleitet; und der Frau, die die Hochzeit kocht, indem sie das Hochzeitsmahl kocht. Die Worte, die Gesten, die Handgriffe sind Teil eines vielfältigen Bedeutungsnetzes.

Martine Segalen *Mari et femme dans la Société paysanne*, Paris 1980, kann als Gegenstück und Ergänzung zu Verdier gelesen werden. Der Ort ist Zentralfrankreich, im Blick sind die komplementären Rhythmen von Mann und Frau im Bauernhaushalt, die zeitliche Dimension der Genusnaht: wie die Tagesabläufe von Männern und Frauen mit der Jahreszeit wechseln und wie daraus die Räume, die Männer und Frauen im Sommer und Winter besetzen, andere Grenzen haben. Aus den Berichten wird deutlich, wie Uhrzeit und Fahrplan in diesen Rhythmus hineinticken und ihn anfressen. Schon zwei Generationen vorher hat das M. Bidlingmeier (*op. cit.* Fn 70) 1915 für Lauffen beobachtet. Unter dem Druck der Produktion für den Markt, dem Verlust der eigenen Frauensphäre in der Feldarbeit, entsteht eine neue Eile, die Frauen ganz besonders quält. Für den Einbruch der Uhrzeit in die ländliche Gesellschaft, siehe Guy Thuillier, «Pour une histoire du temps en Nivernais au XIX^c siècle», in: *Ethnologie Française* 6, no. 2 (1976), S. 149–162 und für die Auflösung des an das Kirchenjahr gebundenen Heiligenkalenders durch den bürokratischen Zivilkalender und das Schuljahr siehe Evatar Zerubavel, «The French Republican Calendar: A Case Study in the Sociology of Time», in: *American Sociological Review* 42 (1977), S. 868–877; zu Uhrzeit und Klassenbewußtsein, siehe auch Edward P. Thompson, «Zeit, Arbeitsdisziplin und Industriekapitalismus», in: E. P. Thompson, *Plebeische Kultur und moralische Ökonomie. Aufsätze zur englischen Sozialgeschichte des 18. und 19. Jahrhunderts*, Frankfurt, Berlin 1980, S. 34–66. Zum Konflikt um den ethnischen Zeitsinn, den die Immigranten in die amerikanische Fabrik zu Beginn des 20. Jahrhunderts als Störfaktor einbringen und zum Überleben ethnischer Zeit im Haushalt, siehe Tamara K. Hareven, «Family Time and Historical Time», in: *Historische Familienforschung*, hg. von Michael Mitterauer und Reinhard Sieder, Frankfurt / M. 1982, S. 64 bis 87. Als philosophischen Beitrag über die Verschränkung von Kulturen und Zeiten, siehe Paul Ricoeur (Hg.), *Les cultures et le temps*, Paris 1975. Irving Zelkind, Joseph Sprug, *Time Research*, New Jersey 1974, kann im Index von 1172 der von ihm untersuchten sozialwissenschaftlichen Beiträge zum Zeitstudium auf 4 % verweisen, in denen Sex als Variable erscheint. Nicht ein einziger Titel ist relevant.

80 *Katzenmusik:* Als Einstieg in die Literatur, welche Bräuche Konvention und Sitte wahren und welche Volksstrafen angewendet wurden, wenn lokales Brauchtum verletzt wurde, siehe Roger Pinon, «Qu'est-ce qu'un chariviari? Essai en vue d'une définition opératoire», in: *Kontakte und Grenzen: Probleme der Volks-, Kultur- und Sozialforschung: Festschrift für G. Heilfurt*, Göttingen 1969, S. 393–405. Zu den einzelnen von ihm aufgeführten Maßnahmen gehören: einem das Dach abdecken, einem die Bäume fällen, einem Salz in den Brunnen tun, einen an den Pranger stellen, einen teeren und federn. Über eine Arbeitstagung spezifisch zur Katzenmusik berichten Jacques Le Goff u. Jean Claude Schmitt (Hg.), *Le Charivari: Actes de la table ronde organisée a Paris 1977* (...), Paris 1981.

In ihrem Buch *La mémoire longue: Temps et histoires au village*, Paris 1980, beschreibt Françoise Zonabend aus Minot den Brauch des rituellen nachbarschaftlichen Besuches, der *embuscade*, der die Gelegenheit schafft, durch gemeinsame Rüpelei das unbillige Verhalten des Gastgebers darzustellen. Spottlieder können auch der Disziplinierung dienen, siehe Ilka Peter, *Gasselbrauch und Gasselspruch in Österreich*, Salzburg 1981.

E. P. Thompson, «‹Rough Music› oder englische Katzenmusik», in: *Plebeische Kultur und moralische Ökonomie. (op. cit. in Fn 79, S. 130–168)*, arbeitet den Unterschied heraus zwischen Sozialkontrolle durch rituelle und oft grausame Ausbrüche zur Maßregelung individueller Übertretungen und der gesetzlichen Justiz, die sich gegen solche im «Vorurteil» verwurzelte Sozialkontrolle wendet. Siehe auch Natalie Zemon Davis, «The Reasons of Misrule: Youth Groups and Charivaris in Sixteenth-Century France», in: *Past and Present* no. 50 (1971), neu abgedruckt in: Natalie Zemon Davis, *Society and Culture in Early Modern France*, Stanford 1975, Kapitel 4. Christiane Klapisch-Zuber, «The Medieval Italian Mattinata», in: *Journal of Family History* 5, no. 1 (1980), S. 2–27. Rügegebräuche haben nicht nur angemessene Gelegenheiten, Anlässe, es gibt auch

Räume, in denen sie ausgeheckt werden, siehe Hans Medick, «Spinnstuben auf dem Dorf. Jugendliche Sexualkultur und Feierabendbrauch in der ländlichen Gesellschaft der frühen Neuzeit», in: J. Reulecke und Wolfhard Weber (Hg.), *Fabrik, Familie, Feierabend: Beiträge zur Sozialgeschichte im Industriezeitalter*, Wuppertal 1978.

In der europäischen Geschichtsschreibung der popularen Rüge wird die genusspezifische Natur nur für den sichtbar, der diese Kategorie an das Material heranträgt; bei den «Wilden» drängt sich das Thema dem Anthropologen auf. Unvergeßlich wird jedem Leser bleiben Shirley Ardener, «Sexual Insult and Female Militancy», in: dies. (Hg.), *Perceiving Women*, London 1977, S. 29–53.

81 *Rechtschaffenheit:* «Was dem einen recht, das ist dem anderen billig», das ist etwas anderes als durch Gesetz sanktioniertes Benehmen. Im Englischen verwende ich das Wort ‹probity›, im Französischen ‹d'honnêteté›, um die Wahrnehmung der Genus-Scheide als Norm fürs eigene Benehmen zu bezeichnen, um auf jene Norm im Brauchtum hinzuweisen, die jeweils bestimmt, was hierzulande Mann oder Frau tun soll. In der Wortwahl können wir gar nicht vorsichtig genug sein, damit wir in die Bezeichnung dieser Verhaltensregel nicht unhistorische Motive einschleppen, wie Scham, Schuld, Sünde, Anstand etc. Ein kurzer Einblick bei C. D. Buck (*op. cit.* in Fn 3) unter den entsprechenden Begriffen zeigt, wie vielfältig ineinander gebrochen die indogermanischen Wurzeln auf diesem Gebiet heute sind. Über den Weg, auf dem «Ehre» in einer charakteristisch europäischen Weise die Rechtschaffenheit bestimmt hat, siehe Julian Pitt Rivers, «The Anthropology of Honour» und «Honour and Social Status in Andalusia», in: *The Fate of Shechem or the Politics of Sex*, Cambridge 1977, S. 1–47 und P. Schneider «Honour and Conflict in a Sicilian Town» in: *Anthropological Quarterly* 42 (3), 1969, S. 130–155. Wie der Prozeß der Zivilisation im 18. Jahrhundert Ehrbarkeit und Rechtschaffenheit gesetzlich regelt, siehe Yves Castan, «La famille: Masculin et feminin», in: *Honnêteté et relations sociales en Languedoc, 1715–1780*, Paris 1975, S. 162–207. Im frühen 18. Jahrhundert versuchte der Gesetzgeber noch nicht, das Familienleben der einfachen Leute zu bestimmen, die Gesetze sollten es bestenfalls wahren. Der Versuch des Staates, die Ehe allgemein aufzuzwingen und das Familienleben säkular zu ordnen, ließ noch drei bis fünf Generationen auf sich warten. Der

Spielraum und das Benehmen des Genus war noch weitgehend durch Rechtschaffenheit bestimmt. Um 1780 beginnt diese Rechtschaffenheit wenigstens in Südfrankreich abzuflauen, Yves Castan, «Pères et fils en Languedoc à l'époque classique», in: *Le XVII siècle* Nr. 102/103 (1974), S. 31–43. Nicole Castan, «La criminalité familiale dans le ressort du Parlement de Toulouse (1690–1730)», in: *Cahiers des Annales 33* (1971), S. 91–107 berichtet vorsichtig über den Unterschied in den Ausdrucksformen männlicher und weiblicher Ehrbarkeit: Die Frau ist mit dem Haus solidarisch und kann zu seinem Schutz ehrbar Dinge tun und sagen, die einem Mann nie verziehen würden. Die Ehrbarkeit verlangt von ihr, daß sie das Hehlergut im Haus schützen, den Steuereintreiber verjagen, dem Rache androhen soll, der sich zum Zeugen gegen ein Haushaltsmitglied hergeben würde. Sie muß den Ehemann wegschicken und allein zu Hause bleiben, wenn Hurendienste im Wohnhaus angeboten werden. Castan beschreibt, wie die Kodifizierung des Rechtes und die Häufung von gerichtlichen Auseinandersetzungen in kurzer Zeit die Ordnung von Genus durch staatliche Verordnung ersetzt haben. Die Frau verlor ihre Ehre und Billigkeit und gewann dafür später zweigeschlechtliche Bürgerrechte. Zum Übergang von Brauch zum Gesetz allgemein siehe: M. Alliot, «L'acculturation juridique», in: *Ethnologie générale: Encyclopédie de la Pléiade* (1968), S. 1180–1247 und J. Poirier, «The current state of legal ethnology and its future tasks», in: *Trends in legal learning*, ISBJ, 12, 3 (1970), S. 476–494.

82 *Das Gerede (Gossip):* Ehrbarkeit und Rechtschaffenheit werden nicht nur durch gelegentliche Rüge (Fn 81) und periodischen Spott und Mummenschanz, z. B. im Karneval (Fn 106), gewahrt. Schlau und gewitzt, gerissen und durchtrieben ist das Gerede am Werk, mit seinen Rätseln, Redensarten und ganz besonders mit Klatsch und Geflüster. Der Klatsch (engl. gossip) hat eine Schlüsselstellung in der Wahrung der Ehrbarkeit. Erst im Klatsch eines mexikanischen Dorfes werden die Regeln, nach denen man lebt, ausgesprochen und oft zum eigenen Vorteil manipuliert. Siehe dazu John B. Haviland, *Gossip, Reputation and Knowledge in Zinacantan*, Chicago 1977. Nicht nur das Heute, auch das Gestern wird beklatscht, und in diesem Gerede wachsen die Wurzeln in die Vergangenheit und erklären die Beziehungen untereinander im Heute. Klatsch bindet Freunde.

Klatsch wird zum Zeichen der Zugehörigkeit, denn nur wer versteht, was hier ein Ärgernis ist, kann auch verstehen, welche Regeln den Klatsch selbst regieren. Siehe Max Gluckmann, «Gossip and Scandal,» in: *Current Anthropology 4*, no. 3 (1963), S. 307–316. Klatsch grenzt die Gruppe ab. Klatsch grenzt Genus von Genus, Männer und Frauen klatschen beide, aber anders und über anderes. Erst mit dem Genusschwund wird «*gossip*» zu einer weiblichen Gestalt: Alexander Rysman, «How the ‹Gossip› Became a Woman», in: *Journal of Communication* 27, no. 1, (1977), S. 176–180. *God-sip* bezeichnet eine Beziehung zur Familie, die eng genug ist, um den oder die so Bezeichnete als Gevatter zu wählen. Ursprünglich war *god-sip* der Nicht-Blutsverwandte, der durch das Ritual den Männern oder Frauen des Hauses adoptiert wurde. Für Chaucer noch war es nicht weniger arg, mit dem Gevatter zu schlafen als mit dem Bruder. Zur Zeit Shakespeares verblaßte die Verwandtschaft, die den *God-sip* ans ganze Haus band, und er wurde immer mehr zum besonderen Freund. Im Mittsommernachtstraum ist er der Saufkumpan. *God-sip*, jetzt schon *gossip*, ist eine herzliche Anrede. Erst am Anfang des 19. Jahrhunderts wird gossip im Englischen als abstraktes Substantiv verwendet und bezeichnet nur mehr das Gerede. Erst hier wird *gossip* an die Frau gebunden, als Frau dargestellt und als negatives Stereotyp für das Weib verwendet. Der Witz, der Schwank und selbst das Rätsel sind ähnlich wie das Gerede Zeichen an der Genus-Grenze, allerdings scheinbar vorzüglich im Mund der Frauen. Siehe E. Moser-Rath, «Männerfeindliche Tendenzen in Witz und Schwank», in: *Zeitschrift für Volkskunde* 75, no. 1 (1979), S. 57–67 und Yolando Pino-Saavreda, «Wette der Frauen, wer den Mann am besten narrt», in: *Fabula 15*, (1974), S. 177–191.

83 *Asymmetrische Dominanz:* Susan Carol Rogers, «Female Forms of Power and the Myth of Male Dominance: A Model of Female-Male Interaction in Peasant Society», in: *American Ethnologist 2*, Nr. 4 (November 1975), S. 727–756, beschreibt, wie sich die männliche Dominanz im Prozeß der Industrialisierung vom Mythos zur Realität veränderte. Ihrer Meinung nach ist die Vorstellung, die Dominanz der Männer sei als universale Erscheinung generalisierbar, männlich orientierten Definitionen zuzuschreiben und deshalb selbst ein Mythos. Ein großer Teil der Literatur zur Modernisierung der bäuerlichen Lebenswelt beruht, was die Frauen betrifft, auf fal-

schen Voraussetzungen: daß Männer eine *formelle* (sichtbare), Frauen eine *informelle* (unsichtbare) Macht ausüben. Hört man indes auf, die Rollen der Männer und ihre Formen von Autorität als Norm zu betrachten und schaut statt dessen auf die Frauen, wie sie in ihrer Art vorgehen, die nicht weniger wichtig und bedeutsam ist als die der Männer (wenn auch sicher andersgestaltig) – erst dann sieht man, daß männliche und weibliche Macht- und Einflußbereiche verwoben sind, und man begreift, wie Gesellschaften gebaut sind. In einem frühen Aufsatz, der später in *Steps to an Ecology of Mind* (dt. *Ökologie des Geistes*, Frankfurt 1983) aufgenommen wurde, hat Gregory Bateson auf den fundamentalen Gegensatz hingewiesen zwischen konkurrierenden Gesellschaften, wo Gleiches mit Gleichem beantwortet wird, und ganz anderen Gesellschaften, in denen Leute das, was andre tun, damit beantworten, daß sie selbst etwas Ähnliches tun (dt. S. 99 ff.). In der Frauenforschung setzt sich diese Sichtweise seit einiger Zeit durch: Alice Schlegel (Hg.), *Sexual Stratification: a Cross-Cultural View*, New York 1977, enthält zwölf Fallstudien über Gesellschaften von den Philippinen bis zu Israel; viele Fäden der Diskussion um Gleichheit und Ungleichheit im Status der Geschlechter sind hier zusammengezogen, drei Dimensionen von geschlechtsspezifischer Position lösen sich heraus: Belohnung (*reward*), Ansehen (*prestige*) und Macht (*power*). Die Autorin nimmt an, daß für Verhältnisse von Subsistenz das *Gleichgewicht* der zentrale Begriff ist, um die wechselseitige Abhängigkeit der männlichen und weiblichen Domänen zu erfassen – zumindest im Fall der von ihr auf S. 245–269 beschriebenen Kultur der Hopi. Diese traditionale männlich / weibliche Gleichgewichtigkeit wird allerdings zwangsläufig von der wachsenden Gleichförmigkeit der männlichen und weiblichen Rollen im Haushalt und im Beruf bedroht, je mehr die Hopi in die US-amerikanische Wirtschaft integriert werden. J. Harris, «The Position of Women in a Nigerian Society», *Transactions of the New York Academy of Sciences*, Zweite Folge, Bd. 2, Nr. 5, 1940, hat bei den Ibo etwas Vergleichbares beobachtet: er stellt fest, daß das Gleichgewicht zwischen den nominellen Rechten der Ehemänner und den gemeinsamen *de facto*-Rechten ihrer Ehefrauen durch die wirtschaftliche Integration zerstört wird.

Rayna R. Reiter, «Men and Women in the South of France: Public and Private Domains», in: *Toward an Anthropology of Women* (*op. cit.* in Fn 76) untersucht ein Dorf mit 185 Einwohnern in den südlichen

Alpenausläufern der Provence. Die Frauen, die im Umkreis ihres Haushalts leben und arbeiten, scheinen diesen Bereich für wichtiger zu halten als die öffentliche Sphäre der Männer (siehe Fn 78). In dem Maße allerdings, in dem der Haushalt als Familie in den modernen Staat integriert wird, sind es die Frauen, die durch ihre Rolle in der Familie definiert werden, und ihr «getrennter Bereich» kann nicht mehr als gleichgewichtige Seite ausgelegt werden. Vor dieser Entwicklung konnte die Aura von Prestige auf der Seite des Mannes die Realität der Frauenmacht verschleiern. Ernestine Friedl, «The Position of Women: Appearance and Reality», in: *Anthropological Quarterly* 40 (1967), S. 97–105, beobachtete Familien heute in einem griechischen Dorf und sagt: «Man kann die Behauptung aufstellen, daß in allen Gesellschaften die Tätigkeiten der Männer mehr Ansehen genießen als die der Frauen; wenn das so ist, muß man aufmerksamer hinsehen und sorgfältiger forschen, um die relative soziale Macht von Männern und Frauen zu entdecken. (. . .) In Gesellschaften, in denen die Familie im Zentrum der sozialen und ökonomischen Struktur des Gemeinwesens steht, muß die Macht in diesem Bereich wichtige Konsequenzen haben für die Machtverteilung in der Gesamtgesellschaft.» Frauen können drohen, die Männerwelt zu zerrütten. Was die Frau dem Mann im Haus zu verstehen gibt, hält dauernd das Bewußtsein dafür wach, bis zu welchen Grenzen Frauen in ihrer Plage und ihrem Ärger bereit sind, bei der Bewältigung des Haushaltes zu gehen, damit die Männer der Familie in die Lage versetzt sind, ihre männliche Ehre in der Öffentlichkeit zu wahren. Dieses kulturell sanktionierte Frauenstöhnen hält das Bewußtsein von der Abhängigkeit wach, in der die Männer zu ihren Frauen stehen. Aber unvermeidlich bricht diese asymmetrische Dominanz zusammen, wenn Geldumlauf Subsistenz verdrängt, sobald Frauenplage im Haushalt zur Schattenarbeit wird. Ohne diese Worte zu verwenden, beschreibt diese wachsende Ohnmacht der Frauen Vanessa Maher, «Work, Consumption and Authority within the Household: A Maroccan Case», in: *Of Marriage and the Market*, hg. von Kate Young, Carol Wolkowitz und Roslyn McCullagh, London 1981, S. 69–87. Ich kenne keinen anderen Aufsatz, in dem es einer Fremden gelingt, das ökonomische Erlebnis des Frau-Seins im Entwicklungsprozeß aus der Küchenperspektive zu verstehen.

Die Unterscheidung zwischen Genus und Sexus legt den Unterschied zwischen einer Asymmetrie der Dominanz von Genus-Bereichen und der hierarchischen Verteilung von homogener Macht im Regime von Sexus offen. Hier ist Dominanz zweideutig, heißt etwas anderes, wenn von Frauen und wenn von Männern gesprochen wird. Dort ist Macht eine homogene, gleichförmige Kraft, die theoretisch beide Geschlechter anwenden können, allein das Ausmaß und die Weise der Kontrolle sind verschieden. Die Veränderung besteht nicht nur darin, daß nun Geld aus Männerverdiensten die Frauentätigkeiten neu bestimmt, sondern auch darin, daß Macht selbst zu einer Zahlungseinheit wird, wie Währung ohne Bindung an das Geschlecht zirkulieren kann und Männermacht und Frauenmacht symmetrisch werden. Wo Macht selbst in der Genus-Welt asymmetrisch war, symbolisch an Genus gebunden blieb, die Genusscheide nicht zirkulieren konnte, war die symmetrische Abwertung der Frauen unmöglich, denn Männer- und Frauenmacht konnten auf keinen gemeinsamen Nenner gebracht werden; während die Asymmetrie gegenseitige Scheu, Ehrfurcht, aber auch Schrecken mitschwingen ließ, erweckt die hierarchische Verteilung der Macht zwischen theoretisch Gleichen nur Neid (siehe Fn 6). Aus diesem Grund scheint mir das genus-lose Schlüsselwort, zu dem «Macht» (*power*) geworden ist, unangebracht, um asymmetrische Dominanz zu beurteilen: Es sagt nichts über den gegenseitigen Ausschluß aus den entsprechenden Domänen, den Genus fordert, noch kann es die relative Dominanz (Herrschaft) der männlichen Domäne über die der Frauen bezeichnen, die das Patriarchat ausmacht.

84 *Das Subjekt in der Geschichte:* Ob Indien Geschichte hat, weiß ich nicht: denn wenn von Geschichte gesprochen wird, wird ein Subjekt vorausgesetzt, sei dieses das Individuum oder – wie für Plato und Aristoteles – die Polis, oder – wie für den Historiker seit dem Hellenismus – der Einzelmensch Alexander. Nach Louis Dumont, «A Modified View of Our Origins», in: *Religion* 12, 1982, S. 1–27 und nach Joachim Friedrich Sprockhoff, «Die feindlichen Toten und der befriedete Tote. Die Überwindung von Leben und Tod in der Entsagung», in: Günther Stephenson (Hg.), *Leben und Tod in den Religionen. Symbol und Wirklichkeit*, Darmstadt 1980, S. 263–284 gibt es in Indien in diesem Sinn weder Gefüge noch Einzelperson, die individuelles Subjekt der Geschichte sein könnten. Geschichtsschreibung – jedenfalls was wir so nennen – und das indivi-

duelle Subjekt bilden sich gemeinsam im Westen aus. Das Beispiel im Text stammt von Emmanuel Le Roy Ladurie, *Montaillou, ein Dorf vor dem Inquisitor 1294–1324*, Berlin 1980.

Die Domus der Pyrenäen ist hier nur als Andeutung genannt, um nach dem Subjekt der Geschichtsschreibung zu fragen. Wir brauchen ein Wort, um das Subjekt vergangener Zeiten so zu bezeichnen, daß wir es nicht mit dem Geschichtssubjekt in Hegels Sinn verwechseln. Vielleicht könnten die *Lares* dazu herangezogen werden, weil dieses Wort noch nicht als technischer Terminus, als Fachwort in Beschlag genommen ist. *Lares* war der Name für jene Schutzwesen des alten Italien, die über dem Herd oder auch an der Flurgrenze verehrt wurden, oft in einer Kapelle, die mit ebensovielen Fenstern versehen war, wie es Feuerstellen der Anrainer gab. Selbst innerhalb von Frankreich nehmen die *Lares* mehrere charakteristische Formen an: Jean-Louis Flandrin, *Familien, Soziologie – Ökonomie – Sexualität*, Frankfurt 1978 unterscheidet im ländlichen Frankreich drei Formen dessen, was ich *Lares* nennen will: die erste Form ist die *domus* des Südwestens; im Mittelalter wurde *domus* geadelt; der Erbe trug den Namen des Hauses; ob Mann oder Frau Erbe war, war zweitrangig. Dem Haus einen Nachkommen zu zeugen, war seine wesentliche Aufgabe. Die *domus* besaß das Land; die *domus* verankerte die Lebenden in der Vergangenheit des Hauses. Beinahe das Gegenteil zur *domus* ist nach Flandrin *le ménage*, der Bauernhaushalt in Zentralfrankreich. Hier ist es die Gemeinschaft, die das Land gemeinsam bearbeitet, die es auch erben wird, es ist nicht das Paar, *le couple*, das als Subjekt der Lokalgeschichte begriffen werden kann, sondern eben *le ménage*. Ein drittes Muster, nach dem Männer und Frauen zum Geschichtssubjekt verbunden sein können, ist typisch für die Normandie; es wurde wohl von den normannischen Eroberern ins Land gebracht. Hier wird der Haushalt durch Verwandtschaft entlang der Blutslinien geknüpft, die weiterhin in ihrem Boden verwurzelt bleiben. Das Land folgt dem Blut. Wenn die Witwe den Haushalt des Toten verläßt, nimmt sie auch das Land wieder mit, das sie zur Hochzeit brachte. Das sind drei Beispiele, wie Genus mit Genus in den *Lares* verwoben sein können und in Haushalten in manchen Gegenden Frankreichs auch heute noch in dieser Eigenart überleben. Unübersehbar vielfältig sind die *Lares* und deshalb auch die Gemeinschaften, die sie bilden: vgl. u. a. Michael Mitterauer, *Grundtypen alteuropäischer Sozialformen: Haus und Gemeinde in vorindustriellen Gesellschaften*, Stuttgart 1979; für die indische Gesellschaft Louis Dumont, *Homo Hierarchicus*, Chicago 1974 (dt. *Gesellschaft in Indien. Die Soziologie des Kastenwesens*, Wien 1976); für die indonesische Dorfgemeinschaft Clifford Geertz, *The Religion of Java*, Chicago 1976. Mit Kategorien, die von der Existenz historischer Subjekte ausgehen, sei dies der Staat, der einzelne oder gar das Paar, können *Lares* nur mißgedeutet werden. Zum Forschungsstand: Robert Fossier, *Enfance de l'Europe*, Bd. 1, S. 318 ff, Paris 1982.

85 *Hausen und Wohnen:* In den meisten indogermanischen Sprachen kann «leben» für «wohnen» stehen. Auch heute noch findet die Mehrzahl der Menschen ihre Unterkunft in jenen Spuren, die ihr alltägliches Leben im Raum hinterlassen hat, siehe Ivan Illich, *Eine Spur hinterlassen*, Deutsches Institut f. Fernstudien (DIFF), Zeitungskolleg «Wohnen», Artikel Nr. 1. Den Unterschied zwischen Wohnen als Tätigkeit und Wohnung als Ware hat John Turner, *Verelendung durch Architektur*, Reinbek 1978, deutlich herausgearbeitet. Zu den auf das Wohnen bezogenen Wortfeldern siehe Fn 78 und Carl D. Buck, *A Dictionary of Selected Synonyms in the Principal Indo-European Languages (op. cit.* in Fn 3), Kapitel 7, sowie Émile Benveniste, *Le Vocabulaire (op. cit.* in Fn 77), besonders Bd. 1, Kapitel 4. Meine Überlegungen zu diesem Thema sind entscheidend beeinflußt durch Gespräche mit Prof. Sigmar Groeneveld, Witzenhausen, und durch Jean Robert, *Le temps (op. cit.* in Fn 41). Ein unveröffentlichtes Manuskript von Franco La Cecla enthält mehrere Beiträge, in denen Bedrohung des «Lebens» im Sinne des «Wohnens» durch staatliche Unterbringungspolitik an konkreten italienischen Beispielen erläutert wird. Historisch wurde der Unterschied zwischen *vernacular architecture* (bodenständigem Wohnen) und geplantem Bau zuerst durch Sir G. Gilbert Scott, *Secular and Domestic Architectures*, London 1857, ausgearbeitet. Bernard Rudofsky, *Architecture Without Architects: A Short Introduction to Non-Pedigreed Architecture*, New York 1969 und ders., *The Prodigious Builders*, London 1977, bauen auf dieser Grundlage weiter. Sibyl Moholy-Nagy, *Native Genius in Anonymous Architecture*, New York 1976, versucht, Geschichte überhaupt als das Sich-Ansiedeln und die Bautätigkeit einer Kultur darzustellen, und Paul Oliver, *Shelter, Sign, and Symbol*, London 1977, unterstreicht den Zeichenwert des Hauses, das durch

kulturelle Interpretation zum Symbol einer Gesellschaft wird. Zwei Bibliographien sind hilfreich, um den genannten Unterschied weiter zu verfolgen: Lawrence Wodehouse, *Indigenous Architecture, Worldwide*, Detroit 1979, und Robert de Zouche Hall, *A Bibliography on Vernacular Architecture*, Newton Abbot 1972. Gwendolyn Wright, *Moralism and the Model Home*, Chicago 1980, beschreibt, wie die Verquickung eines moralisierenden Bildes von Frau und Haus den amerikanischen Wohnraum-Konsumenten geformt hat; Jan Cohn, *The Palace or the Poor House. The American House as a Cultural Symbol*, Michigan 1979, untersucht, wie das Haus zum dominierenden Symbol der amerikanischen Kultur wurde, und Toderick Lawrence, «Domestic Space and Society. A Cross-Cultural Study», in: *Comparative Studies in Society and History* 25 (1982), S. 104–130 untersucht ideengeschichtlich die Bezeichnung häuslicher Räume. Ein ganzer Band der italienischen Zeitschrift *Donna-Woman-Femme* (1981) ist der modernen Wohnung als Arbeitsplatz der modernen Hausarbeiterin gewidmet; siehe auch den Schwerpunkt «Frauen in der Architektur –: Frauenarchitektur», in: *Bauwelt* 31/32, 1979, besonders den Aufsatz von Myra Warhaftig: «Die Behinderung der Emanzipation der Frau durch die Wohnung», (S. 1314–1316).

Wenn ich mit den heuristischen Begriffen der Genus-Domänen, mit komplementärem Anspruch an Raum und Zeit und komplementärem Zugriff auf die Wirklichkeit an das hier zusammengetragene Material herangehe, finde ich eine Vielzahl von Illustrationen für meine These, daß es bodenständigen Wohnraum seit der Zerstörung von Genus nicht mehr gibt.

86 *Die Sexualisierung des Leibes:* Der Körper als klinisch verstandener Organismus ist etwas anderes als der Leib. Noch Ende des 18. Jahrhunderts machen zeitgenössische Wörterbücher einen deutlichen Unterschied: «Körper», das ist etwas Totes, Dingliches, Tierisches (Leichname, Hölzer, Hunde haben «Körper»), Leib ist, was Mensch ist. Leib und Leben gehören sinnmäßig zusammen, aber was «Leib» im Laufe der Wortgeschichte jemals meinte, wird oft erst verständlich, wenn er dem Blut oder der Seele oder dem Herzen gegenübergestellt wird. Wie «Leib» seine Umrisse gewann, beschreibt Helene Adolf, *Wortgeschichtliche Studien zum Leib/Seele-Problem*, Wien 1937 (Sonderheft der Zeitschrift für Religionspsycholo-

gie), und W. Geweh, «Zu den Begriffen *anima* und *cor*», in: *Zeitschrift für Religions- und Geistesgeschichte* 27 (1975), S. 40–55.

In den letzten Jahren ist viel neue Forschung zur Geschichte dieses zwischen zwei Worten siedelnden Gegenstandes in Gang gekommen. Epistemologisch unterscheiden sich diese Studien danach, ob sie 1. vom «Leib» oder vom «Körper» her denken; und 2. ob sie vom «Menschen» (der dann je männlich oder weiblich polarisiert erscheinen kann) oder grundsätzlich von der komplementären weiblichen und männlichen Leibhaftigkeit in einer Kultur ausgehen. Zu 1.: «Körpergeschichte» ist hierzulande die Untersuchung der historischen Veränderung von Funktionen und Tätigkeiten des Körpers: also eine Geschichte der Hygiene, der Nahrung, der Krankheiten und der «Sexualität» als dem «natürlichsten Gebiet des Menschen» (Jeggle). Sie ist eine Geschichte der Prädikate des Körpers und sagt wenig von ihm als Subjekt in Kulturen aus (Ruth Kriss-Rettenbeck). Diesen Studien ist gemeinsam, daß sie implizit einen von «Kultur» unberührten, eigentlich «biologischen» und «genus-losen» «Körper» voraussetzen, auf den sich «Kultur niederschlägt» (Jeggle) oder der «kulturell überformt» wird (Imhof); damit bleiben diese Untersuchungen kategorial innerhalb der im 19. Jahrhundert entwickelten Dichotomie von «Biologischem / Natürlichem» einerseits und «Sozialem» andererseits, wie innerhalb des Paradigmas eines «menschlichen Körpers» als Norm, dem dann verschiedengestaltige Genitalien anhängen oder einverleibt sind. Körpergeschichte ist grundsätzlich sexistisch (siehe Fn 7), sie kann männliche und weibliche Leiblichkeit als Subjekt, Ausdrucksmittel und Medium der Genuswirklichkeit nicht begreifen. In einem Vortrag hat Marcel Mauss 1934 dazu aufgefordert, die Anthropologie solle Körpertätigkeiten sammeln, kategorisieren und in ihre Untersuchungen einbeziehen: «Die Techniken des Körpers,» in: Marcel Mauss, *Soziologie und Anthropologie*, Frankfurt / Berlin / Wien 1978, Bd. 2, S. 197–220; Volkskunde und Geschichtsschreibung haben den Gegenstand aufgenommen, siehe Utz Jeggle, «Im Schatten des Körpers,» in: *Zeitschrift für Volkskunde* 76, Nr. 2 (1980), S. 169–188, und die von Arthur Imhof herausgegebenen Sammelbände *Mensch und Gesundheit in der Geschichte* (Abhandlungen zur Geschichte der Medizin und der Naturwissenschaften, Bd. 39) Husum 1980; *Der Mensch und sein Körper. Von der Antike bis heute*, München 1983; *Leib und Leben in der Geschichte der Neuzeit* (Berliner Historische Studien,

Bd. 9, Einzelstudien II), Berlin 1983. Einige der in diesen Bänden aufgenommenen Studien gehören zu einer Forschungsrichtung, die sich von einem reduzierten Körperverständnis abgelöst hat, viel tiefer geht und Leiblichkeit als *soziales Symbol* untersucht. In Frankreich, Italien und England ist diese Richtung am weitesten entwikkelt. Sie geht davon aus, daß Leiblichkeit in ihrem jeweiligen kulturellen Ausdruck nur in der Analyse der systematischen Beziehungen zwischen Leibäußerungen, Leibauffassung und dem Kosmos einer Kultur begriffen werden kann. Die Leiblichkeit ist dort sowohl Medium, Ausdrucksmittel der kulturellen Bedeutung von Sozialbeziehungen, wie auch Projektionsraum für die Interpretation der umgebenden Welt. Anders ausgedrückt: wie Menschen arbeiten, schlafen, feiern, sich kleiden, berühren und umarmen, sagt etwas von der Bedeutung dieser Äußerungsformen in einer Kultur, *ist* Kultur, und zugleich ist die Weise, wie Leiblichkeit aufgefaßt wird, wie Herz, Hände, Nägel, Haare, Blut, Magen und Bauch «interpretiert» werden, metaphorischer und symbolischer Ausdruck für die dingliche, natürliche und soziale Umwelt. Das Sprechen über Leiblichkeit ist in einer Kultur immer auch ein Sprechen über die implizite Ordnung der jeweiligen Welt. «Der menschliche Leib ist nicht nur ein Teil des Kosmos, ... sondern das eigentliche Zentrum des Universums,» sagt Jean Cuisinier im Vorwort zu einem reichbebilderten Band, der die Summe aus zehnjähriger Forschungsarbeit darstellt: Françoise Loux, *Le Corps dans la Société traditionelle. Pratiques et Savoirs populaires*, Paris 1979. Siehe dazu auch die anderen Arbeiten dieser Autorin, v. a. (in Zusammenarbeit mit Philippe Richard), *Sagesse du Corps. Santé et maladie dans les proverbes régionaux français*, Paris 1978, und Françoise Loux, *Das Kind und sein Körper in der Volksmedizin*, Stuttgart 1980, sowie das Schwerpunktheft der Zeitschrift *Ethnologie Française* 6, Nr. 3–4 (1976), mit Aufsätzen zur Geschichte «gemeiner» Leiblichkeit als sozialer Wirklichkeit zwischen Mittelalter und 19. Jahrhundert. Wenn Leiblichkeit so historisiert wird, öffnet sich die Perspektive. Leiblichkeit (nicht mehr *des Menschen*) kann als vorrangiges Medium begriffen werden, um Genus aufzuschlüsseln; denn was in einer Kultur «Mann» und «Frau» ist, ist eben nicht «biologisch» krude gegeben, sondern wird geschaffen über die jeweilige metaphorische, symbolische und damit soziale Interpretation ihrer Körperlichkeit. Körper sind immer schon Körper von Männern oder Frauen, nicht nur weil sie mit den entsprechenden Organen ausgestattet sind, sondern weil das, was in einer Kultur als «männlich» oder «weiblich» gilt, durch unzählige, unsichtbare Korrespondenzen und Analogien zwischen umgebendem Makrokosmos und jedem Teil ihrer jeweiligen Leiblichkeit *insgesamt* erst hergestellt und veranschaulicht wird. Zwei Beispiele: Die Fähigkeit der Frauen im ländlichen Minot, die großen Augenblicke sozialen Übergangs (Geburt und Tod, erste Blutung und Hochzeit) rituell zu begleiten, haftet an ihrer ambivalenten, transformierenden Leiblichkeit, d. h., sie beruht auf den Analogien zwischen dem sozialen Verständnis ihrer Physiologie, ihrem sozialen Tun (Waschen, Kochen, Nähen) und den kosmischen Bezügen; siehe Yvonne Verdier (*op. cit.* in Fn 79) und die Besprechung ihres Buches von Ruth Kriss-Rettenbeck, «Am Leitfaden des weiblichen Leibes,» in: *Bayrische Blätter für Volkskunde* 8, Nr. 3 (1981), S. 163–182. Die Fähigkeit von erwachsenen Männern im Baskenland heute, den Schafskäse, das wichtigste Produkt ihrer Wirtschaft, herzustellen, wird in Analogie zu ihrer leiblichen Zeugungskraft gesehen: ein Baby und einen Käse machen zu können, das ist etwas Ähnliches. Beides wurzelt in der kulturellen Interpretation dessen, was dort ein «Mann» ist, siehe Sandra Ott, «Aristotle among the Basques: The ‹Cheese Analogy› of Conception», in: *Man (N.S.)* 14 (1979), S. 699–711.

Aus einigen Studien wissen wir etwas genauer, wie Leiblichkeit von Frauen in der ländlichen Gesellschaft des 17. und 18. Jahrhunderts interpretiert wurde und wie das soziale Handeln und die Einschränkung von Tätigkeiten und Räumen für sie damit verknüpft waren. Bis weit ins 18. Jahrhundert scheint Tod und Leben, Fruchtbarkeit und Fäulnis, Reinheit und Schmutz *in* ihrer Leiblichkeit eingeschlossen zu sein. So erklärt sich ihre kulturelle Fähigkeit, nicht nur gebären und heilen, sondern auch das Gegenteil tun zu können: durch die kulturellen Analogien ihrer Physiologie mit dem Kosmos können sie Ernte, Früchte, Wachstum überhaupt bedrohen. Siehe dazu Robert Muchembled, «Le corps, la culture populaire et la culture des élites en France (XVᵉ–XVIIIᵉ siècle)», in: A. Imhof (Hg.), *Leib und Leben* (s. o.), S. 141–153, und Louisa Accati, «Lo spirito della Fornicazione: virtù dell'Anima e virtù del corpo in Friuli, fra '600 e '700», in: *Quaderni Storici* 41 (1979), S. 644–672.

Die komplizierten, regional verschiedenen Dissymmetrien, in denen metaphorisch Körperlichkeit von Frauen und Männern zueinander stehen, weichen Ende des 18. Jahrhunderts der ärztlichen

Neudefinition des menschlichen Körpers: Ausschließende Polaritäten und eindeutige Hierarchien werden forschend gefunden. Die Frau wird als grundsätzlich minderwertiger Mensch definiert, denn die evolutionsorientierte medizinische Anthropologie verweist das vormalige *Anderssein* weiblicher Körperlichkeit auf eine niedrigere Entwicklungsstufe des Menschen. Der ärztliche Diskurs über den männlichen Menschen ist bisher wenig erforscht, die «Krankheit Frau» des 19. Jahrhunderts ist gut erforscht von Esther Fischer-Homberger, *Krankheit Frau und andere Arbeiten zur Medizingeschichte der Frau*, Bern 1979, die als erste mutig das Thema aufgriff. Siehe auch Claudia Honegger, «Überlegungen zur Medikalisierung des weiblichen Körpers», in: A. Imhof (Hg.), *Leib und Leben* (s. o.), S. 203–213, und Esther Fischer-Homberger, «Krankheit Frau» im gleichen Sammelband, S. 215–230; Caroll Smith-Rosenberg, «Weibliche Hysterie. Geschlechtsrollen und Rollenkonflikt in der amerikanischen Familie des 19. Jahrhunderts», in: Cl. Honegger und B. Heintz (Hg.), *Listen der Ohnmacht* (*op. cit.* Fn 78), S. 276–300. Der Wechsel zwischen tradierter und neuer ärztlicher Sicht der Frau um 1800 läßt sich glänzend nachlesen in Jean-Pierre Peter, «Entre femmes et médecins: Violence et singularités dans le discours du corps et sur le corps d'après les manuscrits médicaux de la fin du XVIIIᶜ siècle», in: *Ethnologie française* 6, Nr. 3–4 (1976), S. 341–348, im Gegensatz zu: Yvonne Knibiehler, «Les médecins et la ‹nature féminine› au temps du Code Civil», in: *Annales ESC* 31, Nr. 4 (Juli/August 1976), S. 824–845. Zu den Ambivalenzen des neuen ärztlichen Frauenbildes zwischen Natur und Kultur und zur Tendenz der Medizin, ihre Behauptungen als «natürliche» Tatsachen zu formulieren, siehe den methodisch sehr klugen Aufsatz von Ludmilla Jordanova, «Natural facts: a historical perspective on science and sexuality», in: *Nature, Culture and Gender*, (*op. cit.* in Fn 62, S. 42–69).

Die Medizin formuliert soziale Geschlechterhierarchien, und weil sie dies naturwissenschaftlich tut, verbirgt sie die soziale Gewalt um so effektiver. In ihrer Praxis, vor allem seit der Mitte des 19. Jahrhunderts, erlaubt sie sich Eingriffe und Übergriffe, die vorher undenkbar waren. In einem exemplarischen Aufsatz zeigt Gianna Pomata, wie die medizinisch-naturwissenschaftliche Diskussion um die Syphilis um 1900 sowohl die Angst der Männer und Politiker vor sexueller Promiskuität verbirgt, als auch die medizinische Be-

strafung lediger Mütter «rechtfertigt»: «Madri illegitime tra Ogto-
cento e Novecento: storie cliniche e storie di vita», in: *Quaderni storici* 44 (1980), S. 497–552.

87 *Von der Entbindung der Frauen zur Geburt des Kindes:* In *Nemesis
der Medizin* habe ich ein ganzes Kapitel der Medikalisierung des Todes gewidmet, mit der die vernakuläre Kunst des Leidens beseitigt
wurde. Damals machte mich Norma Swenson vom *Boston Women's
Health Collective* darauf aufmerksam, daß auch die gemeinschaftlich
geübte Kunst des Gebärens von der Medikalisierung der Geburt
zerstört wurde. Gespräche mit Barbara Duden (Berlin) brachten
mich zu der Einsicht, daß die ärztliche Umformung des Geburtsgeschehens (von Frauen generiertes) Genus in Sexus verwandelt: hinfort leiten die neuen Biokraten die «Reproduktion», und sie betrachten die Gebärmutter als natürliche Ressource. Das *Leben* wird
zum Leitmodell für Wissenschaft und Verwaltung. Siehe dazu Karl
Figlio, «The Metaphor of Organization: A Historical Perspective
on the Biomedical Sciences of the Early Nineteenth Century», in:
History of Science 14 (1976), S. 17–53, bes. S. 25–28. Die Wissenschaft der Aufklärung sieht die Natur wie eine Frau, die vom
Scheinwerfer der Vernunft durchleuchtet wird. Die Frau, das Abbild der Natur, die so im Licht der Vernunft durchleuchtet wird,
wird als Schwangere so zu einem «natürlichen» Mechanismus,
durch den *Leben* erzeugt wird. Das neue Establishment der vielen,
verschiedenen Professionellen, auf dem die Legitimität des modernen Staates beruht, konzentriert sich früh schon auf die medizinische Kontrolle des Lebens im Moment seiner Entstehung. Was uns
heute als «natürliche Stationen» erscheint, wird dann erst erzeugt:
Abortus, ein Fötus, eine gesunde Schwangerschaft, eine ordentliche
Geburt: Zustände des Leibes, die vormals alle etwas anderes bedeu-
teten. Noch Ende des 19. Jahrhunderts sagen bayrische «Kindsmörderinnen» vor Gericht aus, es sei «von ihnen etwas abgegangen»,
gestocktes Blut, ein «Stück Kot», und sie sagen damit etwas von der
Erfahrung eines schwellenden Leibes, der nicht als «Schwangerschaft» erfahren wird, siehe Regina Schulte, «Kindsmörderinnen
auf dem Lande,» erscheint in: Hans Medick, David Sabean (Hg.),
Materielles Interesse und Emotion, Göttingen 1983; siehe auch Barbara
Duden, «Keine Nachsicht gegen das schöne Geschlecht. Wie sich
Ärzte die Kontrolle über Gebärmütter aneigneten», in: Susanne von

Paczensky (Hg.), *Wir sind keine Mörderinnen!*, Reinbek 1980, S. 109–126. Zum Gebären im traditionellen Kontext, siehe Mireille Laget, *Naissances. L'accouchement avant l'âge de la clinique*, Paris 1982, sowie Jacques Gélis, «Sages-femmes et accoucheurs: L'obstétrique populaire aux XVIIᵉ et XVIIIᵉ siècles», in: *Annales ESC* 32, Nr. 5, (Sept./Okt. 1977), S. 927–957. Zur Sicht von Schwangerschaft und Geburt in vormedikalisierter Zeit, siehe Jacques Gélis, Mireille Laget, Marie Morel, *Der Weg ins Leben. Geburt und Kindheit in früherer Zeit*, München 1980. Die Geschichte des Gebärens wird neuerdings als Geschichte des Übergangs von «weiblicher» zu «männlicher Geburtshilfe» begriffen, siehe Ann Oakley, «Wisewoman and Medicine Man: Changes in the Management of Childbirth,» in: *The Rights and Wrongs of Women*, hg. von Juliet Mitchell und Ann Oakley, London (Penguin) 1976, S. 17–58 und Ute Frevert, «Frauen und Ärzte im späten 18. und frühen 19. Jahrhundert. Zur Sozialgeschichte eines Gewaltverhältnisses», in: Anette Kuhn und Jörn Rüsen (Hg.), *Frauen in der Geschichte II*, Düsseldorf 1982, S. 177–210, sowie die umgekehrte Argumentation, die das Wohl gebärender Frauen in der langsam sinkenden Mortalitätskurve der Säuglinge unter männlich medizinischem Fortschritt erblicken möchte, bei Edward Shorter, *A History of Women's Bodies*, New York 1982. Sehen die einen eine neue Gewalt über die «weibliche Reproduktion», sieht Shorter die Befreiung der Frauen von der Last ihrer kranken, vernakulären Leiber. Beide Sichtweisen sehen nicht, was sexistische, genuslose «Medikalisierung des Geburtsgeschehens» bedeutete: wie Gebären als halböffentliches *soziales* Ereignis zwischen Frauen zu einem nicht nur medizinisch kontrollierten, verwalteten Produzieren von Säuglingen wurde; die Ambivalenz der Fruchtbarkeit von Frauen zur Einbahnstraße der «Reproduktion»; wie die Praktiken vernakulärer Hilfe bei der Entbindung und «Erlösung» der kreißenden Frauen gerade durch die *Professionalisierung «weiblicher» Geburtshilfe* mit der Schulung eines neuen Hebammenstandes im 19. Jahrhundert in die geschlechtsneutrale organgerechte Gebärmutterbehandlung im Hinblick auf den «Fötus» übergingen. Die Geschichte des Gebärens hat zwei Seiten: das Werden des modernen Geburtsgeschehens und den Untergang einer Reihe von Erlebnissen, Begriffen, Wörtern, Sachen und Bedeutungen, die mit Genus verbunden waren und verdrängt wurden. Die behördlich professionelle Verwaltung der «Reproduktion» umfaßte dabei allmählich viel mehr als die Geburt oder Entbindung: Sie reicht von der psycho-pädagogischen Betreuung und architektonischen Gestaltung des Sexualverkehrs bis zur pädagogischen Gängelung junger Mütter und Väter; sie umfaßt die erzwungene Verhinderung unerwünschter Schwangerschaften genauso wie die staatliche Förderung der erwünschten. Die moderne Verwaltung der Reproduktionsökonomie ist hervorgegangen aus der schrittweisen Zerstörung von Genus.

88 *Genusreste:* Den Bemba ist Genus noch selbstverständlich, siehe A. J. Richards, *Chisugu: A Girl's Initiation Ceremony Among the Bemba of Northern Rhodesia*, London 1956. Die Sozialwissenschaften beschreiben unsere Existenz, als ob sie genuslos wäre (Fn 54). Die soziale Wirklichkeit des modernen Westens ist nicht so genuslos wie diese Begriffe. In der sozialen Wirklichkeit kann Genus schwinden, verblassen, von sexuellen Polarisationen oder Unisex überlagert werden – verschwinden kann Genus wohl nicht. Ohne einen Rest von Genus müßte unsere für *homo oeconomicus* geplante Welt stehenbleiben, wie ein für *homo transportandus* geplantes Verkehrssystem dort, wo Menschen buchstäblich ihre Füße verloren hätten. Genusstudien haben deshalb auch die Aufgabe, die Genusreste im Alltag zu erkennen, sie weder romantisch aufzublähen noch auf Sexualmerkmale einzuschränken und ihnen zu sozialer Anerkennung zu verhelfen. Wenn ich so von Genus spreche, meine ich ausdrücklich nicht, was neuerdings Soziologen mit «gender» bezeichnen: die *Polarisation* allgemein menschlicher Eigenschaften, die sich im Gegensatz zu «Sex» nicht unmittelbar auf Genitalität beziehen. Ich unterscheide deshalb vernakulären Genus und auch das kulturelle Weiterleben von Genusresten heute von dem, was epistemologisch sexistisch als «the cultural construction of gender and sex» bezeichnet wird, siehe S. B. Ortner, H. Whitehead, «Introduction: Accouting for sexual meanings», in: dies. (Hg.), *Sexual Meanings. The Cultural Construction of Gender and Sexuality*, Cambridge 1981, S. 1–27; S. 25: «Die Autoren gehen in ihrer Analyse von zwei Prämissen aus: 1. der Asymmetrie von Geschlechter-Beziehungen in allen uns bekannten Kulturen, und das heißt männliche Dominanz, minderwertiger Status der Frauen, und 2. der Tatsache, daß Geschlechtersymbolik immer *zugleich* individuelle und soziale Prozesse umgreift.» Ganz anders geht dem Genus-Rest in unserer Gesellschaft

Carol Gilligan nach, in: *In a different voice: Psychological Theorie and Women's Development*, Cambridge Mass. 1982. Ganz vorsichtig hört die Autorin dem zu, wie junge Amerikaner und Amerikanerinnen in spezifischen Lebenskrisen über ihre Beziehungen zu anderen und sich selbst sprechen. Aus dem Ton und dem Schweigen hört sie Unterschiede heraus, in denen ich glaube, Genus-Reste zu hören.

89   *Dissymmetrie der Weltsicht:* Ich habe in Fußnote 52 («Komplementarität und Sozialwissenschaften») gezeigt, daß man die Kategorien und Standpunkte, die eine Zentralperspektive mit sich bringen, aufgeben muß, wenn das Objekt der Betrachtung einer Genus-Wirklichkeit angehört. Mit Fußnote 46 wollte ich vermeiden, daß die verschiedenen Formen «stereoskopischer Wissenschaft», die statt dessen in der gegenwärtigen Diskussion vorgeschlagen werden, mit jenem Zugang verwechselt werden, der Voraussetzung ist, um Genus zu begreifen. Studien, in denen eine komplementäre, kompensatorische und kontrastive Perspektive gewählt wird, gehen implizit immer noch von der Hypothese aus, die Wirklichkeit mit genus-losen Konzepten erfassen zu können. Nur eine bewußt nicht-wissenschaftliche Forschung, die mit Metaphern (Fn 56) als epistemologischem Erkenntnisvermögen arbeitet, vermag die zwieschlächtige und dissymmetrische Komplementarität (Fn 57), die Genus ausmacht, auszudrücken. Ich habe dann gezeigt, daß in einer Welt von Genus nicht nur die materiale Kultur – die Werkzeuge (Fn 70), die Zeiten (Fn 79) und Räume (Fn 78) –, sondern auch die Dominanz genusstrukturiert ist (Fn 83). Ich habe die Grenzen gezeigt, die in einer polit-ökonomischen Terminologie enthalten sind und die sie unbrauchbar machen, wenn es darum geht, das Ungleichgewicht zwischen den beiden Lebenswelten zu erfassen. Ich muß nun zeigen, daß in dieser Welt nicht nur die materialen Elemente von Kultur, sondern auch die Wahrnehmung und die symbolische Artikulation von Genus durchtränkt sind. Die Reichweite, der Blickwinkel, die Schattierung und die Objekte des Sehens und Begreifens von Frauen sind verschieden von denen der Männer. Ein erster Artikel dazu von Edwin Ardener, «Belief and the Problem of Women», in: Shirley Ardener (Hg.), *Perceiving Women*, New York, S. 1–17 wurde von Nicole-Claude Mathieu kritisiert: «Homme-Culture et Femme-Nature», in: *L'Homme* 13 (Juli/Sept. 1973), S. 101–113. Edwin Ardener präzisierte daraufhin seine Überlegungen

in einem zweiten Aufsatz: «The Problem Revisited», im gleichen von Shirley Ardener herausgegebenen Sammelband (*op. cit.*). In dieser Erwiderung arbeitete Ardener vorsichtig und deutlich ein konzeptionelles Raster aus, nach dem Männer bestimmten Bereichen der Frauendomäne gegenüber «verstummen»: weder können sie sie unmittelbar begreifen, noch können sie sich begreifend oder vorstellend mittelbar darauf beziehen. Ardener nimmt an, daß umgekehrt auch die Frauen einigen Bereichen der männlichen Domäne gegenüber «sprachlos» sind. Mir scheint dieses Konzept eines dissymmetrischen Verstummens (sei es als Impotenz oder Schweigen) außerordentlich fruchtbar zu sein, um die symbolische Komplementarität von Genus zu begreifen. Siehe dazu auch Rodney Needham, *Reconnaissances,* Toronto 1980, S. 17–40 («Unilateral Figures»). Charlotte Hardman, «Can there be an Anthropology of Children?», in: *Journal of the Anthropological Society of Oxford* 4, (1973), S. 85–99 sieht Kinder als Paradigma für die Existenz von Gruppen, die in einer «Schweigezone», «unfaßbar» sind, nicht «gesehen» werden – wie die Frauen. Sie leben in einem eigenen, aber doch nicht ganz uneinsichtigen Segment der Gesellschaft mit bestimmten Werten und Interaktionsformen, die nur sie allein haben. Sie untersucht die methodischen Kunstgriffe, mit deren Hilfe die Anthropologen erfolgreich darum herumkommen, in ihren Studien diese «stumme» Existenz wahrnehmen zu müssen.

90 *Natur/Kultur:* Um aus «Genus» ein analytisches Paradigma zu machen, muß es unbedingt präzise von den verschiedenen Dual-Kategorien und Begriffspaaren unterschieden werden, die man heute in der sozialwissenschaftlichen Forschung häufig und sogar normativ einsetzt (siehe in Fn 12, 76). Wenn wir *Natur* und *Kultur* einander gegenüberstellen, «haben wir die Natur selbst zur Komplizin des Verbrechens der politischen Ungleichheit gemacht», schreibt Condorcet. Die Dualität von Natur/Kultur ist wahrscheinlich das Begriffspaar, dessen Verhältnis zu Genus sich am schwierigsten darstellt. Das Problem ist folgendes: Seit der Aufklärung ist Wissenschaft eine menschliche Tätigkeit, die die *Naturalisierung* sowohl von Erfahrung als auch von Ideologie betreibt, um die Errungenschaft, die sie darstellt, durch Sprache ausdrücken zu können (das Argument stammt von Figlio, *op. cit.* Fn 87). Die Wissenschaft muß deshalb auf eine ähnliche Weise analysiert werden, wie

Roland Barthes Mythen analysiert hat, nämlich als eine Collage, die deshalb schlüssig und beweiskräftig erscheint, weil sie offenbar etwas «Natürliches» ausdrückt. Barthes folgend kann man sagen: Was die Welt (oder die Anhäufung empirischer Daten) dem Mythos (oder der Wissenschaft) hinzufügt, ist eine historische Wirklichkeit, die dadurch definiert ist, wie die Menschen jenen Mythos geschaffen oder benutzt haben; was der Mythos (oder die Wissenschaft) dafür zurückgibt, ist der Schein von Naturhaftigkeit dieser Wirklichkeit. Im Resultat wird die erforschte «Natur» genauso mythisch (wissenschaftlich entblößt von Genus) wie die genuslosen Kategorien, mit denen sie untersucht wird. Die Anthropologie muß sich dieser Problematik stellen, will sie die «Frauen» suchen; darauf hat Sherry B. Ortner aufmerksam gemacht, in: «Is Female to Male as Nature is to Culture?» in dem Sammelband von Rosaldo und Lamphere (op. cit., S. 67–87, Fn 68). Die Dissymmetrie von Wahrnehmung und Erfahrung beschäftigt sie allerdings weniger als Ardener. Was sie vor allem interessiert, ist, eine erklärungsmächtige Theorie zu finden für die in ihren Augen universale Unterordnung der Frauen unter die Männer. Sie befragt deshalb die offenbar universale Gleichsetzung von Frau / Natur gegenüber Mann / Kultur, betont dabei jedoch, daß jede Ineinssetzung von Natur und Frau ein Konstrukt von Kultur ist und kein Faktum von Natur. Ortners Artikel löste eine lebhafte Diskussion aus: Carol P. MacCormack und Marilyn Strathern (Hg.), *Nature, Culture and Gender*, Cambridge 1980. Diese Anthologie enthält mehrere äußerst anregende Beiträge, die die Möglichkeit eröffnen, von dem Paradigma Natur / Kultur abzurücken, das so tief in der Wissenschaft verwurzelt ist und durch die Schlüsselwörter der Alltagssprache (Fn 2) am Denken klebt. Es gibt viele Gesellschaften, in deren Weltsicht Kultur nicht gegen Natur gesetzt ist. Ein extremes Beispiel beschreibt M. Strathern, «No Nature, No Culture: the Hagen Case», (ebd. S. 174–222). Bei den Hagen ist die Kultur nicht etwas, das aus den kumulativen Ergebnissen menschlicher Tätigkeiten besteht, und Natur nichts, was gezähmt und produktiv gemacht werden muß. Wenn über Männliches und Weibliches in unterscheidender, dialektischer Weise gesprochen wird, schafft diese Unterscheidung andauernd den Vorstellungskontext eines Menschseins, das sich als «Hintergrund von gemeinsamer Ähnlichkeit» darstellt. Weder «männlich» noch «weiblich» können bei den Hagen mit einer «Menschheit» gleichgesetzt werden, die zur «Natur» in Gegensatz gestellt wird, weil diese Unterscheidung dazu dient, die Räume zu bewerten, in denen sich menschliche Tätigkeit schöpferisch und formbildend ausdrückt. Bei den Hagen verweisen alle Repräsentanzen von Herrschaft und Einflußnahme zwischen den Geschlechtern auf genau umrissene Formen von Zusammenarbeit; sie sagen nichts vom Entwurf einer Menschheit in Beziehung zu einer niedrigeren, weil nicht-menschlichen Welt.

91 *Anthropologie:* Das Wort Anthropologie hat eine eigenartige Geschichte. Aristoteles (Nichomacheische Ethik, 1125 a 5) gebrauchte es in der Bedeutung von «Geschwätz». Für die Theologen von Philo bis Leibniz hatte das Wort einen anderen Sinn: die Zueignung von menschlichen Gefühlen oder Absichten auf Gott, insbesondere dann, wenn der Sprechende sich in tiefer Demut auf ihn bezieht und wohl weiß, daß diese metaphorische Sprache die einzige ist, die – wenn auch nur zweideutig und dunkel – seinem Begehren gerecht wird. Im 17. Jahrhundert wurde das Wort gebraucht, um eine neue, *Natur*-Wissenschaft zu benennen, die den Menschen zum Objekt hatte. Wolf Lepenies, «Naturgeschichte und Anthropologie im 18. Jahrhundert», in: *Historische Zeitschrift* 231, 1 (1980), S. 21–41. Zur anerkannten Sozialwissenschaft wurde Anthropologie erst im 19. Jahrhundert; diese Entwicklung beschreibt O. Marquard, «Anthropologie (philosophische)», in *Historisches Wörterbuch der Philosophie*, hg. von, J. Ritter (*op. cit.* Fn 3) S. 362–374.
   Ich denke, ähnlich wie Jürgen Habermas, daß Anthropologie als eine besondere philosophische Wissenschaft nicht vor dem Ersten Weltkrieg ausgebildet war. Seitdem hat die Anthropologie konsequent mit einer epistemologisch sexistischen Zentralperspektive gearbeitet, selbst dann, wenn der anthropologische Forscher gerade den Unterschied zwischen Männern und Frauen zum Thema hatte. Wir brauchen, so scheint mir, eine moderne Epistemologie von Genus. Zur Historiographie Robert V. Kemper und John F. Phinney, *The History of Anthropology: A. Research Bibliography*, New York 1977.

92 *Darstellung:* Darstellung ist mehr als das wortlos Besagte, das sie wiedergibt, und Niederschrift kann mehr sein als Aufzeichnung des Sagbaren. Denn die lebendige Geste, das gesprochene Wort, das

gesungene Lied bleiben immer dem Täter und seinem Genus verhaftet. Der Pinsel des Malers, das Schiffchen der Weberin, die Nadel
der Stickerin, die Kelle des Maurers können dazu dienen, das Inein-
andergreifen von Genus darzustellen. Auf diese Weise sind die Pon-
chos und Mützen und Gürtel Perus und Boliviens Darstellungen des
«genus loci». Aus Lamawolle wird das Bild dieses Zusammengrei-
fens in die *Talega* gewoben, die Tragetasche, in der die Kartoffel-
sprößlinge aufs Feld gebracht werden (250 Wörter gibt es hier für
die Wurzel), wie V. Cereceda, «Sémiologie des tissus Andins: les
talegas d'Isluga», in: *Annales E.S.C.* 33, 5/6 (1978), S. 1017–1036
beschrieb. Weder Spiegelbild noch hierarchische Ordnung, noch
auf eine Achse bezogen sind die Hälften – sie sind dissymmetrisch:
T. Platt, «Symétries en miroir: le concept de *yanantin* chez les Macha
de Bolivie», in: *ebd.*, S. 1081–1107, und T. Bouysse-Cassagne,
«L'espace aymara: *urco* et *uma*», in: *ebd.*, S. 1057–1080, und O. Harris, «De l'asymétrie au triangle. Transformations symboliques au
nord du Potosi», in: ebd. S. 1108–1123, und, dies., «The power of
signs», (*op. cit.* in Fn 62). Es zeigt sich immer wieder, daß nur die
Metapher, die Logik des Traumes, die Aussage dieser Darstellungen
wahrnehmen kann: Hans Peter Duerr, *Traumzeit: Über die Grenzen
zwischen Wildnis und Zivilisation*, Frankfurt 1978, enthält dazu viele
Ansätze. Das Scheidewasser des Strukturalismus ätzt immer die
Asymmetrie aus der Darstellung von Genus, um ans «System» zu
kommen – so wie der Linguist dazu tendiert, auf der Suche nach
«Struktur», die Darstellung der *Zwiesprache* im Text zu reduzieren.

93   *Geschlechtsspezifische Differenzen in der Sprache:* Seit einem guten Jahrzehnt läuft an der Universität Tübingen ein großes For-
schungsvorhaben, die Sprechweisen aufzuzeichnen, die in Süd-
deutschland heute noch beobachtet werden können. Einen ersten
vorläufigen Bericht gibt Arno Ruoff, *Grundlagen und Methoden der
Untersuchung gesprochener Sprache. Einführung in die Reihe Idiomatica*,
Tübingen 1973. Die Forschenden fanden das für sie höchst erstaun-
liche Faktum heraus, daß das Geschlecht des Sprechenden die signi-
fikanteste Variable darstellt, die man ausmachen konnte. «Die of-
fenkundige Tatsache, daß sich zwischen Mann und Frau der in allen
Bestimmungen gleichen Gruppen die stärksten sprachlichen Unterschiede zeigen, war für uns die unerwartetste Feststellung.» Barrie
Thorne und Nancy Henley (Hg.), *Language and Sex: Difference and*

Dominance, Rowley 1975, untersuchen, was der Titel ankündigt: Unterschiede und Dominanzen. Die ältere Literatur wird verfügbar durch: Nancy Faires Conklin, «Toward a Feminist Analysis of Linguistic Behavior», in: *The University of Michigan Papers in Women's Studies* 1, no. 1 (1974), S. 51–73. Die neueste Forschung durch Susan Philips, «Sex Differences and Language», in: *Annual Review of Anthropology* 9 (1980), S. 523–544. Eine gute Materialsammlung J. Orasanu, M. K. Slater und L. L. Adler, «Language, Sex and Gender», in: *The Annual of the New York Academy of Sciences* 327 (1979) und bei B. L. Dubois und I. Crouch (Hg.), *The Sociology of the Language of American Women: Proceedings of a Conference at San Antonio*, San Antonio 1979. Ich selbst bin durch meinen verstorbenen jungen Freund Larry M. Grimes zum Thema gestoßen: Larry M. Grimes, *El tabú linguistico: su naturaleza y función en el español popular de Mexico*, CIDOC Cuaderno no. 64 Cuernavaca, 1971, ist eine Fundgrube von genusspezifischen Tabu-Wörtern im mexikanischen Spanisch. In der Literatur wird der Unterschied zwischen einer Männer- und einer Frauensprache überwiegend so wie eben jede andere Sprachvariante behandelt: Mario Wandruszka, *Sprachen, vergleichbar und unvergleichbar*, München 1969. Ich möchte gern vom entgegengesetzten Vorurteil ausgehen. In der Analyse des Gegensatzes von gemeinem Sprechen und unterrichteter Muttersprache gehe ich (s. Ivan Illich, *Recht auf Gemeinheit* [*op. cit.* in Fn 1], bes. Kap. 2 u. 3) von der Voraussetzung aus, daß der Unterschied zwischen den Redeweisen der Frauen und den Redeweisen der Männer, also der Rede-praxis, der Sprechgewohnheiten mit keinem Unterschied verglichen werden kann, der in dem von Linguisten sonst erforschten Sprachmedium festgestellt worden ist.

In Aussprache, Betonung und Rhythmus; in Wortwahl, Wortfolge und oft auch in der Wahl der Wortform; im Räuspern, Sprechen, Gackern, Zaudern, Mienenspiel und Schweigen; in Haltung, Geste, Blick und Lächeln; in Einsatz, Unterbrechung und Lautstärke; in Themenwahl, thematischer Begrenzung und Folge weist die vorhandene Literatur auf Kontraste zwischen Männern und Frauen hin, die in jeder «Sprache» in der ihr eigenartigen Form als solche erkannt werden und oft dem Außenseiter verborgen bleiben. *Gen-eme* sind also ebenso in jeder Sprache eindeutig-zwieschlächtig wie die *Phoneme* und *Morpheme* der Sprache. Während aber diese letzteren die «Sprache» von unzähligen anderen «Sprachen» unterscheiden, bezeichnen die *Geneme* die Stiche der Genusnaht, durch die zwei «Sprechweisen» zur «Sprache» werden. Mit diesem Vorverständnis, das aus meiner alltäglichen Erfahrung stammt und von der gesamten erzählenden Literatur bestätigt wird («das Kichern vom Nebenzimmer ließ Peter wissen, daß eine der Frauen...») hole ich mir aus der vorliegenden neueren linguistischen Literatur, die häufig ausdrücklich feministisch sind, jene Momente an geschlechtsspezifischen Differenzen heraus, die meine eigene Hypothese stützen.

94 *Komplementarität des Sprechens:* Ich spreche von «Frauensprache», wie ich weiter oben von «Frauenarbeit» sprach. Es fehlt ein linguistischer Begriff, um genusverwobenes Sprechen zu bezeichnen, ebenso wie ein soziologischer, um genusbezogenen Zugriff zu bezeichnen. Zur verfügbaren Nomenklatur über die Klassifikation von Sprache siehe Joshua A. Fishman, «Some Basic Sociolinguistic Concepts», in: ders., *Sociology of Language*, Rowley 1972, S. 15–19. Genusspezifisches Sprechen ist keine Variante «der» Sprache, sondern eine von ihren beiden fundamentalen, komplementären Teilelementen. Behandelt man es als Variante, unterstellt man eine genuslose, eine «uni-sex» Norm, und erzeugt damit zugleich automatisch ein Konzept der Abweichung. Grammatik ist ein epistemologisch-sexistisches Unternehmen. Wenn man von Frauensprache spricht, als ob sie einem «Dialekt» oder einer Schichtensprache homolog wäre, wird impliziert, daß dieses Sprechen unabhängig existiere und daß die Sprechweisen von Frauen und von Männern auch ohne ihr Komplement genügten. Das stimmt einfach nicht. Was Männer sagen, kann von den Frauen verstanden werden, die wissen, wie zu erwidern, aber Männer und Frauen werden das Gesagte unterschiedlich hören und verstehen (siehe in Fn 89, 97). Die *vernakuläre Sprache* als solche kann man überhaupt nicht hören, sie ist ein Konstrukt des Linguisten, der das Verhalten von statistischen *Menschen* aufzeichnet. Das *lumen intellectuale* des Linguisten dient der wissenschaftlichen Verschneidung (Fn 52). Es reißt den Sprachakt aus dem Bedeutungsnetz von Genus und tut dies für Männer nicht weniger als für Frauen. Aber die grammatikalischen Kategorien sind so angelegt, daß die nicht als solche wahrgenommene Markierung durch das *Genem* in jeder Kategorie als Tendenz zur Abweichung vorbelastet ist. Selbst dann, wenn die Standardisierung eine

Form einheitlichen Sprechens geschaffen hat, der gegenüber Männer und Frauen gleich sind – in der Praxis sind die Frauen eben etwas weniger gleich. Ob, wann und mit welcher relativen Frequenz in Vernakulärsprachen Männer zu Frauen und Frauen zu Männern sprechen, worüber und wie und in welcher Weise dieses Benehmen in Dialekten oder in Sprachgruppen variiert, ist nicht erforscht worden. Oft scheint es, als ob in vernakulären Kulturen die Gelegenheiten von Männern und Frauen, miteinander zu sprechen, selten seien. Vernakuläres *Sprechen* als solches bietet keine Gelegenheit zur Diskriminierung. Einer der Gründe für die Normierung von Sprechweisen mag sein, eine Sprache zu schaffen, in der Männer und Frauen als «Menschen» miteinander sprechen können.

In der Praxis wird die gemischte Unterhaltung in einer Unisex-*Sprache* zumeist von Männern dominiert, jeder Satz gibt reichlich Gelegenheit, die Frauenstimme zu unterdrücken. Siehe Don Zimmermann und Candice West, «Sex Roles, Interruption and Silence in Conversation», in: M. A. Lowrie und N. F. Conklin (Hg.), *A Pluralistic Nation: The Language Issue in the United States*, Rowley 1978; außerdem C. West, «Against Our Will: Male Interruptions of Females in Cross-Sex Conversation», in: Orasanu, Slater und Adler (*op. cit.* in Fn 93), S. 81–100; M. Swacker, «Women's Verbal Behavior at Learned and Professional Conferences», in: Dubois und Crouch (Hg.), (*op. cit.* in Fn 93), S. 155–160; B. Eakins und G. Eakins, «Verbal Turn Taking and Exchanges in Faculty Dialogue» (ebd.), S. 53–62.

95 *Frauensprache:* Im Deutschen hat schon Wilhelm von Humboldt, *Über die Verschiedenheiten des menschlichen Sprachbaues*, 3. Kapitel, Sprache und Individualität (Nr. 82), versucht, das Sprechen der Frauen als Abart der Sprache zu verstehen. «Die weibliche Eigentümlichkeit, die sich so lebendig und sichtbar auch im Geistigen ausprägt, erstreckt sich natürlich auch auf die Sprache. Frauen drücken sich in der Regel natürlicher, zarter und dennoch kraftvoller, als Männer aus ... bringen aber auf die eben besagte Weise nicht eine eigene Sprache hervor, sondern nur einen eigenen Geist in der Behandlung der gemeinsamen ... Ganz verschiedene Weibersprache kommt nur bei den Kariben vor ... Die Erscheinung gehört ... mehr der Geschichte als der Sprachkunde an ... allerdings fast überall ist die Benennung der verschiedenen Verwandtschaftsgrade ...

nach dem Geschlecht des Redenden verschieden, was vermutlich in der Verschiedenheit der Empfindungen seinen Grund hat, mit welchem beide Geschlechter den Familienkreis umfassen.» (Ges. Schriften Bd. 6, Berlin 1907, Neudr. 1968, S. 204 ff)

Der beste Zugang zur Geschichte der Wahrnehmung der Frauensprache in der Linguistik ist wohl das 13. Kapitel in Otto Jespersen, *Die Sprache, ihre Natur, Entwicklung und Entstehungsgeschichte,* Heidelberg 1925 (Orig. London 1922) und, *ders., Sproget, Barnet, kvinden slaegten,* Kopenhagen 1941. Über Frauensprache im Deutschen (Jiddisch) siehe: E. H. Levy, «Langue des hommes et langue des femmes en Judeo-Allemand», in: *Mélange C. H. Andler,* Straßburg 1924.

96 *Frauen-Englisch:* Studien zur Dominanz haben wichtige Aspekte zutage gefördert. Nancy Faires Conklin, «The Language of the Majority: Women and American English», in: *A Pluralistic Nation (op. cit.* Fn 94, S. 222–237) stellte fest, daß es «in jeder Gemeinschaft besondere Normen für das Verhalten von Männern und das von Frauen gibt; das Sprachverhalten macht keine Ausnahme. Bis vor kurzem hat das klassische Konzept von Sprachgemeinschaften als je einförmige Gruppen von Sprechenden die Bedeutung des Geschlechts in den Sprachvariationen verdeckt. In manchen Kulturen haben Männer und Frauen ausgeprägt gesonderte Sprachen, d. h. unterschiedliche Wörter, um Dinge zu benennen, und eine unterschiedliche Syntax. Auf den ersten Blick scheint das Englische, was das Geschlecht betrifft, relativ undifferenziert zu sein, aber die Unterschiede sind doch sehr systematisch, wenn auch viel verborgener, vorhanden.» Paradoxerweise sind diese Unterschiede, die schließlich jedes Kind kennt, heutzutage zu einem Feld linguistischer Entdeckung geworden. Welche dieser Unterschiede im zeitgenössischen Englisch aber überlieferte Formen von *genusverwobenem Sprechen* und welche sexistische Spiegelung in der Sprache sind, wäre die eigentlich spannende Frage. Genus scheint vor allem in der Sprache *systematisch* zu überleben, trotz der wachsenden Aufpfropfung von immer mehr Unisex-Wendungen – in denen durchgängig die männliche Rede dominiert.

97 *Sprachrolle:* In *Language and Sex (op. cit.* Fn 93) weist Barrie Thorne darauf hin, wie groß der Einfluß ist, den das «Rollenkon-

zept» auf die Sprachforschung hat: «Der Begriff der Rolle selbst ist euphemistisch und trägt dazu bei, die Machtunterschiede zwischen Männern und Frauen zu übertünchen. Es ist bezeichnend, daß die Rollen-Terminologie, in der ja immer mitschwingt, man sei ‹verschieden, aber gleich›, nicht über andere Fälle von Macht-Unterschieden gestülpt wird; wir sprechen zum Beispiel nicht von ‹Rassenrollen› oder ‹Klassen-rollen› ... Offensichtlich brauchen wir ein präziseres und biegsameres Vokabular, um die sozialen und kulturellen Unterschiede zwischen den Geschlechtern zu erfassen.» Dieses präzisere technische Vokabular müßte zwei gesonderte Befindlichkeiten unterscheiden können: die Formen gemeinen Sprechens und den Gebrauch unterrichteter Muttersprache. Im ersten Fall klingt das Sprechen je nach dem Genus des Sprechenden und Hörenden anders. In der zweiten Situation gebraucht der Sprechende den gleichen Code eingetrichterter Sprache nur in der charakteristischen Weise seines oder ihres sozialen Sexus. Im genuslosen Forum der unterrichteten Muttersprache landet der männliche Sprecher gewöhnlich oben.

98 *Verschiedenes Sagen:* Viele Sprachen fordern von den Sprechenden in Wort- und Formwahl, genau auf den Bezug zwischen ihrem / seinem Status und dem besprochenen Subjekt Rücksicht zu nehmen. Die Themen, über die sie sprechen können, sind verschieden. Siehe dazu Beispiele aus Japan in Roy Miller, *Japanese Language*, Chicago 1967, S. 289. Wie Roy Miller in «Levels of Speech (*keigo*) and the Japanese Linguistic Response to Modernization», in: *Tradition and Modernization in Japanese Culture*, hg. von Donald H. Shively, Princeton 1971, S. 661–667 gezeigt hat, gebrauchen Frauen und Männer unterschiedliche Raster von Wortbezügen und Formen der Anrede. Eine vielgestaltige Scheidelinie setzt männliche und weibliche Rede voneinander ab, sie sondern sich v. a. durch verschiedene, am Satzende hinzugefügte Partikel (fem.: *wa*; mask.: *za, ya*). Frauen setzen das ehrerbietige Präfix *o*- vor Worte, die Männer direkt und ohne Zusatz aussprechen können: zum Beispiel sagen die Frauen für Wasser *o-mizu*; siehe Takashi Kamei, «Covering and Covered Forms of Women's Language in Japanese, with Special Reference to the Ornamental Prefix ‹O›», in: *Hitotsubashi Journal* 19, 1 (1978), S. 1–17. Bestimmte Wörter, die die gleiche Sache bezeichnen, haben etymologisch keinerlei Verbindung: «köstlich» ist *cishi*

für die Frauen und *umai* für die Männer; vergleiche J. F. Sherzer und R. Bauman (Hg.), *Exploration in the Ethnography of Speaking*, New York 1975.

99 *Sprechstrategien:* Susan Harding, «Women and Words in a Spanish Village», in: Rayna Reiter (Hg.), *Toward an Anthropology of Women* (*op. cit.* in Fn 76) beschreibt die listigen Strategien, die Frauen in einem spanischen Dorf benutzen, um sich an der Unterhaltung der Männer zu beteiligen, die sie gewöhnlich nicht einschließt. Das Beispiel aus Madagaskar wird beschrieben von Elionor Keenan, «Norm Makers, Norm Breakers: The Use of Speech by Men and Women in a Malagasy Community», in: R. Bauman und J. F. Sherzer (*op. cit.* in Fn 98), S. 125–143.

100 *Grammatikalischer Genus:* In Kapitel 17 von *The Philosophy of Grammar*, New York 1965, empfiehlt Otto Jespersen, «feminin/maskulin» (engl. feminine/masculine) zu gebrauchen, wenn das grammatikalische Geschlecht eines Substantivs bezeichnet werden soll, «weiblich/männlich» (engl. female/male) dagegen, wenn man das Geschlecht des angesprochenen Objektes meint. Diese Unterscheidung schafft folgende Schwierigkeit, daß 1. grammatisches Geschlecht (er/sie/es), auf das sich Jespersen bezieht, 2. soziales Genus in seiner eigentümlichen zwieschlächtigen Komplementarität, 3. sozialer Sexus, entstanden aus der institutionalisierten Polarisierung von homogenen menschlichen Charakteristika und 4. genitale oder anatomische Morphologie vier klassifikatorische Begriffskontexte sind, deren Zusammenhang keineswegs gegeben ist. Mit diesem Buch will ich anthropologischen (sozialen) Genus benennen, beschreiben, erforschen und vom sozialen Konstrukt des (ökonomischen) Sexus unterscheiden. Ich möchte behaupten, daß der Übergang von Genus zu Sexus in der Umgangssprache seinen Widerhall findet. Ich möchte die komplementären Felder gemeinen Sprechens als Frauen- oder Männer-Rede (feminin/maskulin) bezeichnen, die polarisierte Abweichung von der Norm einer standardisierten (normierten, geschriebenen, vermarkteten) Sprache (unterrichtete Muttersprache) dagegen als *männliche* oder *weibliche Sprache* definieren. Ich möchte genusverwobenes Sprechen und sexgebundene Sprache scharf voneinander trennen. Frauen- oder Männer-Rede spricht andauernd mittelbar von der Dualität (siehe in Fn

12, 56, 57), während die sex-gebundene Sprache Diskriminierung schafft. Grammatikalisches Geschlecht wird deshalb in der Sex-Sprache, was es in Frauen- oder Männer-Rede nicht sein konnte: ein handliches Mittel des impliziten Ausschlusses. Zur Einführung in die Literatur über nominale Klassifikationssysteme sind zwei Bücher nützlich: Gerlach Royen, *Die nominalen Klassifikationssysteme in den Sprachen der Erde: historisch-kritische Studie, mit besonderer Berücksichtigung des Indogermanischen*, Wien 1930, das C. C. Uhlenbeck in: *The International Journal of American Linguistics* 7, Nr. 1–2 (1932), S. 94–96 kritisch rezensierte und Götz Wienold, *Genus und Semantik*, Meisenheim 1967. Wienold analysiert die ambivalente Situation, in der das grammatikalische Geschlecht an der Grenzlinie zwischen Syntax und Semantik siedelt. Ein brillantes Beispiel dafür, wie genaues Hinhören auf unterschiedliche Redensarten die Formen komplementären Sprechens aufspüren kann, ist Yvonne Verdiers Studie über Minot, die im französischen Original deshalb auch «Façons de dire, Façons de faire» betitelt ist (*op. cit.* in Fn 79).

101 *Das unausgesprochene Wort:* Das genannte Beispiel ist von Mary R. Haas, «Men's and Women's Speech in Koasati», in: *Language* 20, no. 3 (1944), S. 141–149. Aber nicht nur aus der Sprache schwindet das Genus, auch aus den Tönen, die in einer Kultur zu hören sind, siehe G. H. Herdt, *Guardians of the Flute: Ritual idioms of masculinity*, New York 1981.

Curt Sachs, *Geist und Werden der Musikinstrumente*, Berlin 1929, hat versucht, die Bedeutungsnähe zwischen Genus und Musikinstrumenten zu verfolgen: Eine lückenhafte Tonreihe, ein sogenannter hohler Klang, dunkel wie die Nacht und der Mutterschoß, schwillt aus der Schneckentrompete; in manchen Gesellschaften bedeutet der Trommelschlag so sehr Zeugungsakt, daß die Schlitztrommel nicht geschlagen, sondern mit phallischem Schlegel gestoßen wird. Strengste Strafandrohung soll verhüten, daß die Frauen ein männlich betontes Instrument auch nur anblicken. Das Schwirrholz der ältesten Schichten kommt nur paarweise vor, in seinem Heulen werden Ahnenstimmen gehört; oft war das Doppelinstrument und das Instrumentenpaar mit Zweigeschlechtlichkeit verbunden. Fest scheint die Menschheit an der instrumentellen Zweitonigkeit festgehalten zu haben, auch da, wo der Gesang dreistufig wurde. Nur das indonesische Schenkelxylophon ist geheimnisvoll

dreistufig. Frauen singen oft in anderen Tonarten als Männer, siehe
J. J. Ottenheimer, «Culture and Contact and Musical Style», in: *Eth-
nomusicology* 14 (1970), S. 458–462. Auch schweigendes Sagen hat
Genusbezug, einen Einstieg in die Forschung stummen Redens gibt
der Sammelband von Clara Mayo und Nancy Henley (Hg.), *Gender
and Nonverbal Behavior*, New York 1981 und Nancy M. Henley,
Body Politics. Power, Sex and Nonverbal Communication, Englewood
Cliffs 1977: Berührung, Umarmung und Schmusen, Verbeugun-
gen, Augenniederschlag und Lächeln, Körperhaltungen, die Art zu
sitzen, daherzukommen und sich breit zu machen werden hier im
modernen Alltagsbenehmen untersucht, und die verfügbare Literatur wird ausgebreitet, um die «traditionellen» Geschlechtsunter-
schiede abbauen zu helfen. Was hier untersucht wird, ist sexistische
Gebärde, die ich in Gegensatz stelle zu genusbestimmtem Sich-Ge-
bärden, das Verdier (siehe in Fn 79) beschreibt. Die Kunstgeschichte
kann Zugang zum Studium der Gebärdengeschichte geben; siehe
z. B. Leopold Kretzenbacher, *Schutz- und Bittgebärden der Gottesmutter. Zu Vorbedingungen, Auftreten und Nachleben mittelalterlicher Für-
bitte-Gesten zwischen Hochkunst, Legende und Volksglauben*, München
1981.

102 *Die sexuelle Ver-Wirung:* Auch Pronomina haben Geschichte,
deutlich läßt sich das in der ersten Person Plural sehen. Wir haben
fast keine Ahnung mehr von der schillernden Vielfalt kulturell vor-
bestimmter Subjekte, die sich in einem anderen Sprachmilieu deutlich innerhalb der ersten Person Plural voneinander unterscheiden
ließen. Die Grobheit, mit der wir heute andere vereinnahmen, «ver-
wiren», war undenkbar, siehe Ivan Illich, «Die ökumenische Ver-
Wirung», in: ders., *Vom Recht auf Gemeinheit (op. cit.* in Fn 1). Auch
das besitzanzeigende Fürwort der ersten Person Plural ist verflacht,
ein nur mehr privates «mein» steht dem «unser» der GmbH gegenüber, ob diese nun Paar, Multikonzern oder Staat ist. Dazu siehe:
Paul Forchheimer, *Die Kategorie der Person in der Sprache. Beitrag zu
einer allgemeinen Grammatik und zur Erkenntnis der Weisen sprachlicher
Welterfassung durch das Personalpronomen*, Berlin 1952. Zur Kritik: A.
Capell, «Forchheimer and the Pronoun,» in: *Oceania* 25 (1954–55),
S. 283–291. Siehe auch A. Capell, «The Concept of Ownership in
the Languages of Australia and the Pacific», in: *Southwestern Journal
of Anthropology* vol. 5 no. 3 (1949), und Klaus Hunnius, «Mais des

idées, ça, on en a, nous, en France. Bilanz und Perspektiven der Diskussion über das Personalpronomen ‹on› im gesprochenen Französisch», in: *Archiv für das Studium der neueren Sprachen und Literaturen* 218, Jg. 133 (1981), S. 76ff.

103 *Anastomosis:* Für eine anthropologische Kritik an den soziobiologischen Versuchen, kulturelle Entwicklung auf jene Gesetzmäßigkeiten zurückzuführen, nach denen biologische Wesenheiten sich entwickeln, siehe: Marshall Sahlins, *The Use and Abuse of Biology* (*op. cit.* in Fn 58) und die Besprechung St. J. Goulds von John Tyler Bonner, *The Evolution of Culture in Animals*, New York 1979, in: *New York Review of Books* (22. 1. 1981). Zur Geschichte der Idee des Lamarckismus siehe H. Graham Cannon, *Lamarck and modern Genetics*, Manchester, 1975. Zur Verwendungsgeschichte von «Anastomosis» im Gegensatz zur «Verästelung» siehe *Trésor de la Langue Française* (*op. cit.* Fn 3).

104 Zur Geschichte des *Malacate* siehe z. B. Eduardo Noguera, *La ceramica arqueológica de Mesoamerica*, Mexico City 1975.

105 *Notzeiten:* Wenn der Historiker aus seinen Quellen erfährt, daß spät im Frühjahr Frauen Männerarbeit tun, dann vermutet er wohl: daß Männer, statt Ochsen, Pflug oder Karren ziehen, daß Ungenießbares (Wurzeln, Ratten, Katzen, Hunde) gegessen wird und daß die Mütter «entarten» und ihren Kindern das Essen vorenthalten. Der Bruch der Genuslinie, der Bruch des Speisetabus, die Vertierung und die Entartung bringen aber nur in der schrecklichsten Notzeit jenes Regime der Knappheit ins Dasein, auf dem seit Hobbes alle Sozialtheorie aufgebaut ist. Wie schrittweise die Bande einer Gesellschaft sich auch heute noch in einer Hungersnot lösen können, beschreibt Raymond Firth, *Social Change in Tikopia*, New York 1959. Auf dieser Insel im Pazifik verstärkt die Hungersnot zunächst den Zusammenhalt zwischen den Haushalten. Die Grundregel dieser Gesellschaften, die Chayanov beschrieb und Marshall Sahlins, *Stone Age Economics*, Chicago 1972 untersuchte, bleibt in Notzeiten zuerst noch intakt: im Gegensatz zur Knappheit (siehe Fn 11) verstärkt der Mangel die sozialen Netze und die Regel, daß Nahrung nur geteilt, nicht getauscht werden darf. Wenn weniger da ist, fordert die Sitte, daß Haushalte mehr als sonst in Gastfreundschaft

und Freigebigkeit rivalisieren; erst in einem zweiten Stadium des Mangels beginnt eine Art Tarnung: der Haushalt hamstert Lebensmittel und teilt nur noch innerhalb der Familien. Wenn auch dem Verwandten Nahrung geneidet wird, dann reißen eben «die Bande der Gesellschaft» – wenigstens für die Zeit der Not. Wenn *homo oeconomicus* entsteht (siehe Fn 5, 6 und 11), dann hört damit – zeitweise oder endgültig – genusgebundene Subsistenz auf.

106 *Taxonomie der Genusübertretungen:* Das Symptom der Verkleidung hat eine ganz andere Bedeutung, wenn es als Sexrollenspiel und wenn es als Übertretung der Genusgrenze verstanden wird. Um den Unterschied zu verdeutlichen, wird es nötig, eine Klassifikation von sehr verschiedenen Benehmensformen aufzustellen, die alle im Lebensraum des Genus beobachtbar sind. Sehr vorläufig will ich einzelne Beispiele nennen, die einer heuristischen Auslotung dieses Themas dienen könnten. Was hier klassifiziert werden sollte, sind Übertretungen einer Kluft zwischen dissymmetrischen Domänen: *Pané*: der Guyaki-Mann, dessen Bogen von einer Frau berührt wurde, muß unter alten Weibern dahinsiechen; *Berdache*: die Bestimmung eines Navajo-Kindes zum Aufwachsen als Mitglied des anatomisch entgegengesetzten Genus; *Pantoffelheld*: der Hahnrei mit der Spindel, die Frau, die die Hosen anhat, verschieben die Genuslinie im Haushalt und fordern Volkes Rüge (Katzenmusik) heraus; *guerres des démoiselles*: Bauern, die durch ihre Verkleidung in Röcken die Herrschaft schrecken, das Dorf vor dem Steuereintreiber, dem Landvermesser schützen; der *Frauenstreik*: die Bembafrauen, die Hütte und Kinder den Männern überlassen; *Jeanne d'Arc*: die Frau als Mönch, als Fahrender, als Soldat; *der Mummenschanz*: Weiberfastnacht, verkehrte Welt und rituelle Weiberherrschaft. Letztlich, die *Aufhebung der Genustrennung*, wenn die Gesellschaft zerbricht. Zu Weiberherrschaft und Demoisellenkrieg: Natalie Zemon Davis, «Women on Top», in: dies., *Society and Culture* (*op. cit.* in Fn 80), S. 124–151, dort auch viele weitere ethnographische und historische Literaturhinweise; Eduard Fuchs, «der Sammler», und Alfred Kind, Sexualforscher der Wiener Schule, haben vor dem Ersten Weltkrieg ein dreibändiges Monumentalwerk: *Die Weiberherrschaft in der Geschichte der Menschheit*, München 1913, zusammengestellt, dessen reiche Illustrationen die soziale Wirklichkeit «verkehrter Welten» anschaulichst belegen; zur einzelnen Frau «als Mann» in der

frühen christlichen Tradition, siehe John Anson, «The Female Transvestite in Early Monasticism: The Origin and Development of a Motive», in: *Viator* 5 (1974), S. 1–32; Marie Delcourt, «Le complexe de Diane dans l'hagiographie chrétienne», in: *Revue de l'Histoire des Religions* 153 (1958), S. 1–33, und aus der Literatur über Jeanne d'Arc das neue Buch von Marina Warner, *Joan of Arc*, New York 1981.

107 *Plastische Sexualität und historische Travestie:* Übertretungen wie im Genus kann es im Sexrollenspiel nicht geben. Rollenträger sind genus-lose, besitzergreifende Individuen (siehe Fn 6) mit unbegrenzter Fähigkeit, zu wollen, was der andere hat, die sich in einer Atmosphäre der Knappheit (siehe Fn 11) bewegen. Es läßt sich verfechten, daß der Begriff der genuslosen Sexualität (siehe Fn 7) nur in diesem Zusammenhang geschaffen werden konnte. Unter der Annahme, daß das Menschenwesen genitales Benehmen, soziale Charakteristika und psychologische Triebrichtung als Eigenschaften erwirbt, gibt es keine Übertretung. Das *transsexuelle* Individuum glaubt, im falschen Körper zu stecken. Der *Transvestit* wird so zu einem Individuum, dessen Sexualität dadurch befriedigt wird, daß er sich im sozialen Gegensatz zu seiner «Biologie» anzieht oder benimmt. Die Depolarisation kann zum Ideal des Unisex führen und zur gegenwärtigen intellektuellen Mode der Androgynität in Frauenkunde, Theologie und theoretischer Biologie. Die Anwendung von Begriffen, die auf «Sexualität» fußen, verzerrt die Vergangenheit ebensosehr wie die Zuschreibung von knappheitsbezogenen Begriffen: der Sexozentrismus des Historikers läßt die so beschriebene Travestie in der Vergangenheit leicht zum Zerrbild werden. Zugang zur Literatur, die sich sehr verwirrend darstellt, siehe Vern Bullough u. a., *An Annotated Bibliography of Homosexuality*, 2 Bde., New York 1976, besonders Bd. 1, S. 37–67 (für die Geschichte) und Bd. 2, S. 351–384 (für Transvestismus und Transsexualität) und vom gleichen Autor «Transvestites in the Middle Ages», in: *The American Journal of Sociology* 79, no. 6 (1974), S. 1381–1394.

108 *Homosexualität:* Das Wort erscheint in Wörterbüchern und in der gleichzeitig entstehenden medizinischen und politischen Fachliteratur erst kurz vor der Jahrhundertwende, denn erst dann war es

möglich, Sexualität oder *Libido* so zu denken, daß ihre Ausrichtung auf Objekte am selben Pol vorstellbar wurde. Die Unterscheidung zwischen homosexuellem Benehmen, für das es viele traditionelle Bezeichnungen gab (z. B. in Johann Heinrich Zedlers *Großes voll-ständiges Universallexikon*, Leipzig-Halle 1746 [Nachdr. 1962] Sodo-mie: «Sodomiterey, bedeutet ... überhaupt einen jeden unnatürli-chen Gebrauch der Zeugungs-Glieder, ... mit einem andern Gegen-stande, es sey gleich ein Mensch, oder Vieh, in gleichem und beson-derem Geschlecht ...und wird auf dreyerley Art vollbracht, als mit ihme selber, mit Menschen, mit Vieh ...»), und der Zugehörigkeit zur Sozialkategorie der Homosexuellen wurde erst nach dem Zwei-ten Weltkrieg zum öffentlichen Thema. Im Jahre 1957 machte der Wolfenden-Report, der dem britischen Parlament vorlag, einen Unterschied zwischen der «Neigung» (propensity) zur Homose-xualität und homosexuellem «Benehmen» (behaviour). In dieser politischen Unterscheidung spiegelt sich zugleich die Grenzziehung und die Einkreisung um einen «eigentlich» *homosexuellen Sozialty-pus*. In der Zusammenschau und Sonderung beider Bedeutungen muß die Geschichte der Sodomie des Westens untersucht werden. D. S. Baily, *Homosexuality and the Christian Western Tradition*, Lon-don 1955, hat erstmals beide Aspekte getrennt; er sagt «Homosexu-alismus», wenn er das Tun bezeichnen will, und «Homosexualität», wenn er von der inhärenten Neigung spricht. Zur Geschichte der zweiten Bedeutung, der Homosexualität als Sozialkategorie siehe das gründliche Buch von John Boswell, *Christianity, Social Tolerance and Homosexuality: Gay People in Western Europe from the Beginning of the Christian Era to the Fourteenth Century*, Chicago 1979, und die Kritiken dazu von J. D. Adams, *Spekulum* 56, No. 2 (1981), S. 350 bis 355; Peter Lineham, *The Times Literary Supplement* (23. Januar 1981), S. 73; Keith Thomas, *The New York Review of Books* (4. De-zember 1980), S. 26–29; siehe auch Bruce Williams O. P., «Homo-sexuality and Christianity, a discussion» in: *The Thomist* 46, Nr. 4, (1982), S. 609–625. Ungeschichtlich und deshalb verwirrend ist das deutsche Standardwerk: Gisela Bleibtreu-Ehrenberg, *Homosexuali-tät. Die Geschichte eines Vorurteils*. Frankfurt 1978.

Unter Frauen wurde selbst die Homosexualität im ersten Sinne, also homoerotisches Benehmen überhaupt, in den USA zum Bei-spiel erst im späten 19. Jahrhundert als Form genitaler Abwegigkeit angeprangert; dazu Carol Smith Rosenberg, «Meine innig geliebte

Freundin! Beziehungen zwischen Frauen im 19. Jahrhundert», in: Bettina Heintz und Claudia Honegger (Hg.), *Listen der Ohnmacht. Zur Sozialgeschichte weiblicher Widerstandsformen*, Frankfurt 1981, S. 357–392. Gudrun Schwarz, ««Mannweiber› in Männertheorien», in: *Frauen suchen ihre Geschichte*, hg. von Karin Hausen, München 1983, S. 62–80 zeigt an Hand medizinischer Literatur, wie die lesbische Frau als «Nicht-Weib» (*kesser Vater*) und das *lesbische Paar* nach dem Muster der heterosexuellen Paarung um die Jahrhundertwende sozial kreiert wurden. Erst in den Kategorien der Mediziner und Psychiater dieser Zeit wurde die Nähe und Zuneigung zwischen Frauen im biologischen Abstraktum konstitutioneller Homosexualität subsumiert und mit dem «abweichenden Verhalten» von Männern homolog. Zur Geschichte der Sicht auf lesbische Frauen allgemein siehe Lillian Faderman, *Surpassing the Love of Men: Romantic Friendship and Love between Women from the Renaissance to the Present*, New York 1981; zur Sozialgeschichte des Empfindens von Frauen in ihrer eigenen Weise siehe das glänzende Buch von Marie-Jo Bonnet, *Un choix sans équivoque*, Paris 1981.

Zum Einstieg in das Thema siehe die beiden Bibliographien von Tom Horner, *Homosexuality and the Judeo-Christian Tradition. An Annotated Bibliography*, New Jersey 1981, und die in Fn 107 genannte Bibliographie von Vern Bullough sowie das Schwerpunktheft von *Frontiers: A Journal of Women's Studies* 4, Nr. 3 (1979) zur Geschichte lesbischer Frauen. Wichtig scheint mir, die moderne, einzigartige Sozialkategorie der Homosexuellen, in die Männer wie Frauen eingereiht werden, nicht auf die vielfältigen Ausbildungsformen der Päderastie oder Sodomie oder Initiation oder auf unthematisierte Selbstverständlichkeiten oder die Zuneigung zwischen Frauen zu projizieren, weil all dies verschiedene Phänomene und Erfahrungen sind, die ihre eigene Geschichte haben.

109 *Die Geschichte des heterosexuellen Menschen:* Diese Geschichte wäre fundamental für das Verständnis des «normalen» Menschen, der für die Ökonomie und Staatsbürgerschaft das notwendige Subjekt ist. Das Tabu gegenüber der Geschichtsschreibung des Homosexuellen wurde im Laufe unserer Generation gebrochen (siehe Fn 108), die Geschichtsschreibung der Entwicklung des außergewöhnlichsten und überraschendsten sozialen Phänomens unserer Zeit, nämlich die der heterosexuellen Befähigung zur partnerschaftlichen

Paarhaftigkeit liegt noch nicht vor. Ansätze in historischen Forschungen zur Geschichte der Liebe, siehe Jacques Solé, *Die Liebe in
der westlichen Kultur,* Frankfurt/M. 1979, mit umfangreicher Bibliographie; zur Geschichte der abendländisch einmaligen, neuzeitlichen Entwicklung eines Ehemodells, in dem die vormals gesonderten Verhaltenskonzepte von Liebe/Erotik außer der Ehe einerseits und Legitimität/Lust in der Ehe andererseits verschmelzen
sollten, siehe die gesammelten Aufsätze von Jean-Louis Flandrin, *Le
Sexe et l'Occident. Évolution des attitudes et des comportements,* Paris
1981; im Deutschen ist zugänglich ders., «Späte Heirat und Sexualleben», in: *Schrift und Materie der Geschichte,* hg. von Claudia
Honegger, Frankfurt/M. 1977, S. 272–310 und Jean-Louis Flandrin, *Familien (op. cit.* Fn 84); siehe auch den unter einer Fortschritts-
perspektive aufs moderne Ehebett geschriebenen Band von Michael
Mitterauer und Reinhard Sieder, *Vom Patriarchat zur Partnerschaft.
Zum Strukturwandel der Familie,* München 1977 und überarb. Aufl.
1980; ein höchst anregender Sammelband ist *Sexualités occidentales*
aus der Reihe *Communications,* Nr. 35, Paris 1982, mit siebzehn Aufsätzen zu Keuschheit, Homosexualität, Prostitution, ehelicher wie
außerehelicher Liebe von der Antike bis zur ‹Götterdämmerung der
Psychoanalyse und dem Morgenrot der Sexologen› im wissenschaftlichen Orgasmus der 20er Jahre.

110 *Ausgrenzung:* Die Ausgrenzung des Homosexuellen stellt eine
Art der sozialen Verketzerung dar, die als solche in ihrer historischen
Einmaligkeit verstanden werden muß. Denn die Möglichkeit, gewisse Männer und Frauen auf Grund einer Diagnose ihres Beneh-
mens in einen Topf zu werfen und von der Gesellschaft abzuson-
dern, ist nur uns heute denkbar. In ihr erreicht die einzigartig westliche Form der Ausgrenzung symbolisch einen Höhepunkt, der auch
eine epistemologisch einmalige Leistung darstellt. Eine Geschichte
der Ausgrenzung dieser Art muß wohl mit der Entwicklung des
Häresiebegriffes einsetzen, das heißt, mit dem Ausschluß des An-
dersgläubigen aus einer Glaubensgemeinschaft mit Weltanspruch.
  Bis ins hohe Mittelalter hinein war der Häretiker dem Orthodoxen (dem Rechtgläubigen), oder dem Schismatiker (dem zwar
Rechtgläubigen, der aber institutionell an einem getrennten Ritual
teilnimmt) gegenübergestellt, im späten 12. Jahrhundert wird dann
Häresie zunehmend als Heteropraxis verstanden, als Abweichung

im Benehmen, dessen soziale Folge gefürchtet wird. Diese Akzent-verschiebung in der Wahrnehmung des Häretikers läuft mit der Durchsetzung detaillierter, überregionaler kirchlicher Benehmens-vorschriften parallel. Wer fortan an vernakulärem Benehmen fest-hält, das in Gegensatz zu diesen Vorschriften steht, gerät in die Nähe der Häresie. Die Erzwingung der Anerkennung des Ehesakramen-tes als heterosexueller Kontrakt, ein lebenslängliches Joch zu tragen, wird zu diesem Zeitpunkt von der Kirche als eine Hauptaufgabe wahrgenommen: kein Wunder, daß so Arnauds Sodomie in den Ge-ruch der Häresie kam. Einführend zur Häresiegeschichte des Mittel-alters, Herbert Grundmann, *Religiöse Bewegungen im Mittelalter*, Hildesheim 1963, und die Sammelbände W. Lourdaux und D. Ver-helst (Hg.), *The Concept of Heresy in the Middle Ages, 11th–13th Cen-tury*, Den Haag 1976 und «Sénéfiance 5», *Exclus et systèmes d'exclu-sion dans la littérature et la civilisation médiévales* (Aix-en Provence, Paris 1978) und V. Branca, *Studi sulle eresie del secolo XII, Studi Storici* 5, zweite und erweiterte Ausgabe, 1975, S. 293–327, und jetzt in deutscher Übersetzung: Malcolm Lambert, *Ketzerei im Mittelalter, Häresien von Bogumil bis Hûs*, München 1981.

111   *Seelsorge:* Das institutionelle Instrument der Verinnerlichung des kirchlichen Menschenbildes ist die Seelsorge. Nach H. B. Meyer, «Alkuin zwischen Antike und Mittelalter», in: *Zeitschrift für Katholische Theologie* 81 (1959), S. 306–350, 405–453 stellt der Seel-sorger seit der Zeit Karls d. Großen einen neuen Typus des Priesters dar: er verwaltet die individuelle Spendung heilsnotwendiger Gna-denmittel. Er wird so zum Prototypus des Dienstleistungs-Profes-sionellen. Der Zugriff des Seelsorgers auf das Benehmen im Haus-halt selbst verfestigt sich erst im 12. Jahrhundert mit dem Ersatz der öffentlichen Kirchenbuße durch die Ohrenbeichte. (Zu den Buß-ordnungen gibt immer noch den besten Zugang J. Wasserschleben, *Die Bußordnungen in der abendländischen Kirche*, Graz 1950. Mit der Erhebung der Buße zum Sakrament wird die Beichte ein «sakra-mentales Forum» – erster Schritt zur Gewissensbildung; siehe Jean-Charles Payen, «La pénitence dans le contexte culturel du XIIe et XIIIe siècles», in: *Revue des Sciences Philosophiques et Théologiques* 61 (1977), S. 300 ff. Dieser Zugriff reicht bald bis ins Ehebett, siehe Elizabeth Makowski, «The Conjugal Debt and Medieval Canon Law», in: *Journal of Medieval History* 3 (1977), S. 99–114. Was Frau,

was Mann selbst dort zu tun bzw. zu unterlassen haben, wird durch die Kirche prinzipiell, also *katholisch* festgelegt – und die traditionelle gemeine Rechtschaffenheit wird oft zur Sünde, siehe Jenny M. Jochens, «The Church and Sexuality in Medieval Iceland», in: *Journal of Medieval History* 6 (1980), S. 377–392. Für Island ist dieser Konflikt besonders gut überliefert: Die Christianisierung der Insel erfolgte relativ spät, als sich die Regeln der Kirche schon klar herauskristallisiert hatten, die Missionare also für diesen Bereich genaue Richtlinien mitbrachten. Der Übergang von öffentlichen Bußübungen zur individuellen Ohrenbeichte ermöglichte die Herausbildung eines auf dekretierte Sünden bezogenen Gewissens, das oft in Konflikt mit dem Brauchtum trat. Eine Einführung in die Geschichte der nun als besonderes Sakrament begriffenen Buße gibt Herbert Vorgrimler, «Buße und Krankensalbung», 4, Fasc. 3, des *Handbuchs der Dogmengeschichte*, Freiburg 1978, besonders S. 89–112. In der Beichte wird die schwere Sünde vergeben und damit dem ehemaligen Sünder die Hoffnung auf ewige Seligkeit wiedergegeben; die zeitlichen Strafen für die Sünden werden aber nicht ebenso nachgelassen: sie müssen vor dem Tod oder danach im Fegefeuer erlitten werden. Der Ablaß entsteht – ein Verdienst, das durch Vermittlung der Kirche aus ihrem Gnadenschatz die Verpflichtung zur Sündenstrafe tilgt. Zur Entstehung des Fegefeuers, siehe Jacques LeGoff, *La Naissance du Purgatoire*, Paris 1981.

112 *Frau als Symbol:* Die Verwendung der Frau als Symbol für Kirche und für Gottesmutter verändert sich im Laufe des Mittelalters. Schon in der Väterzeit wurde die Kirche als Mutter bezeichnet, und sie ist geschichtlich die erste Institution, die *Alma* (milchtriefende) *Mater* wurde. Die Vorstellung einer universalen Institution, an deren Brüsten all die trinken müssen, die gerettet werden wollen, erscheint zuerst in den Schriften des Gnostikers Marcian Mitte des zweiten Jahrhunderts. Dennoch sind weder gnostische Bilder noch heidnische Göttinnen in diese Vorstellung eingegangen, wie auch keine Zusammenhänge auf den Kult der *Mater* im kaiserlichen Rom nachweisbar sind, siehe dazu Joseph C. Plumpe, *Mater Ecclesia: An Inquiry into the Concept of the Church as Mother in Early Christianity*, Washington 1943 (bes. S. 9–14 und 28–32). Nicht die Kirche war es, sondern die gegenseitige Liebe, die wegen ihrer lebenspendenden Kraft schon in den frühesten Zeiten des Christentums als «müt-

terlich» begriffen wurde; die römische Kirche selbst weigerte sich zunächst, mit diesem Bild identifiziert zu werden. Seit dem Ende des 3. Jahrhunderts mehren sich die Bezüge auf die «Mutter Kirche» in den Texten der Kirchenväter: Sie empfängt nun (*concipit*), ist fruchtbar (*fecunda*), bringt hervor und gebiert (*generat, parturit*); sie nährt die, die sie an ihren Brüsten hält; sie tut es in Schmerzen und Freuden, unter Tränen und Seufzern. An ihren Brüsten trinkt der antike Christ die Milch des Glaubens. Im 5. Jahrhundert nennen die Bischöfe das, was sie tun, «educatio», also «Aufzucht» und bezeichnen damit ihre Funktion mit einem Wort, das im Unterschied zu «instructio» oder «docentia» im klassischen Latein nur in Verbindung mit einem weiblichen Subjekt verwandt wurde. Siehe dazu Sebastian Tromp, «Ecclesia sponsa, virgo, mater», in: *Gregorianum* 18 (1937), S. 3–29 und Karl Delahaye, *Ecclesia Mater chez les Pères des trois premiers siècles*, Paris 1964; Yves Congar beschreibt in seiner Einleitung zu Delahayes Buch, wie im frühen Mittelalter das Bild kaum mehr auf die fruchtbaren Eigenschaften der christlichen Liebe hinweist, sondern zu einem Symbol wird, das die Berechtigung der institutionellen Hierarchie zur Kontrolle über die Quellen der Gnade ausdrückt. Der Seelsorger wird jetzt zum Verwalter der Brüste, und die Kirche, in deren Dienst er steht, wird zur ersten Produzentin jener lebensnotwendigen Dienstleistungen, die unter dem Monopol professioneller, klerikaler Verwalter stehen.

Ebenso, und in paralleler Entwicklung, wandelt sich das Bild Mariens: aus dem Ikon der *theotokos*, der Gebärerin Gottes, wird schrittweise das Idealbild der Frau an sich, der Madonna. Es ist viel mehr als die Wandlung künstlerischer Formensprache, die das majestätische Weib auf dem Goldgrund der Apsis vom lieblichen Frauenbild der spätmittelalterlichen Malerei trennt: die Stilisierung dieser einen Idealfrau als Modell und die dienstleistende Institution als «Mutter» sind zwei Elemente jener einzigartigen Entwicklung, die fortan den Westen vom christlichen Osten unterscheiden. Marina Warner, *Maria Geburt, Triumph, Niedergang – Rückkehr eines Mythos?*, München 1982, verfolgt die Madonnendarstellungen in der Malerei und zeigt, wie sie das jeweilige Frauenbild spiegeln; zum Frauenbild im Mittelalter, siehe das betreffende Schwerpunktheft der *Cahiers de civilisation médiévale*, 20 (1977), besonders Jean Verdon, «Les sources de l'histoire de la femme en Occident aux X^c– XIII^c siècles», S. 219–251, und Chiara Frugoni, «L'iconographie de la femme au cours des Xe–XIIe siècles», S. 177–187; zum Bild Evas, siehe E. Guldan, *Eva und Maria: Eine Antithese als Bildmotiv*, Köln 1966.

113 *Drachen und dergleichen:* Neben Heiligen wimmelt es in der Ikonographie des Mittelalters von Halbtieren, Dämonen, Teufeln, Engeln, Drachen. Für die Geschichte des Lebensgefühls sind die morphologischen Veränderungen der Halbtiere (*zoomorpha*) ein besonders geeigneter Spiegel. Meine Bekanntschaft mit diesen Wesen stammt ursprünglich aus dem Archiv von Marion Stancioff, London. Immer noch nützlich ist W. von Blankenburg, *Heilige und dämonische Tiere*, Leipzig 1943; zur Interpretation dieser Wesen, siehe Dietrich Schmidtke, *Geistliche Tierinterpretationen in der deutschsprachigen Literatur des Mittelalters 1100–1500*, Dissertation Berlin 1968, bes. S. 208 ff; zum Eigenleben der *Zoomorphen* in der Phantasiewelt der Zeit, siehe J. Baltrusaitis, *Le Moyen Age fantastique: Antiquités et exotismes dans l'art gothique*, Paris 1981 (erw. Ausg. des Originals von 1955); zum sozialen Status des Tieres siehe J. Vartier, *Les procès d'animaux du Moyen Age à nos jours*, Paris 1970; wie antike Götter und heidnische Dämonen in der Romanik überleben, siehe Marie-Thérèse d'Alverny, «Survivance de la magie antique», in: *Antike und Orient im Mittelalter* (Miscellanea Mediaevalia 1, 1962), S. 155–178 und A. A. Barb, «The Survival of Magic Arts», in: *The Conflict between Paganism and Christianity in the Fourth Century*, hg. von Arnoldo Momigliano, Oxford 1964, S. 100–125; zur Geschichte des Teufels im Mittelalter, siehe «Sénéfiance 6», *Le diable au Moyen Age (doctrine, problèmes moraux, représentations). Colloque mars 1978. Aix en Provence*, Paris 1979; zu Tieren und tierähnlichen Gestalten in der Volksfrömmigkeit, siehe Lieselotte Hansmann und Lenz Kriss-Rettenbeck, *Amulett und Talisman* (*op. cit.* Fn 7), S. 77 ff.

114 *Frömmigkeit:* Zur Begriffsgeschichte von «Religio», siehe L. Kocp, «‹Religio› und ‹Ritus› als Problem des frühen Christentums», in: *Jahrbuch für Antike und Christentum* 5 (1962), S. 43–59. Für die Antike fielen die beiden Begriffe *religio* und *ritus* weitgehend zusammen. Es stellt eine Leistung der Kirchenväter dar, den persönlichen Glauben (religio) als unterschiedlich und oft im Gegensatz zum institutionell vollzogenen Ritus sehen zu können. H. Bouillard, «La Formation du concept de réligion en Occident», in: *Humanisme et foi*

chrétien, hg. von C. Kannengießer und Y. Marchasson, Beauchesne 1976, S. 451–461, weist auf die durch Laktantius und besonders Augustin im Westen geschaffene Verschmelzung von zwei unterschiedlichen Wortbedeutungen in «Religio» hin: «Religio», das war einerseits die Bezeichnung der Institution selbst, andererseits die Gottessuche des einzelnen und die daraus fließenden Tugenden. Die daraus folgende Zweideutigkeit des Wortes in der neueren Religionswissenschaft untersucht in einer ausgezeichneten Abhandlung H. Bouillard, «La catégorie du sacré dans la science des réligions», in: E. Castelli (Hg.), *Le Sacré*, Rom 1974, S. 33–57. Vor diesem sprachlichen Hintergrund ist es schwer geworden, deutlich auszudrücken, wie vernakuläre Volksfrömmigkeit auch im Rahmen kirchlichen Glaubens und kirchlicher Liturgie weiterlebt und wie diese beiden unvergleichlichen, sozialen Seinsweisen aufeinander wirken. Frömmigkeit ist immer in einem «heidnischen» zwieschlächtigen Kosmos des Genus verankert. Weitgespannte Religion kennt letztlich immer ein ideologisch gefaßtes männliches und weibliches Prinzip.

Wenn ich das Wort «Religion» verwende, dann bezeichne ich damit all jene Phänomene, die in zentralperspektivische Kategorien gefaßt werden können. Im Englischen stelle ich der Religion «religiosity» gegenüber zur Bezeichnung von Andacht und Gebet, Brauchtum, Segen und Fluch, Heiligkeitsstreben (im älteren engl. Sprachgebrauch sind «holy» und «silly» sinngleich); es sind all dies Äußerungsformen, die ich wie das Sprechen beobachten und nicht wie Sprache als Resultat einer Abstraktion behandeln muß. «Frömmigkeit» ist wohl das im Deutschen analoge Wort. Zum Thema siehe: Lenz Kriss-Rettenbeck, *Bilder und Zeichen religiösen Volksglaubens*, München 1963 (2. Aufl. 1971) und vom gleichen Autor in Zusammenarbeit mit Lieselotte Hansmann, *Amulett und Talisman* (*op. cit.* Fn 7), sowie Lenz Kriss-Rettenbeck, *Ex Voto, Zeichen, Bild und Abbild im christlichen Votivbrauchtum*, Zürich 1972. Der Autor entfaltet in diesen Untersuchungen die Dimensionen der Frömmigkeit durch die Interpretation von Andachtsbildern, Votivgaben, Zeichen, Worten, Gebärden und Gesten. Vorsichtig wird *Frömmigkeit* sowohl von *Magie* wie von *Aberglauben* unterschieden. Magie ist weder eine Frühform der Religion oder Wissenschaft, noch ist sie wesentlich Ausdruck von Frömmigkeit. Magie ist Akt symbolischer Beherrschung. «Aberglauben» in seiner mittelalterlichen

Wortbedeutung ist noch etwas anderes. Es bezeichnet nicht, wie im heutigen Wortverständnis vielleicht, die «dummen, unbegründeten Überzeugungen alter Weiber», sondern die Weigerung, Gott zu dienen, die Aufkündigung der Gefolgschaft Gottes, um in den Dienst seines Widersachers zu treten. Aberglauben als «superstitio» ist deshalb ein historisches Phänomen, das auf den monotheistischen Westen begrenzt ist. Aus der sozialen Wirklichkeit des «Aberglaubens» (*superstitio*) als einer Perversion der Religion, d. h. des religiös gestalteten Gottesdienstes, wird im 18. Jahrhundert «Aberglauben» zur Perversion der wissenschaftlich begründeten Vernunft. Siehe dazu: Dieter Harmening, *Superstitio: Überlieferungs- und theoriegeschichtliche Untersuchungen zur kirchlich-theologischen Aberglaubensliteratur des Mittelalters*, Berlin 1979. Das gotische Großreinemachen im Rankenwerk der Romanik muß in diesem Lichte untersucht werden: Hier entstand die Verquickung von Magie mit *superstitio*, die die Einzigartigkeit der europäischen Hexenverfolgung erklärt. Die Verfolgung von Hexen war neu, wie die Motivation der Verfolger. Beide Phänomene, die Hexerei und die neue Wissenschaft, die sie verfolgte, hatten zwei zusammenhängende Motive gemeinsam: das Streben nach Macht und das Streben nach Unabhängigkeit von Gott. Mir scheint, daß Wissenschafts- und Hexereigeschichte Material zum Studium sexistischer Begriffe liefern, während Frömmigkeitsgeschichte die wohl reichhaltigste Quelle für Genusstudien darstellt und das Überleben von Genus bis in die Gegenwart zu begreifen erlaubt. Zur Frömmigkeit im Mittelalter, siehe Raoul Manselli, «Simbolismo e magia nell' Alto Medioevo», in: *Simboli e simbologia nell' Alto Medioevo*, Spoleto 1976, S. 293–329 und ebenfalls von Manselli, *La réligion populaire au Moyen Age: Problèmes de méthode et d'histoire*, Paris 1975, sowie: J. Toussaert, *Le sentiment réligieux en Flandre à la fin du Moyen Age*, Paris 1963; Material zu Frühformen moderner Buße und Reue bei Jean-Charles Payen, *Le Motif du repentir dans la littérature française médiévale, des origines à 1230*, Genf 1968; zur Anpassung von Pfarre und Brauch durch den örtlichen Priester siehe Étienne Delaruelle, *La Piété populaire au Moyen Age*, Turin 1975; für die Entwicklung im 17. und 18. Jahrhundert zwei reichhaltige, ausgezeichnete Studien: M. Ménard, *Une histoire des mentalités religieuses aux XVIIᵉ et XVIIIᵉ siècles: Mille Retables de l'ancien diocèse du Mans*, Paris 1981, und Marie-Hélène Froeschlé-Chopard, *La Réligion populaire en Provence orientale au XVIIIᵉ siècle*, Paris

1980. Die Geschichte gerade der Frömmigkeit im 19. Jahrhundert scheint mir besonders wichtig und lohnend, denn hier wurden die religiösen Symbole der Kirche dazu benutzt, einer neuen – und sexistischen – Sicht der Welt den Segen der Kirche zu geben; zur religiösen Ideologisierung der Arbeit im 19. Jahrhundert, siehe Gottfried Korff, «Heiligenverehrung und soziale Frage: Zur Ideologisierung der populären Frömmigkeit im späten 19. Jahrhundert», in: G. Wiegelmann (Hg.), *Kultureller Wandel im 19. Jahrhundert*, Göttingen 1973, S. 102–111, und, vom gleichen Autor, «Bemerkungen zum politischen Heiligenkult im 19. und 20. Jahrhundert», in: Günther Stephenson (Hg.), *Der Religionswandel unserer Zeit im Spiegel der Religionswissenschaft*, Darmstadt 1976, S. 217–230.

Eine überraschend reichhaltige Quelle für die wechselseitige Beeinflussung von Volksfrömmigkeit und theologisch geprägter Spiritualität ist das große *Dictionnaire de spiritualité, ascétique et mystique, doctrine et histoire*, dessen erster Band, betreut von Marcel Villier, 1932 erschien. (Inzwischen ist Band 10/Buchstabe «M» erreicht, und das Unternehmen wird wohl bis Ende des Jahrhunderts abgeschlossen sein.)

Im Verlauf von 30 Jahren habe ich in Südamerika eine Materialsammlung zusammengetragen, die heute in der Obhut des Colegio de México (Camino al Ajusco, Mexiko 20 DF) von Valentina Borremans bearbeitet wird: Materialien zum Verständnis des Eindringens kirchlich bestimmter Ideologie in die Volksfrömmigkeit Lateinamerikas seit den 1820er Jahren. Teile dieser Dokumente sind in Mikrofilmen erhältlich durch die Inter Documentation Company, Leiden (Holland).

115 *Die Hexe:* Das Objekt der großen frühneuzeitlichen Verfolgung wird Hexe genannt. Diese Hexe ist eine historisch einmalige Figur, die eindeutig von Zauberern, Magiern, Priesterinnen und sogenannten «Hexen» in anderen Kulturen unterschieden werden muß. Die frühneuzeitliche Hexe ist durch die Theologie geprägt und tritt da auf, wo die Wasserspeier sich vom Dachgestühl absetzen, und sie verschwindet im Laufe der Aufklärung. In dieser Figur verbindet sich in einmaliger Weise Superstition und Magie (siehe Fn 114). Hexen sind meist Frauen: Kräuterweiblein oder Geburtshelferin, ein Mädchen oder ein armseliges altes Weib. Sie wird nicht verfolgt, weil sie einem örtlichen Gott dient, sondern weil ihr ein Ver-

hältnis mit dem leibhaftigen Teufel nachgesagt wird, und der ist so katholisch, so einig und universal wie Gott, sein Widersacher. Überall dort, wo der Prozeß der Zivilisation die Durchsetzung einer kirchlich oder später staatlich bestimmten synthetischen Geschlechtertrennung verfolgt, dort tritt die Hexe auf. Überall dort, wo gebrochener Genus zur Norm wird, wird traditionsgebundener, lokaler Genus in der Hexe buchstäblich verteufelt. Nicht in der Gesellschaft wilder, d. h. heidnischer Geister wird die Hexe gesehen, sondern in Begleitung von Kräften, die das Weihwasser und der Weihrauch generationenlang in den Kirchendienst gezwungen hatten und die jetzt wie verwilderte Katzen aus der Kirche entkommen oder aus ihr vertrieben worden waren. Robert Muchembled, *Culture populaire et culture des élites dans la France moderne, 15ᵉ–18ᵉ siècles*, Paris 1978 (dt.: Kultur des Volks – Kultur der Eliten, Stuttgart 1982). Auch die Angst, die das Hexenbild aufbläht, ist eine neue Angst: Jean Delumeau, *La peur en occident, 14ᵉ–18ᵉ siècles* Paris 1978, eine Angst, die nur mehr in abstrakte Symbole gefaßt wird, und eben *die* Hexe ist eines. Louisa Accati, «Lo spirito della fornicazione: virtú dell'anima e virtú del corpo in Friuli, fra '600 e '700», in: *Quaderni storici* 41, 1979, S. 644–672, beschreibt, wie alltägliches Tun von Frauen, in dem der Zusammenhang von Frauen-Leib und Natur sichtbar wird, jetzt als Hexerei verteufelt wird.

116 *Geschichte von Familien:* Der wichtigste Beitrag, durch den Kindheit und Familie ihre Naturhaftigkeit verloren haben und die familiäre Empfindsamkeit zum Thema der Geschichtsforschung wurde, ist die inzwischen klassische Studie von Philippe Ariès, *Geschichte der Kindheit*, München 1975. Alle folgenden Arbeiten haben sich – in der einen oder anderen, zustimmenden oder kritischen Weise – mit seiner Hypothese auseinandergesetzt. Zur Geschichte seiner Rezeption, siehe Adrian Wilson, «The Infancy of the History of Childhood: An Appraisal of Philippe Ariès», in: *History and Theory* 19, Nr. 1 (1980), S. 137–153 und Richard T. Vann, «The Youth of ‹Centuries of Childhood› – Review of Reviews», in: *ebd.* 21, Nr. 2 (1982), S. 278–297; zur Einführung in den Forschungsstand, siehe Louise Tilly und Miriam Cohen, «Does the Family have a History? A Review of Theory and Practice in Family History», in: *Social Science History* 6, Nr. 2 (1982), S. 131–179, und den Band von Michael Anderson, *Approaches to the History of the Western*

Family, 1500–1914, Bristol 1980, der in drei großen Kapiteln, die den Hauptforschungsrichtungen entsprechen, die «demographische» Entwicklung, die Veränderung der Mentalitäten und die wirtschaftlichen Funktionen von Haushalt und Familie beschreibt. Zwei französische, sehr empfehlenswerte Studien sind inzwischen im Deutschen erhältlich: Jean-Louis Flandrin, *Familien (op. cit.* in Fn 84), zur Familie im Ancien Régime; und Jacques Donzelot, *Die Ordnung der Familie*, Frankfurt 1980, zur professionell hätschelnden oder strafenden, bürokratischen Verwaltung der Familie im 19. Jahrhundert; siehe außerdem die beiden Taschenbücher mit neueren Aufsätzen: Michael Mitterauer und Reinhard Sieder (Hg.), *Historische Familienforschung (op. cit.* in Fn 79) und Heinz Reif (Hg.), *Die Familie in der Geschichte*, Göttingen 1982 (mit Bibliographie). Diese Bände zeigen eindrucksvoll, daß neuere Familiengeschichte heute eine Sozialgeschichte nicht *der* Familie, sondern *von* Familien ist: Die Gestalt und Größe dieser «Familien», ihre unverwechselbaren Rhythmen von Arbeiten und Ruhen, die unterschiedlichste Behandlung von Alten und Jungen etc. sind je nach den historischen Perioden, Sozialgruppen und Räumen unvergleichlich vielgestaltig. Die Transformation der Genuslinien in die moderne polarisierte Funktionsteilung von Sexus ließe sich bei einem Lesen gegen den Strich vielleicht genauer herausarbeiten, dazu muß allerdings Genus als Paradigma begriffen werden.

117: Fernand Braudel, *Civilisation matérielle, Économie et Capitalisme, XVe–XVIIe siècles*, 3 Bde. Paris 1967–1979 (dt. Teilausgabe: *Geschichte der Zivilisation*. Kindlers Kulturgeschichte des Abendlandes, Bd. 18, München 1979).

118: David Sabean, «Intensivierung der Arbeit und Alltagserfahrung auf dem Lande. Ein Beispiel aus Württemberg», in: *Sozialwissenschaftliche Informationen für Unterricht und Studium* (SOWI) 6 (1977), S. 148–152.

119: Hans Medick, «Familienwirtschaft als Kategorie einer historisch-politischen Ökonomie. Die hausindustrielle Familienwirtschaft in der Übergangsphase zum Kapitalismus», in: *Historische Familienforschung*, hg. von M. Mitterauer und R. Sieder (*op. cit.* in Fn 79), S. 271–299.

Register

Die Entzauberung der Fortschrittsmythen

Bücher von IVAN ILLICH bei Rowohlt

«Werbung für Arkadien ist mir ebensowenig wünschenswert wie die Planung Utopiens. Durch vernakuläre Lebenskunst gestaltete Existenz betrachtete ich nicht als heile Welt, frei von Elend, Plage und Grausamkeit: ich werbe hier nicht für den Traum von neuen Hochkulturen, die in ihren ökologischen Nischen aus eigenem Reis, Rhythmus und Ritual gewoben werden sollen. Wer zurück will, den halte ich für einen Verführer, für den gerade in den achtziger Jahren weitere Kreise immer anfälliger werden.»

Ivan Illich: Vom Recht auf Gemeinheit

6778 [ab Feb. 5343]   6828   1763   4425

4629   4834   4829   5131